밥퍼목사 최일도의
# 러브 스토리

밥퍼목사 최일도의
# 러브 스토리

**발행** 2021년 5월 2일

**지은이** 최일도
**발행인** 윤상문
**디자인** 이보람, 박진경

**발행처** 킹덤북스
**등록** 제2009-29호(2009년 10월 19일)
**주소** 경기도 용인시 기흥구 동백동 622-2
**문의** 전화 031-275-0196 팩스 031-275-0296

ISBN 979-11-5886-196-4 (03230)

Copyright ⓒ 2021 최일도
이 책은 저작권법에 따라 보호받는 저작물이므로 무단전재와 복제를 금지하며,
이 책의 내용의 전부 또는 일부를 이용하려면 반드시 저작권자와 킹덤북스의
서면 동의를 받아야 합니다.

※ 잘못된 책은 구입하신 곳에서 교환하여 드립니다.
※ 책 가격은 표지 뒷면에 있습니다.

킹덤북스 킹덤북스(Kingdom Books)는 문서사역을 통해 하나님의 나라를 확장하고,
Kingdom Books 한국 교회와 세계 교회를 섬기고자 설립된 출판사입니다.

밥퍼목사 최일도의
# 러브 스토리

최일도 지음

Love Story

# 목 차

프롤로그  그 두려움이 변하여 노래가 되고 시가 되어…  010

**I 부 실낙원의 연인들**

01. 러브 레터를 보내는 마음으로  026
02. 반공 투사에서 섬유 노조 초대 사무총장으로  036
03. 아버지 없는 천국은 나도 가고 싶지 않아  040
04. 기도 생활과 복음 전도에 목숨을 건 어머니  046
05. 베델성서 연구 모임에서 운명적인 만남  050
06. 프란치스꼬가 글라라를 그리워하듯  054
07. 바람도 아무도 모르게 일어나  057
08. 아네스 로즈 수녀의 이름, 김연수, 연수 씨를 부르며…  062
09. 유서처럼 쓴 연서, 연서처럼 쓴 유서  065
10. 연상의 수녀와 결혼을? 어머니의 결사반대!  082
11. 일용할 양식을 주시옵고…  091
12. 산 이야기  096
13. 수녀와 아내 사이에서  101
14. 과연, 싫은 것입니까?  105
15. 실낙원의 연인들  115

## II부
## 나의 대책은 너 자신이다!

01. 내 인생 길을 바꾼 함경도 할아버지 … 126
02. 왜, 저를 이곳에 보내셨나요? … 130
03. 길고도 험했던 청량리의 겨울 … 134
04. 내 목에 칼을 겨눈 노숙인에게 … 139
05. 쥐들과의 전쟁과 화해, 그러나… … 144
06. 사랑의 나눔 있는 곳에 하나님께서 계시도다 … 155
07. KBS, 쌍굴다리의 기적 … 159
08. 밥퍼 아저씨가 내게는 꿈퍼 목사님이에요! … 164
09. 나그네의 주검 앞에서 … 168
10. 다일진료소의 이야기 … 174
11. 나의 대책은 너 자신이다! … 179
12. 다일천사병원이 드디어 문을 열었다. … 184
13. 웰다잉을 위한 다일작은천국 … 189
14. 평생을 화해와 일치를 위해, 나눔과 섬김으로… … 194
15. 제2의 종교 개혁은 가능한가? … 198

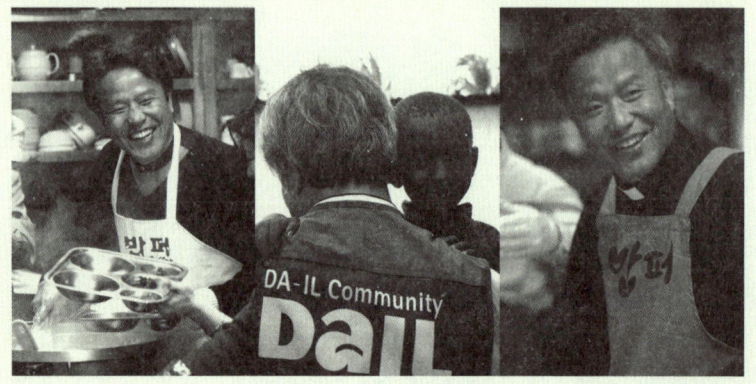

## III부
## 밥이 평화다, 밥이 답이다

| | |
|---|---|
| 01. 중국다일공동체와 훈춘 다일어린이집 | 208 |
| 02. 올해를 빛낸 한국인 상금 전액 헌금, 베다일 설립 | 213 |
| 03. 캄보디아 빈민촌에서 최초로 대학생 탄생 | 218 |
| 04. 캄보디아 소년 르은이와 담 안의 신창원 | 226 |
| 05. 첫 외국인 신자 네팔 형제가 이룬 꿈 | 230 |
| 06. 자존심 유지비로 세운 필리핀다일공동체 | 238 |
| 07. 뷰티풀 체인지 프로젝트(B.C.P) | 243 |
| 08. 텐트 아래에서 시작한 탄자니아다일공동체 | 250 |
| 09. 밥이 평화다, 밥이 답이다, 우간다에서도 | 255 |
| 10. 미주다일공동체, 애틀랜타 3C를 아시나요? | 261 |
| 11. 중남미 첫 번째 삶의 자리, 과테말라 | 268 |
| 12. 꽃심과 밥심 | 273 |
| 13. 밥 피스메이커 운동 | 278 |
| 14. 다일수도원스테이(다.수.스)가 대안이다! | 284 |
| 15. 수직적 영성과 수평적 영성의 균형으로 | 290 |

## IV부 내가 만난 최일도와 다일

'밥 짓는 시인 퍼주는 사랑'의 최일도와 다일     298
'밥심'으로 만난 최일도와 다일     300
'밥퍼'와 대한민국 역대 대통령     302

01. 책을 추천하기보다 삶을 추천하고 싶어서     303
02. 그의 러브 스토리가 가장 확실한 백신이 되어     308
03. 생명 존중과 생명 사랑에 목숨을 건 사람     310
04. 오래 참음으로 여기까지 달려온 걸음걸이     314
05. 우리 사회에 보기드문 예언자의 그림자     316
06. 읽는 사람마다 새로운 러브 스토리     319
07. 자신의 대책 없음이 곧 하나님의 대책     322
08. 젊은이들이 주례 목사로 모시고 싶은 사람     324
09. 죽을 때까지 이 걸음으로…     327
10. 골방에서 열방으로, 열방에서 골방으로     333
11. 친구의 사랑 이야기가 예수님 닮기 원하며     337
12. 최목을 보면 항상 마음이 짠하다     339
13. 옛끼 이 사람, 나눔도 좋지만 너무하네 그래     345
14. 우리 시대 눈 앞에서 생생하게 펼쳐진 기적     348
15. 인간을 인간답게 존중하는 영성과 품격이 있는 곳     351
16. 밥은 우리에게 샬롬이요 진정한 코이노니아     353
17. 그를 생각하면 천사 같은 할아버지가 생각난다     355
18. 영성과 공동체를 향한 일편단심     359
19. 삼위일체의 신비가 담겨 있는 다일영성수련     365
20. 깊은 성찰과 새로운 통찰을 가져다준 영성수련     370
21. 늘 꿈을 꾸고 꿈을 이루는 청년     375
22. 얼마나 감사한지, 얼마나 뿌듯한지!     386
23. 성문 밖에서 하나님의 얼굴을 본 사람     391
24. 한국에도 있구나, 성경에 나오는 초대 교회가!     395
25. 최 목사와 다일의 증인 된 우리 모두가     402

에필로그     돌아보고 내다보니 일체가 은혜요 감사뿐입니다.     407

# 프롤로그

> "
> 그 두려움이 변하여
> 노래가 되고
> 시가 되기를 …
> "

"당신 마음속엔 정말 두려움이 없습니까?"
바닥 현장에서 많은 사람들이 내게 물었다.
"그럴 리가요. 저도 당연히 두려움이 있습니다."
그랬다. 나 역시 세상을 살아가는 연약한 인간으로 두려움이 없을 리 없다. 다만 대부분의 사람이 두려워하는 것을 두려워하지 않을 뿐이다.

내가 두려워하는 것은 나의 내면에서 들려오는 소리가 없을 때, 내면에서 시작되는 기쁨이 깨질 때, 즉 통합된 나의 자아가 흔들리는 것이다. 밖에서 들려오는 것보다 내면에서 들려오는 주님의 음성이 없을 때 나는 두려웠다. 더할 수 없는 절망을 느꼈고 공동체도 깨질 듯한 위기에 직면했다. 그러나 그 과정을 통해 나는 내 인생에 전환점을 맞이하게 되었다. 다일공동체를 시작한지 5년이 지났을 때의 일이었다.

어느 날, 아내가 나를 떠나겠다고 말했다. 나와 이혼하겠다는 아내의 말은 단순히 나를 변화시키거나 그냥 한번 해보는 말이 아니었다. 아내의 얼굴에는 굳은 결심이 서려 있었다.

공동체 초기 5년 간, 나만 홀로 빈곤과 어려움을 당한 것이 아니었다. 어머니는 제 부모도 모시지 못하는 주제에 무의탁 노인들을 봉양한다는 것이 말이 되느냐며 이미 보따리를 싸서 누님의 댁으로 가버린 뒤였다.

"네가 나에게 용돈 한번 준 적 있느냐? 넌 어떻게 여전히 네 아내의 노동력으로 아이들을 키우느냐?"

틀린 말씀이 아니었기에 어머니의 그 말씀은 내 가슴에 그대로 칼이 되어 꽂혔다. 한 인간으로서 가족들에게 인간적인 도리를 다하지 못하는 내가 과연 올바른 길을 가고 있는 것인가? 나는 어머니를 붙잡을 수 없었다. 어머니가 떠나버리시자 아이들을 돌봐줄 사람이 없었다. 그렇다고 아내가 직장을 쉴 수 있는 것도 아니었다. 당장 먹을 것이 없는 시절이었다.

다일공동체를 이루기 위해 나의 가정 공동체가 깨지게 될 상황에 이르게 되자 마음 한구석이 무너져 내리는 느낌이었다. 그러나 나는 그때에도 아내에게 다일공동체를 그만두자는 말을 꺼낼 수 없었다.

아내에게 이별 선언을 들은 그날도 나는 청량리를 찾았다. 지친 마음으로 청량리역에 내려 걷고 있는데, 그 날 따라 청량리가 그렇게 지저분해 보일 수가 없었다. 지나가는 사람 모두 어깨가 축 처져 있는 듯 보였고, 길가의 가로수들까지도 힘이 없어 보였다. 내 마음이 지치니 내 눈에 보이는 세상 만물도 전부 지쳐 있는 것이었다.

그때 나는 공동체를 그만두어야겠다는 생각을 하고 있었다. 모든 것을 정리하고 한국 땅을 떠나고 싶은 마음만이 가득했다. 그러면서도 내 발길은 청량리의 무료 숙소를 찾고 있었다. 청량리에서 가장 지저분한 건물, 그 건물을 쓰는 사람들은 질서라고는 모르는 사람들이어서 내부는 더욱 엉망이었다. 그나마 내가 있을 때는 좀 나았지만 없을 때는 손을 댈 수도 없는 그런 곳이었다.

집안일 때문에 정처없이 걷고 또 걷다가 이틀 만에 가는 길이었다. 얼마나 지저분할지 대충 짐작은 하고 있었지만 1층 문을 열고 나니 절로 한숨이 흘러나왔다.

1층에는 온갖 쓰레기와 사람들이 한데 널브러져 있었다. 한 사람은 쓰레기 옆에 쓰러져 있었는데 바지를 입은 채 대변을 봤는지 오물이 바짓가랑이 사이로 흘러나와 바닥이 엉망이 되어 있었다.
2층으로 올라가는 계단에는 누군가 음식물을 토한 채 쓰러져 있었다. 역한 냄새에 코를 막고 좀 더 올라가 3층을 보니 피가 흥건했다. 너무 놀라서 살펴보니 술병을 깨며 싸웠는지 두 사람이 머리에 피를 흘린 채 쓰러져 있었다.

도대체 다음엔 무엇이 기다릴까 싶은 착잡한 심정으로 예배 처소가 있는 4층으로 올라가 보았다. 4층은 작지만 그래도 우리 다일공동체의 예배당으로 쓰이고 있었는데, 온전한 것이 하나도 없었다. 유리창은 전부 깨져 있고, 커튼은 찢어졌으며, 십자가까지 무기로 삼았는지 바닥에 아무렇게나 던져져 있었다.

난 더 이상은 견딜 수 없다고 생각했다. 그 길로 청량리를 떠나 무작정 기차를 탔다. 당시 춘천에 친구가 한 명 있었다. 강원대학교 중어중문학과 A 교수 집에 찾아가 머리를 식히고 앞길을 정하자고 생각한 것이다. 그런데 기차가 떠난 후 잘못 탔다는 것을 깨달았다. 경춘선을 탄다는 것을 그만 태백 가는 기차를 탄 것이었다. 게다가 설상가상으로 주머니에는 돈 한푼이 없었다. 빨리 떠나야 한다는 생각에 사로잡혀 다른 것은 일체 준비를 하지 못한 것이다.

검표원이 내게 어디까지 가느냐고 물었다.
"아직 정하지 못했는데요…."
검표원은 돈을 더 내고 목적지를 연장해야 한다고 말했다. 돈이 한푼도 없다고 하자 검표원은 마구 화를 내며 나를 이칸저칸 끌고 다니며 외쳤다.
"여러분, 이렇게 멀쩡한 사람이 무임승차를 했습니다. 이래도 되는 겁니까?"
마침 기차가 정차하자 나를 무작정 기차에서 끌어내려 버렸다. 떠나는 기차를 보며 역명을 보니 용문역이었다.
'내 인생이 이제 무임승차를 하다가 끌려내리는 데까지 왔구나….'

몹시 처량했다. 이 세상에서 내가 가장 사랑하는 두 여인에게서 동시에 버림받은 느낌이었다. 어머니는 이미 떠났고 아내는 이혼을 선언하며 이제 곧 떠나겠다고 했다. 이제는 정말 단 한 사람의 협력자도 없었다. 청량리에 들어와 도시 빈민 선교를 한 5년 세월 동안 나는 철저히 혼자였다. 그리고 이제는 하나님에게도 버림받았다는 생각까지 들었다.

그때 심한 두려움과 참담함 속에 갇혀 더 이상 지탱할 힘이 없어진 나는 될 대로 되라는 심정으로 역을 빠져 나와 걷기 시작했다. 사람들이 저마다 나를 향해 손가락질하는 것 같은 느낌에 큰 길로 걸어갈 수가 없었다.

용문산의 인적 드문 길을 따라 오르기 시작했다. 길을 몰라 바위를 오르다 이끼에 미끄러져 굴러 떨어지기도 하고, 발 디딜 곳을 찾느라 손톱마다 시커멓게 피멍이 들기도 했다.

그렇게 계곡을 따라 산 중턱에 올랐는데 집채만 한 너럭바위가 보였다. 그 유명한 마당바위였다. 더 이상 올라갈 기력이 없어 난 그 곳에 대자로 누워 하늘을 올려다 보았다.

그렇게 사흘 밤낮을 통곡하기 시작했다. 낮에는 뜨거운 태양 아래에서 울었고, 밤에는 찬 이슬을 맞으며 통곡했다. 눈이 너무 아파서 눈을 뜰 수가 없었다. 눈에 보이는 사물들이 내 눈을 아프게 하고 닫힌 마음에 서러움만이 밀려왔다.

마음이란 신기해서 한번 열리면 온 우주와 인류까지 들어오지만, 한번 닫히면 사람 하나 바늘 한 개 들어오지 못하는 법이다. 나는 완전히 닫힌 마음에 피멍까지 든 채 아파서 울고 또 울었다. 그러나 아픔은 사라지지 않았다.

그렇게 사흘을 지낸 뒤 겨우 울음을 멈추었다. 눈도 뜨지 못하는 내게 들리는 것이라곤 물소리, 바람 소리, 새소리뿐이었다. 그렇게 처절하게 기도했는데 하나님의 음성이라고 느껴지는 징조는 아무것도 없었다.

'이제 나는 완전히 잊혀졌구나. 나는 하나님에게도 버림받았구나…'

그런 처절함과 고통 속에서 한나절을 부르짖었는데 그런 마음의 지옥과는 상관없이 배가 너무나 고팠다. 사흘 동안 물 한 모금 입에 대지 않고 통곡 속에 울며울며 기도만 했으니 당연한 일이었다.

배가 고프다는 감각도 잊은 지 오래였다. 한동안 쓰리던 위장이 무감각해진 것이다. 그런데 다시 배가 고파진 이유는 밥 냄새 때문이었다.

어디선가 가까운 곳에서 누군가 밥 짓는 냄새가 났다. 나는 눈을 크게 뜨고 이 계곡에서 밥하는 곳이 어디인지를 찾았다.

잘 살펴보니 계곡 저편에 작은 움막 같은 텐트가 있었는데 그곳에서 연기가 나고 있었다. 나는 겨우 눈을 뜨고 무릎으로 기다시피 움막을 향했다. 그곳에서 할아버지 한 분이 식사 준비를 하고 계셨다.

염치 불구하고 할아버지에게 밥을 구걸하는 몸짓으로 뜸을 들이는 밥솥을 보았다. 할아버지는 초라한 내 행색을 보더니 혀를 차며 말씀하셨다.

"젊은 놈이 그렇게 살면 쓰나? 여기서 내게 밥 달라고 청하지 말고, 청량리에나 가봐. 거기 최일도 목사가 너같은 사람에게 공짜로 밥을 나눠줘. 거기서 밥 얻어먹고 인생 다시 시작해 봐."

순간, 현기증이 났다. 배고픔 때문은 아니었다. 그때까지 제대로 걸을 수도 없게 만들던 허기와 갈증, 버림받았다는 두려움 따위가 순식간에 사라지는 데서 오는 현기증이었다.

용문산 깊은 곳에서 사흘 밤낮을 울고 난 뒤, 낯모를 약초 캐는 할아버지에게서 들은 내 이름 석 자와 다일공동체 이야기가 하나님의 음성처럼 들렸다. 모두가 나를 잊고 심지어 하나님께서도 나를 잊으셨다고 생각했는데, 그런 나를 위해 하나님이 용문산에서 약초 캐는 할아버지를 통해 응답을 주신 것이다. "일도야, 일도를 찾아가라!"

나는 믿을 수 없을 정도로 힘차고 가벼운 발걸음으로 용문산을 내려와 그 길로 청량리로 돌아왔다. 그 뒤 나와 공동체에는 기적이라 할 수밖에 없는 일이 계속 일어났고, 나 역시 단 한 번도 하나님의 존재를 잊은 적이 없다.

나는 누구에게나 부끄럼 없이 고백한다. 내가 진정한 하나님의 음성을 들은 날은 바로 그날이었노라고, 하나님께서 용문산 할아버지를 통해 다시 청량리로 돌아가라고 말씀하셨다고 지금까지 믿고 있다. 최일도에게 최일도를 찾아가라는 할아버지 말씀을 하나님 음성으로 받아 들인 것이다. 그때부터 진정 '나는 누구인가?'를 묻고 깨닫게 되었고 나와 나 자신의 만남과 화해가 이루어졌다.

십자가에 달리신 예수님조차 마지막 순간 하늘을 향해 탄식하셨다. "주여, 어찌하여 나를 버리시나이까?"

하나님께 버림받았다는 그 마음, 그것이야말로 인간이라는 존재가

느낄 수 있는 최대의 고독이며 두려움이다. 그러나 하나님은 우리를 버리시는 일이 없다. 그 두려움이란 느낌이나 생각일 뿐 사실이 아니다.

세상에는 많은 종류의 두려움이 있다. 권력을 가진 사람도, 부나 명성을 가진 사람도, 그것을 잃을까 봐 두려워한다. 그러나 견딜 수 없을거라고 생각하는 모든 고통과 두려움은 실체가 없다. 어떤 것에 대한 걱정과 의구심, 그 생각이 두려움을 느끼게 할 뿐이다.

현재 온 세상은 코비드19로 두려움과 혼란에 빠져버렸다. 이때 두려운 생각에 사로잡히면 사실의 세계를 바라보지 못하고 느낌의 감옥에 갇히게 된다. 하지만 사실의 세계를 있는 그대로 바라보게 되면 화가 날 일도 없고 절망감 또한 그 실체가 없다. 코비드19가 주는 좌절감, 절망감 역시 변화시킬 수 있는 느낌일 뿐이다. 오늘도 나는 나에게 묻고 있다. '나는 누구인가? 나는 어디에 있고, 어디로 가는가?' 누군가 나에게 '당신도 절망할 때가 있나요?' 묻는다면 나는 "예"라고 대답한다. 하지만 다음 질문에 대한 대답은 언제나 "아니오"다.

"당신에게도 절망감이 있습니까?"
"아니오. 절망감은 없습니다."

밑으로 내려가는 것을 마냥 두려워해선 안 된다. 밑으로 내려갈수록 인간의 가능성은 점점 작아지지만 하나님의 가능성은 점점 커지기 때문이다. 코로나 바이러스로 지구촌이 온통 두려움 속에 빠졌다. 하지만 그 두려움이 변하여 노래가 되고 시가 되기를 바라는 마음으로 한 여인과의 러브 스토리를, 가난한 이웃과의 러브 스토리를, 나라와 국경과 언어와 피부색과 종교와 문화를 넘어선 러브 스토리를 진솔하게 이야기 해보련다.

피를 나눈 가족만이 가족은 아니다. 한 핏줄이기에 가족이 아니라, 가족이 되었기에 우리는 한 핏줄이다. 이기적인 사랑은 조그만 위기에도 무너지지만, 가족간 나눔과 섬김이 바탕이 된 사랑은 크고 깊은 뿌리를 내린다. 그래서 이제는 굳이 자식에게서, 아내에게서, 내게서만 희망을 찾지 않는다. 그러기에는 내가 원하는 희망의 보따리가 너무 크다.

이 세상을 아름답게 하는 희망의 존재들, 가족!
하지만 기쁨과 믿음과 사랑만 나누는 것이 가족은 아니다. 아파하고, 미워하다가도 화해하고, 용서하고, 상처까지 끌어안아야 비로소 가족이다.

나에 대해서 오해를 하는 사람들이 의외로 많다. 최일도는 가정적이지 않을 것이고 지레짐작하는 것이 한 예다. 하긴 날이면 날마다 교회다, 공동체다, 영성수련이다, 해외 탐방이다 바쁘게 돌아다니는 모습만 보면 그렇게 오해할 만도 하다. 언제 무슨 시간이 나서 가족들 얼굴이나 들여다볼까 싶을 것이다.

하지만 결단코 그건 오해다. 나는 '천국의 그림자는 가정'이라고 믿는 사람이다. 하나님이 우리에게 허락한 두 개의 공동체가 있다면, 그

것은 단연 교회와 가정일 것이다. 다른 모든 것은 실패해도 괜찮다. 얼마든지 다시 시작할 수 있다. 명예, 돈, 권력, 학위 등 모두가 열 번 잃고 스무 번 다시 얻을 수 있는 것들이다.

하지만 가정은 다르다. 가정은 한 번 파괴되면 돈으로도, 명예로도, 권력으로도 다시 회복시킬 수 없다. 나는 목사로서 많은 역할을 도맡겠다는 욕망이 없다. 교회에 나오는 교인들이나 공동체 형제자매들에게 어떤 식으로든 영향을 끼쳐야겠다는 마음도 없다. 다만 내 가정부터 천국으로 만들고 싶다. 어디 먼 곳이 아니라 바로 지금, 여기서부터 내 곁에 있는 가정을 천국으로 만든다면 그것만으로도 내가 할 수 있는 기여는 다했다고 믿는다.

지금 여기로 눈을 돌리면 맨 먼저 나를 둘러싸고 있는 풍경이 바로 가족이다. 언제나 가장 가까운 곳에 있는 이들, 나의 가족. 그런데 한 가지 분명한 사실은 내 생각과 내 느낌이 변하기 전에는 어떤 변화도 일어나지 않는다. 나는 변하지 않은 채 다른 사람 때문에, 다른 가족 때문에 불행하다고 여기는 그 마음. 그것이야말로 비극이다.

하지만 내가 변하면 가족 전체가 꿈쩍하지 않고 그대로 있다해도 모든 것이 달라진다. 매사가 행복해지고 사랑스러워진다. 그리고 그 기운이 뻗어나와 다른 사람들을 감염시키고 변화시킨다. 따지고 보면 인류의 미래라는 것도 그리 거창한 힘에 따라 움직이는 것이 아니다. 지금 이 순간 내가 어떻게 생각하느냐에 따라, 내 마음이 어떻게 움직이는가에 따라 미래가 결정된다. 내 마음이 달라지면 가족의 행동이 달라지고 습관까지 달라지는 법. 한 사람이 변화하면 그 가정이 변화하고 이웃이 변화하고, 결국엔 인류가 변화한다. 나는 그 사실을 온몸으로 온 마음으로 체험해왔다. 그래서 나는 영성수련과 공동체 운동에 평생을 목숨 걸고 살아온 사람이지만 가정적이지 않을 수 없는 보통 시민이다.

가족만큼 따뜻하고 편안하고 정겨운 존재는 없다. 하지만 그처럼 소중하기에 가족은 서로 마음에 부담을 주고 가끔은 벗어나고 싶고 때때로 상처를 입히는 아픈 이름으로 남는다. 그럼에도 불구하고 가족은 마지막 순간까지 내게 힘을 주는 근원이자 많은 이들이 최선을 다해 살아가는 이유다.

그러나 이제 나는 가족을 말하면서 내 아내와 내 자식과 내 부모만을 떠올리지는 않는다. 아니, 그들만으로는 만족스럽지가 않다. 고작해야 네다섯 명 식구들끼리 주고받는 사랑만으로는 부족하다. 나누면 나눌수록 더 커지고 넓어지는 사랑과 나눔의 맛을 너무 깊이 알아버린 탓이다.

그리하여 우리 가족은 아내 김연수와 세 자녀 산과 가람이와 별이와 사위 백선기와 며느리 최하은과 외손주 백믿음만이 아니다. 예수님의 살과 피를 함께 나눈 이 세상 모든 그리스도인이 우리 가족이며 아직은 예수님을 모르고 더러는 핍박하는 사람들까지도 한 가족으로 여기며 모든 이와 화해와 일치를 위하여 무엇에나 준비되어 있고 무엇이나 받아들일 수 있는 모든 것이 되어 꾸준히 나눔과 섬김의 삶을 살아갈 뿐이다.

프롤로그

# 듣기만 하셔요

조용히 듣기만 하셔요
그렇게 오랜 나날
당신은 나의 연인이십니다
계절이 바뀌고 또 접히어도
나의 마음은
오로지 당신 생각
가슴 저며오는 그리움뿐입니다

미지의 하늘을 동경해
허공을 치솟던 날도
마침내 나의 마음은
일곱 빛깔 무지개 넘어
하얀 웃음 날리는
당신의 고운 마음을 만납니다

가을비에 젖는
추억의 굽이굽이에도
당신의 밝은 미소는
구름 그 너머에서 찬연히 빛남을
나는 압니다

조용히 듣기만 하셔요
애정 깊은 당신의 두 눈동자 살포시 감고
부드러운 손짓도 잠시 쉬셔요
내가 사랑해 온 당신
내 생애가 끝난 그 이후에도
당신만이 나의 연인이십니다

프롤로그

# 님

고운 이여
내 고운 이여
알아야 하리
그대,
알아야 하리
눈길마다
형벌의 바늘이
꽂히고 꽂혀도
그대,
내 안에 피어난
하늘의 별 떨기인 것을

I 부

# 실낙원의
# 연인들

"우리와 같이 저희도
하나가 되게 하소서
Utunumsint"

# 01

## 러브 레터를 보내는 마음으로

'밥퍼'라는 이름으로 소외된 형제자매들에게 무상 급식을 제공한지만 33년째가 되었고 굶주린 이들의 허기를 채워준 식사는 지난 2017년 5월로 1000만 그릇을 넘어섰다. 1988년 11월 11일 서울 청량리역 광장에 쓰러진 노숙인 함경도 할아버지를 우연히 만났고 그에게 설렁탕 한 그릇을 대접한 것이 이 나눔 사역의 첫 출발이 되었는데 당시 나는 독일 유학을 준비 중이었다.

그때 무엇이 어떻게 내 삶에 작용했을까? 지금까지도 알 수가 없고 이해가 잘 안 된다. 하나님의 발길에 차였다고나 할까? 그토록 오래 준비한 독일 유학의 꿈을 접고 청량리역 광장에서 노숙자에게 라면을 끓이기 시작했으니 말이다. 신학교 졸업 후 1년 뒤에는 봉사 활동을 보다 조직적이고 꾸준히 전개해 나가기 위해 다일공동체 나눔의 집을 청량리 588 사창가 한복판에 세웠다.

그 후로 다양한 복지 활동을 펼쳐 나가면서도 밥을 퍼주는 일만은 날마다 묵묵히 이어갔다. 1990년대 후반 외환 위기 시절엔 거리로 밀려나온 수많은 노숙인과 실직 청년들이 눈물을 흘리며 고마워하며 다양성 안에서 일치를 추구한다는 다일의 뜻과 정체성에 새로운 의미를 부여해 주기도 했다. 자신들에게 다일은 다시 한 번 일어서기를 도와준 곳이라며 다시 한 번의 〈다〉요 일어서기의 〈일〉이라고. 다일은 그 후로 소외된 이웃을 돌아보기 원하는 국민들이 붙여준 또 하나의 값진 이름을 얻었다.

기독교 최초의 무료 병원인 다일천사병원 건립을 위해 후원한 회원이 3300여 명이 되던 1998년 12월에 다일공동체 이름으로 후원받은 헌금 전액을 출자해 사회복지법인 다일복지재단을 설립했다. 2002년 10월 4일에 개원한 다일천사병원은 기독교가 세운 최초의 무료 병원이요 자선 병원이 되었다. 이 병원은 세워진 것도 기적이지만 지금까지 운영되는 것이 더 큰 기적이다.

다일의 빈민 선교 현장은 그동안 넓어져 중국은 물론 제3세계의 가난한 이들을 위하여 깊이와 넓이를 더해 가고 있다. 현재는 중국, 베트남, 캄보디아, 필리핀, 네팔, 탄자니아, 우간다와 과테말라, 미국, 캐나다 11개국 21개 분원에서 밥퍼(급식 지원)와 꿈퍼(교육 사업)와 헬퍼(의료 사업) 등의 사업을 펼치고 있다. 원조 받던 대한민국이 원조하는 대한민국이 되었는데 토종 NGO 다일공동체는 그야말로 한국인이 한국에서 시작하여 국경을 넘어 INGO(International NGO) 중의 하나로 열한 나라의 21개 분원에서 섬김과 나눔을 실천해 가고 있다.

하지만 지금까지 살며 감히 무엇을 하고 이뤘다고 말할 수 있을까? 스스로에게 몇 번이고 되물었다. 도시 빈민 선교를 한답시고 청량리에 들어오게 된 것은 전혀 나의 계획이 아니었다. 내가 살아오는 동안 알게 된 것은 내 계획과 하나님 계획은 많이 다르다는 것이다. 지금도 그분의 뜻과 섭리에 대해서는 나는 정확히 아는 바가 없다.

단지 지난 세월을 돌아보니 지금까지 지내온 모든 것이 오로지 그분의 은총이었음을 인정하지 않을 수 없다. 온 맘 다해 감사드리며 그 사랑의 신비와 체험을 하나님도 사랑이지만 인생도 사랑인 것을 고백하며 라이프 스토리를 새롭게 쓰고자 한다. 26년 전 동아일보사가 펴낸 라이프 스토리 『밥 짓는 시인 퍼주는 사랑』은 밀리언 셀러를 기록하며 사랑의 나눔과 실천에 관하여는 고전이 되었다고 한다. 한 세대가 지나며 세월이 흐르고 흐르면서 밥퍼를 모르는 내일의 주인공이 될 자녀 세대들을 위하여 국민일보에서 역경의 열매로 연재했다. '밥이 평화요, 밥이 답이다!'라는 제목으로 '밥퍼 그 이후'를 써달라는 부탁을 많이 받았다. 하지만 자칫하면 내 자랑이 되고 말 것 같아서 오고 올 다음 세대를 위하여 진솔하게 최일도의 러브 스토리라는 제목으로 쓰기로 했다.

어찌 보면 하나님이 좋고, 상처받은 이웃이 곁에 있는 게 좋아 시작한 일일 뿐이다. 청량리에 들어온 지 30년이 되는 시점에 이르러서도 하나님께 던지는 질문은 한결같다.

"주님, 왜 저를 이곳에 보내셨습니까? 왜 제게 그들을 만나게 하셨으며 그 깊은 상처들을 보여 주셨습니까?"

가끔 도시 빈민 선교의 새로운 모델을 제시했다는 말과 기독교의 자존심이란 말도 들었다. 심지어 혹자는 청량리의 성자라고까지 하는데 진실로 부끄럽고 민망하기 짝이 없다. 내가 할 수 있는 한 마디 고백이 있다면 마땅히 해야 될 일을 했을 뿐 나는 무익한 종이라는 것뿐이다.

하지만 종교 개혁 500주년을 맞이하고 보낸 이 시점에 한국 교회가 너무도 허망해하고 얼룩진 상처로 허탈해 하면서 우리 기독교가 도대체 해야 할 일은 무엇인가? 가야 할 길이 과연 무엇인가? 진지하게 고민하고 있는 사람들이 주위에 많기에 부족하지만 위로가 되고 격려가 되고 싶어서 이 글을 쓴다. 교회를 떠나고마는 가나안교회 성도가 아무리 늘어나고 신뢰가 땅에 처박히는 일이 더 일어나도 교회다운 교회를 회복하기 위한 신앙의 몸부림과 또다시 새로운 시작을 선언할 수 있는 도전과 용기를 줄 수 있기를 바라면서 시대의 아픔을 끌어안고 기도하는 마음으로 글을 시작하고자 한다.

큰 것이 성공(Big is Success)이 아니고 작은 것이 아름답다!(Small is Beautiful)는 진리를 하나님은 나에게 어떻게 깨닫게 하고 개입했으며 지금까지 이끌어 오셨는지부터 우선 말하고 싶다. 다일공동체는 어떤 사람들이 모였고, 무슨 일을 하고자 하는지 있는 그대로 밝히려 한다. 어울리지 않는 기대와 칭찬으로부터 벗어나기 위해 나의 실수와 실패까지도 있는 그대로 다 털어놓기로 한다.

무엇보다 우리 부부에 대해서도 독자들과 이번 기회에 마음을 나누고 싶다. 개신교 신학생과 수녀와의 만남. 서로 다른 환경과 문화와 교리 때문에 공동체 삶은 고사하고 더불어 함께 살아가기에 너무도 큰 어려움과 역경이 많을 것이라는 시선이 많았다. 그러나 신비하게도 별문제 없이 서로를 배려하고 존중하며 나름 진실로 행복하게 살아가고 있기 때문이다. 내가 가진 보물 1호인 어머님의 기도와 어린 시절 아버님의 교육과 하나님을 사랑하며 사랑 받으신 두 분의 삶이 어떻게 내게 영향을 미쳤는지에 대해서도 이제는 다음 세대를 위해 진솔하게 이야길 나누고 싶다.

밥퍼 1000만 그릇 돌파 기념 오병이어 서각

2017년 오병이어의 날(05.02)에

"한 사람으로 시작한 밥퍼 나눔
천만 명을 위한 밥퍼가 될 줄이야…"

"모두가 밥이 된 유쾌한 현장이었다.
이날, 사랑이란 말은 공허하지 않았다."
-국민일보에서-

01. 러브 레터를 보내는 마음으로

나는 한국 전쟁 휴전 이후에 서울 영등포에서 태어나 쭉 서울에서 자랐다. 집 근처 둑에서 강 건너 보이는 마포 나루터와 여의도와 밤섬에서 뛰어 놀았다. 어린 시절의 소중한 추억들이 지금 여의도의 거대한 콘크리트 속에 잠들었지만 눈 한번 감으면 푸른 강물이 넘실거리고 인천에서 마포까지 새우젓을 실어 나르던 황포돛대가 금방 떠오른다.

어릴 적 아버지는 나를 데리고 산과 바다로 여행 다니기를 좋아하셨다. 그러다 집에 오면 어머니는 적막한 방에서 기도를 드리고 계셨다. 부모님은 모두 이북 출신이다. 황해도 장연에서 나고 자란 아버지는 가난한 어민의 아들이었고 황해도 송화가 고향인 어머니는 대지주의 딸이었다. 당시 신분의 차이가 컸지만 인물이 준수하고 행동거지가 바랐던 아버지는 부잣집으로 팔려가다시피 장가를 드셨다는 이야길 가까운 친척에게서 들은 기억이 있다.

그런 두 분의 삶에 결정적인 영향을 미친 것은 6·25 전쟁이었다. 아버지의 가족 상당수가 공산군에 의해 무참히 살해되었고 살아남은 삼촌은 아오지로 유배되었다. 모든 가족이 뿔뿔이 흩어진 것이다. 그 일들을 고스란히 목격하며 사회주의에 대한 환상이 깨진 아버지는 그때부터 반공 투사가 되셨다. 민간인 유격 부대의 지휘관이 되시면서 LST 함정으로 피난민을 나르고 계급과 군번을 가린 특수 임무를 수행하셨다. 대한민국의 특전사 전신인 8240부대 독립대대 대대장으로 오늘의 NLL이 있게 한 진짜 사나이, 진짜 군인이셨다.

아버님은 휴전 이후 60년 만에야 그 활약이 드러나 화랑무공 훈장을 추서 받으셨다. 작고하신 부군 대신 훈장을 받으신 어머님은 그 훈장을 특전사에 기증하셨다. 오늘도 특전사는 아버님을 존경하는 '선배님'이라고 호칭하고 있기 때문이다. 어머니는 6·25 전부터 예수님을 영접하여 하나님과 수직적 관계의 뜨거운 믿음을 가지고 계셨다. 항상 기도하고 쉬지 않고 찬송을 부르셨다. 예배라면 주일 예배는 물론이고 매일 새벽 예배와 수요 예배, 금요철야 예배까지 빠지지 않고 참석하셨다.

하지만 아버지는 달랐다. 눈에 보이는 이웃을 사랑하지 못하면서 눈에 보이지 않는 하나님을 사랑한다는 건 모순이라고 항상 늘 말씀하셨다. "하나님은 산에도 들에도 계시다"며 주일에도 낚싯대를 메고 훌쩍 집을 나서곤 하셨다. 나를 데리고 가실 때도 있었다. 그런 아버지의 자유로운 신앙관을 어머니는 매우 못마땅해 하셨다.

어머니는 내가 태중에 있을 때부터 이미 "하나님께 바쳤다"고 입버릇처럼 말씀하셨다. 어렸을 때부터 어머니 손을 잡고 부흥회에 자주 갔던 기억이 난다. 큰 천막 안에서 열리는 부흥회에 도착하면 어머니는 아무리 빈자리가 많아도 꼭 강대상 바로 앞에 자리를 잡으셨다. 목사님을 코앞에서 보는 그 자리가 일등석이라며 그 자리에 앉아야 은혜를 제일 먼저 받는다는 말을 빼놓지 않으셨다. 부흥회는 종종 자정 넘어 새벽까지 이어졌다. 이렇게 교회에 대한 열심이 특심인 어머니의 눈에는 주일에 밖에 나가 자연 예배를 드리시는 아버지가 '나이롱 신자'로 보였을 것이다. 아버지는 또 그런 어머니를 보고 '꼴통보수 신자'라고 부르셨다.

"하나님에 대한 사랑의 척도는 이웃 사랑의 실천에 있다"고 주장한 아버지는 진정한 휴머니스트였다. 초등학교 4학년 때 교회에서 성탄절 맞이 성극 연습을 하던 중 나와 같이 동방 박사 역을 맡았던 친구가 예배당을 뛰쳐나간 일이 벌어졌다. 성탄절이 다가왔음에도 무대의상을 준비하지 못해서 배역을 빼앗길 처지에 놓이자 그 친구는 부끄럽고 속상했던 것이다. 겉옷 한 벌로 겨울을 나던 집이 많았던 가난한 시절이라 교회나 가정에서 성극을 위한 의상을 마련하는 일은 쉽지 않았다. 집에 돌아와 그 얘기를 전하자 아버지는 말없이 나갔다 돌아오셨다. 양손에는 그 친구가 입을 새 옷과 모자, 그리고 동방 박사 역할을 맡은 세 사람이 걸칠 무대의상 등이 들려있었다. 그때 아버지와 함께 나눈 따뜻한 크리스마스의 기억을 나는 지금도 잊지 못한다.

나는 그런 진보와 보수 신앙을 가진 두 분 부모님의 합작품이다. 진보와 보수적인 신앙 모두 내 삶의 뿌리가 되었기 때문이다. 어렸을 때는 어머니의 믿음이 옳다고 생각했다. 하나님 앞에 더 바른 믿음을 가지고 바른 삶을 살고 있다고 여겼었다. 하지만 어른이 돼서 생각해보니 그게 다는 아니었다. 목마른 사람에게 우선 필요한 것은 물 한 잔이다. 그러나 물을 어떤 그릇에 담을지에 대해서만 이야기하다가 정작 마실 물을 담지 못한다면, 그래서 결국 목이 타들어가는 사람에게 물 한잔도 내어주지 못한다면 그게 무슨 소용이 있겠는가?

아버지 故 최희화 중령

우리 가족들은 아버지가 군번 없는 군인 무명용사로만 알았는데 60년이 지난 후 뒤늦게 국방부가 화랑무공훈장을 추서하며 이렇게 말했다. "군번도(0787145) 있고 계급(중령)도 분명하신데 나라를 위하여, 자유를 위하여 계급도 가리고, 군번도 지우고 특수 임무를 맡으신 우리들의 영웅입니다." 오늘의 대한민국 특전사는 아버지 최희화 대대장을 자랑스런 선배님으로 부르고 있고 나라로부터 받은 화랑무공훈장은 어머님이 특전사에 기증하여 현재 특전사의 켈로 부대 기념관에 전시되어 있다.

어머니 현순옥 성도

오로지 믿음으로 주님만 바라보고 기도하며 살아온 어머니는 집사로, 권사로, 전도사로, 명예 장로로 평생 복음 전도자로 섬김과 나눔을 실천하며 살았는데 하늘나라로 가면 어머니 뼈를 아버지와 합장해 서로 바라보게 묻어주고 묘비엔 '성도, 현순옥의 묘'라고만 적어달라고 하셨다.

# 02

## 반공 투사에서 섬유 노조 초대 사무총장으로

　6·25 전쟁이 끝난 후 아버지는 섬유 노조의 초대 사무총장으로 일하셨다. 대북 첩보 임무를 맡았던 켈로(KLO; Korean Liaison Office) 부대 독립대대의 대대장으로 활약하셨던 분이 노동자의 권익을 위해 선봉에 나섰다는 것은 얼핏 이해가 안가는 대목이다. 그만큼 우에서 좌, 좌에서 우까지 신앙과 사상적인 폭이 넓었고 보수와 진보의 다양성을 한 인격 속에서 치우치지 않으시고 균형을 잡으셨던 분이셨다.

　나중에 아버지 친구에게 들은 바로는 아버지가 부대 부지휘관으로 활약하실 때 아버지 부하가 사령관을 저격하는 일이 발생했었다고 한다. 시해 이유는 사령관의 욕심과 부정부패가 너무 심하고 고귀한 생명을 너무도 쉽게 희생시킨다는 이유였다. 그 사건 때문에 당시 숨진 사령관의 가족들이 아버지가 주도해서 저질러진 일이라고 책임을 돌려 고소하는 바람에 아버지는 참으로 억울하게 사형 언도까지 받았다고 하셨다. 사건의 내막을 잘 아는 부대원들과 피난민들이 "훈장을 드리진 못할망정 이 무슨 억울한 일이냐?"며 각계각층에 탄원서를 올리고 구명 운동을 벌인 덕분에 아버지는 무죄로 풀려 나오는 기적도 체험하셨다. 참으로 파란만장한 삶이 아닐 수 없다. 훈장 대신 상처를 받으신 아버지는 자신의 군번도 계급도 영웅적인 활약도 다 묻어두고 조용히 일본으로 떠나 그곳에서 노동조합 운동을 공부하고 귀국하셨다. 그 후 아버지는 넥타이를 한 번도 매질 않으셨다. 항상 재건복이라 불리는 차이나 칼라의 기름때 묻은 작업복 차림이셨다. 한번 마음으로 정한 일은 끝까지 실천하시는 주관이 확실한 분이었다.

아버지는 외아들인 나를 데리고 이곳 저곳 여행 다니기를 좋아하셨는데 아버지가 낚싯대를 메고 "일도야, 나가자!" 하면 그날은 마냥 신나는 날이었다. 산으로 들로 다니며 하루를 보내고 돌아올 때마다 어머니는 골방에서 홀로 기도를 드리고 계셨다. 아버지가 내게 항상 따뜻하게 대하신 것만은 아니다. 초등학교 4학년 때 일이다. 무척 추운 날 나도 모르게 "더럽게 춥네!"라는 말이 내 입에서 툭 튀어 나왔다. 그 말을 들은 아버지는 "왜 더럽다는 거냐? 날씨가 더러운 게 아니라 네 마음이 더러운 게지!" 하시며 추운 맛을 톡톡히 보여 주셨다. 그날 아버지와 나는 집 밖에서 옷을 하나씩 벗어가며 온 몸으로 추위를 끌어안아야 했다. 그것도 모자라 아버지는 물이 꽁꽁 얼어붙은 펌프 옆에 무릎을 꿇게 하고 복창하게 하셨다. "날씨는 한 번도 더러운 적이 없다!" 펌프 옆에 얼어붙은 부자를 보고 놀란 어머니가 더운 물을 붓고 나서야 나는 다리를 질질 끌며 온돌방으로 들어올 수 있었다.

그때부터 내가 입은 모든 바지에는 주머니가 없었다. 아버지가 손수 꿰매어 버리셨다. "추운 날에 바지 주머니에 손 넣고 어깨를 움츠린 채로 '더럽게 춥네'를 연발하는 아들놈 꼴은 못 보겠다"라는 이유에서다. 그날 이후부터 추운 날엔 추운 맛을 더운 날엔 더운 맛을 만끽하고 살고 있다.

덕분에 나도 아들을 아버지 방식으로 교육할 수 있었다. 아들이 초등학생 때 한번은 겨울 방학을 맞아 매일 아침 약수터에 다녀오겠다고 공언한 적이 있었다. 가만히 지켜봤더니 작심삼일도 아닌 작심이틀이었다. 이불을 둘둘 말고 누워 있는 아들을 크게 책망했더니 아들이 말했다. "약수터 가려고 나갔는데요, 중간에 돌아왔어요. 지금 날씨가 미치게 추워요!" 아버지에게 배운 것을 그대로 가르칠 기회로 여기고 약수터로 데리고 가서 아들 앞에서 상의를 하나씩 벗었다. 그리고 따라하게 했다. "날씨는 한 번도 미친 적이 없다!"

그날 이후로 아들은 추운 날이면 그냥 "춥다" 더우면 "덥다"고 말한다. 날씨 때문에 더럽다거나 미치겠다는 소리는 아직 내 귀로 들은 일은 없다. 어릴 적 들었던 추상같은 아버지의 교훈이 지금도 유언처럼 가슴속에 남아 쩌렁쩌렁 울리고 있다.

아버지가 만드신 꽃밭에서

아버지와 함께 한 야외 나들이

전국 섬유 노조의 초대 사무총장 시절
항상 재건복 차림의 아버지

## 03

# 아버지 없는 천국은
# 나도 가고 싶지 않아

아버지는 내가 중 3때 돌아가셨다. 건강하신 분이 갑자기 사고로 돌아가셨기 때문에 그 충격은 너무 컸다. 나는 과외 열풍에 시달린 세대다. 명문 중학교에 가기 위해 초등학교 4학년 때부터 혹독하게 과외 수업을 받았다. 하지만 6학년 때 중학교 입학 전형이 무시험 추첨제로 바뀌었다. 세칭 일류 중학교를 목표로 공부하던 윤재환, 차봉진 등 어린 시절 친구들과 나는 은행알 추첨으로 중학교 배정을 받았다.

난 선린중학교를 다녔는데 고교만큼은 명문고교로 가야 한다며 중 3 때까지 나름 열심히 공부하다가 갑자기 아버지가 돌아가시자 모든 의욕도 목표도 사라졌다. 세상에 가장 좋은 친구요 스승이셨던 아버지를 하나님이 데리고 가셨다는 생각에 나는 엄청나게 방황하기 시작했다. 아버지가 너무 보고 싶고 그리워서 학교를 결석하고 아버지 산소를 찾아가곤 했다. 목 놓아 아버지를 부르고 불렀지만 돌아가신 아버지는 아무 대답이 없고 담임 선생님의 음성이 들려왔다.

"일도야, 이럴수록 더 열심히 공부해야 네가 살고 너희 가문이 살아나지."
그때 선생님께 물었다.

"저희 아버지는 지금 어디에 계시죠?"

그러자 선생님은 다소 어이없다는 듯이 나를 보시며 탄식하셨다.

"이놈아, 너희 아버지 무덤 앞에서 너희 아버지가 어디 있냐고 물으면 내가 무슨 말을 할 수 있겠냐? 내가 그걸 알면 남산 밑에 돗자리 깔고 오가는 사람들 사주팔자나 봐주지. 모르니까 분필가루 마시면서 너한테 수학을 가르치잖니? 정신 차리고 얼른 학교 가자."

아버지가 돌아가신 후 어머니는 여러 번 통곡하시며 말씀하셨다.

"나는 네게 애비 없는 후레자식이라는 소리를 듣게 하고 싶지 않구나. 그리고 남편 복 없는 여자는 자식 복도 없다는 소리도 정말 듣고 싶지 않아."

그때부터 어머닌 매우 무섭게 변하셨다. 얼마나 무서웠는지 야단을 맞을 때마다 누워서 벽을 바라보며 소리 없이 흐느끼던 기억이 생생하다. 세월이 지난 지금은 그저 감사드릴 뿐이다. 나를 사랑하지 않앉다면 그렇게 책망하시지 않았을 것이다.

당시를 회상해보면 심한 방황과 방랑으로 어머니 마음을 아프게 해드린 일이 지금까지도 죄송할 따름이다. 툭하면 집을 나갔기 때문이다. 전국에 안 돌아다닌 곳이 없었다. 오늘날로 말하자면 가출 청소년이었던 셈이다. 하루는 집에 돌아 왔더니 어머니를 위로한다고 찾아온 여전도사님이 날 앉혀놓고 말씀하셨다.

"일도야, 어려운 일 당할수록 더 기도 생활 열심히 하고, 공부도 잘 해야지. 교회는 왜 안 나오니?"

나는 앞서 담임 선생님께 드렸던 질문을 똑같이 했다.

"저희 아버지는 어디에 계시죠?"

여전도사님은 일고의 망설임도 없이 대답했다.

"어디에 있긴, 지옥에 있지."

도저히 참을 수 없어 다시 물었다.

"우리 아버지가 왜 지옥에 있지요?"

그러자 그분은 이렇게 말했다.

"걸핏하면 주일 성수 안하고 허구한 날 등산 가고 바다낚시나 다녔으니 지옥에 있는 게 당연하지! 너도 지옥 가고 싶지 않으면 주일 성수 잘하고 예배당 열심히 나와야지. 주일 날 아버지 산소를 다녀와! 니가 그러고도 제정신이야?"

내 일생 최초의 가장 큰 분노와 절망과 허탈함을 경험한 날이었다.

"아아, 그래요? 전도사님이나 천당 아랫목에서 영원히 사세요! 아버지 같은 분이 지옥가면 누가 천국에 갑니까? 아버지 없는 그런 천당은 나도 안 갈 테니 당신이나 가세요!"

사실 아버지는 하나밖에 없는 나를 데리고 여러 곳을 즐겨 다니셨다. 나 또한 아버지를 따라다니는 것이 늘 좋았다. 아버지가 낚싯대를 챙기시고 나를 부르는 날이면 신바람이 절로 나곤 했다. 그러나 아버지가 주일 성수를 안 했다고 지옥을 갔을 것이라는 말은 절대 용납할 수 없었다. 여전도사님의 그 말 한마디는 오랫동안 내게 깊은 상처로 남았다.

그날 이후 난 오랜 세월 교회와의 연을 두말없이 끊었다. 빈민 선교를 한다고 청량리 뒷골목에 들어선 내게 상처를 준 사람들은 윤락 여성이나 깡패들이 아니었다. 예수를 믿는다는 이들, 그것도 열심히 믿는다는 전도사님 같은 분들에게 무수히 많은 상처와 비난을 받았다.

이들은 늘 자신의 편협한 사고 속에 사람들을 가두려고 했다. 도덕적 잣대와 흑백 논리로 사람을 판단하고, 주일 성수니 십일조니 가정예배니 하는 외적인 열심과 내면의 신앙을 동일시했다.

그럴 때마다 나는 내 아버지가 다시금 그리워졌다. 주일 성수를 안 했다고 지옥에 갔을 것이라고 말하는 사람들에게 아버지가 하셨던 말을 들려주고 싶다.

"눈에 보이는 이웃을 사랑하지 못하면서 하나님을 사랑한다는 것은 모순이다. 하나님은 예배당에만 계신 분이 아니다. 산에도 계시고 들에도 계신다."

그동안 다일공동체를 돌아보면 주일 성수도 하고 십일조를 빠짐없이 내고, 가정 예배도 드리는 사람들도 다일을 사랑하셨지만, 간혹 주일 성수를 못해도 십일조를 못 드려도 매일 가정 예배를 못해도 하나님 앞에서 역사 앞에서 정직하고 양심적으로 살아가는 분들, 그런 분들이 소외된 이웃들과 다일공동체를 더욱 아끼고 사랑해주셨다.

서울 영등포에 있는 영중 초등학교에 다니던 시절

통기타를 들고 한껏 멋부린
중2, 최일도

중학교 최초의 무시험 실시로 은행알
추첨으로 선린중학교를 배정 받은 중1, 최일도

중3, 가장 예민하던 사춘기 시절에 아버지가 갑자기 별세하시며
처절한 고뇌와 긴긴 방황이 시작되었다

03. 아버지 없는 천국은 나도 가고 싶지 않아

## 04

# 기도 생활과 복음 전도에
# 목숨을 건 어머니

    어머니는 오로지 기도와 전도에 목숨을 건 분이셨다. 오직 주님만을 주인으로 모시는 보수적 신앙의 아름다움을 물려주셨다. 하나님께 바치겠다고 서원한 아들이 아버지 별세 이후 교회에 나가지 않고 고뇌하며 방황하는 모습에 많이 놀라셨고 눈물도 엄청 흘리셨다. 하지만 어머니는 나를 위한 기도의 끈을 놓지 않으셨다. 많은 시련과 역경을 겪고 난 이후 부르심을 받아 장로회신학대학교에 입학하고 목사가 됐을 때 어머니께서 느끼신 기쁨은 말로 다할 수 없이 컸을 것이다. 큰 교회 담임 목사가 되어서 많은 성도들 앞에서 설교하는 아들의 모습을 그리며 어머니는 더욱 기도하셨다.

    그런데 내가 청량리 뒷골목에 들어가자 "목회하는데 그것이 좋은 경험이 될 거야"라며 1년이 될 때까지는 늘 기도만 하셨다. 그러다 2년이 지나고 3년이 되니까 걱정하기 시작하셨다.

"이러다가 덩말이디 아주 청량리 골목 사람이 되갔어. 자네 왜 이러나? 목회를 하시게. 이러려고 대학원까지 공부를 했나? 자네처럼 콩나물 씻고 행려자들 밥해주고 리어카 끌고 다니는 건 누구나 할 수 있어요. 훌륭한 목사님 되라고 태중에서부터 그렇게 간절히 기도해왔건만 어쩌자고 거지들 밥만 해 먹이는 거야?"

3년이 지나면서부터는 노골적으로 비판하셨다.

"친어머니 하나 봉양 못하면서 무슨 무의탁 노인을 섬긴다고 기러나? 자네가 나한테 3년 동안 용돈 한번 줘봤나? 나도 아들이 주는 돈으로 떳떳하게 헌금도 하고 싶고 친구도 만나고 싶지 않갔나? 아니, 기래 마누라 노동력을 팔아서 밥 먹고 아이들 교육을 시키냐 말이가? 기게 목회냐?"

할 말이 없었다. 당시 내게 부임을 요청한 규모 있는 교회들이 여럿 있었다. 어머니는 그걸 알고 계셨다.

"그렇게 기성 교회들이 못마땅해? 그러면 개척 교회를 하라우. 내가 심방 가방을 들고 다니면서리 일 년 안에 100명은 책임지고 모을 테니까니."

평생 기도하고 전도하며 전도사 생활을 20년 가까이 하셨던 어머니셨기에 당연히 하신 말씀이다. 그래도 말을 안 듣자 어머니는 가방을 싸들고 아예 작은 누님 댁으로 가버리셨다. '아들 된 도리로 이럴

순 없다'는 자책과 번뇌가 종일 머리에 떠돌 만큼 흔들리는 시기였다. 그때 고독함과 참담함은 이루 말로 다 할 수 없었다. 만약 그때 내가 포기했더라면, 오늘의 다일교회와 국내외 다일공동체는 없을 것이다.

어머니는 1년 반 만에 돌아오셨다. 어느 날 다일공동체 나눔의 집에서 설거지를 하고 계신 어머니를 발견했다. 웬일이시냐고 물었더니 "이 사람아, 자네가 하는 일은 정말이지 예수님이 기뻐하는 목회야! 거림!" 하시며 한없이 눈물을 쏟으셨다.

누님 댁에 머무셨을 때 누님이 다니던 교회 목사님이 어머니께 전도사를 해달라고 부탁을 하더란다. 그래서 목사님과 교인들의 가정 이곳 저곳 심방을 다니셨는데 집집마다 상다리가 부러질 정도로 음식을 차려 주시더란다. 그 음식이 도저히 목에 넘어가질 않으셨다고 했다. '내 아들은 뭐가 못나서 지금 이 시간도 노숙인들과 라면을 끓여 같이 먹어야 하나?' 하는 생각에 뒤돌아 서서 홀로 여러 번 눈물을 흘리셨단다. 눈물로 기도를 하시며 왜 당신의 아들이 청량리 사창가에서 저렇게 고생을 사서 해야 하는지 하나님께 울며불며 물어보셨다고 했다. 그러다가 마음 깊은 곳에서 들려오는 주님의 음성을 들을 수 있었단다.

'네 아들이 하는 일도 내가 기뻐하고 원하는 일이란다!' 설거지를 하시다가 어머니가 말씀하셨다.

"심방 다니며 위로하는 일도 기쁘지만 죽어가는 한 사람 살리자고 여기서 설거지 하는 일이 더 기쁘구만 기래! 우리 아들 아주 귀한 목회하는거야 거럼!"

난 그날 죽어도 여한이 없을 만큼 진실로 넘치게 기뻤다. 나의 모든 것에 모든 것 되신 주님과 낳아서 길러주신 어머니에게 인정받는 아들이 된 것 같았다. 더 이상 바랄 것이 없다는 생각이 들었다.

묵안리 다일 평화의 마을에서
풀 뽑는 아들을 말리시는 어머님

어머니의 생신 잔치에서 아버님이
받은 훈장을 잠시 목에 걸고…

다일영성수련에서 어머니를
안고 함께 춤을…

## 05

# 베델성서 연구 모임에서 운명적인 만남

갑자기 별세하신 아버지가 주일 성수를 하지 않았기 때문에 벌을 받아 지옥에 갔다는 전도사의 발언은 참으로 긴긴 세월 내게 상처로 남았다. 더 이상 그런 교회는 나갈 필요가 없다고 선언하자 교인들은 위로는 못할망정 아버지가 돌아가시더니 일도가 이상해졌고 타락했다며 판단과 정죄만 일삼았다. 그로 인해 나는 중 3 시절부터 교회에 대한 환멸을 갖게 되었다.

참으로 어린 나이였다. 그 어린 내 눈에 기독교는 아니다 싶어서 가톨릭 쪽으로 시선을 돌리게 되었다. 참으로 괴롭고 고통스러웠지만 난 모(母) 교회인 장로교와 어머니 곁을 떠나기로 작정하고 전국의 수도원을 찾아 정처 없이 돌아다녔다. 많은 가톨릭 관계자들을 만났는데 특별히 기억에 남는 고마운 분은 김수환 추기경님의 비서실장이던 홍인수 신부님이다. 그분이 영등포 오류동 성당의 주임 신부였을 때

하루가 멀다 하고 찾아가 수도 생활과 이냐시오 로욜라의 영신수련에 대해 끊임없는 질문을 던졌다. 그분의 서재에 있는 신앙 서적은 거의 다 읽었다.

더 많은 책을 읽고 싶다고 했더니 홍 신부님은 신학대학 도서관만큼 많은 책을 볼 수 있는 곳이 있다고 했다. 바로 지금의 아내가 당시에 수녀로 있던 명동성당 바로 뒤에 있는 S. P 수녀원의 도서관이다. 그곳을 자주 찾아가 책을 뒤지고 손에 잡히는 대로 정말 열심히 읽었다. 때마침 수녀원에서 베델성서 연구 모임이 시작됐다. 지금의 영적 멘토인 박종삼(전 월드비전 회장, 현 데일리다일 이사) 목사님을 통해 베델성서의 내용을 익히 듣고 배웠던 터라 수녀들 틈에서 베델성서 공부 및 베델의 노래와 레크리에이션을 인도할 기회가 생겼다. 우연인지 필연인지 그 기회는 애초의 목적과 다르게 나와 한 수녀의 운명까지도 바꿔놓고야 말았다.

베델성서 연구반에서 물론 난 청일점이었다. 여느 날처럼 악보를 펴놓고 교육 내용에 맞는 음악을 선정하고 있었다. 그때 교육관으로 누군가 문을 열고 들어왔고 나는 문을 등진 상태였다. 소파에 앉아 있었기 때문에 그녀의 목소리부터 들었다. 신선하고 맑은 목소리가 아름다운 멜로디처럼 들려왔다.

"유 수녀님, 예고도 없이 찾아와 죄송해요. 저도 베델성서를 공부하려고 왔어요."

"아네스 로즈. 잠시만요. 아참 두 분 서로 인사하세요. 이분은 수사 신부가 되길 원하는 최일도 전도사님. 그리고 이분은 김 아네스 로즈 수녀님이에요. 계성여중에서 국어를 가르치고 있지요." 그제야 뒤돌아봤다. 키가 훌쩍 크고 얼굴이 하얗고 목이 가느다란 수녀가 나를 보고 웃고 있었다. 하얀 프리지어 꽃이 웃는 듯했고 코스모스가 내게 인사하는 듯했다. 난 그만 황홀경에 빠졌다. 인사를 나눈 뒤 성서연구반 담당 수녀와 대화를 나누는 그녀의 뒷모습을 바라보았다. 참으로 신비로운 일이었다. 천진스러운 얼굴에 함박웃음을 머금고 이야기하는 그 수녀가 왜 그토록 내 마음을 흔들었는지 정말 알 수 없었다. 그녀는 이미 하나님께 자신의 전 생애를 봉헌한 수도자인데 말이다. 알을 깨고 막 나오는 햇병아리의 솜털과도 같은 의식의 발아가 어쩌면 그리도 아프던지….

그날부터 사랑의 열병을 앓기 시작했다. 그녀를 만난 이후 일기장엔 온통 그녀 이야기로만 가득 찼다. 그날부터 잠들기 전, 그리고 하루가 시작되는 가장 순결한 새벽의 첫 시간이면 어김없이 언제나 목마른 그리움으로 사랑의 시를 썼다. 하루도 빠짐없이!

신학생 시절의 최일도와 수녀 시절의 김연수

명동성당 뒤에 있는 S.P 수도회 교육관에서 실시된 베델성서 연구 모임에서
수녀복을 입은 모습으로는 처음이자 마지막으로 함께 찍은 사진

05. 베델성서 연구 모임에서 운명적인 만남

# 프란치스꼬가 글라라를
# 그리워하듯

김연수 시인 수녀를 향한 내 사랑을 지속적으로 간직하기 위해서는 항상 수녀로만 대해야 한다고 굳게 다짐했다. 그녀가 선택한 수도의 삶을 존중하고 나 역시 한 사람의 수도사로 살아야겠다고 결심했다. '이미 하나님께 바쳐진 한 영혼을 티 없이 순수한 마음으로 사랑해야지. 아씨시의 성 프란치스코가 글라라를 그리워하면서도 주 안에서 아름답고 고결한 사랑으로 승화시켰듯 나도 그래야지.' 이른 아침이면 물 한 모금 마시고 명동의 S.P 수녀원으로 오기까지 이 말만을 되풀이 하며 걷고 또 걸었다. 그날 베델성서 연구반에 들어오기까지 자초지종을 다 그녀에게 털어놓았다. 그리고 나 역시 결혼을 포기하고 수도자가 되라는 부르심에 이제는 응답하고 싶다며 기도해 달라고 부탁했다. 내 말을 다 들은 그녀는 나를 똑바로 바라보며 말했다.

"최 전도사님은 수도자보다는 목회자로 부르심을 받은 분 같아 보여요. 정말 하느님의 부르심에 대한 응답 때문이라면 그리스도를 본받아 사는 삶이 수사 신부님뿐이겠습니까? 훌륭한 목사님이 되시도록 기도할께요!" 그 시절 만난 가톨릭 관계자들에게 좀처럼 듣지 못했던 말이었다. 대개는 하루빨리 개종할 것을 권유했다. 그러나 그녀는 '무엇이 될 것인가?' 보다는 '나는 누구인가? 내가 어디 있느냐?' 등등 궁극적인 질문을 던지고 주님께 간절히 물어보고 순종하라는 조언을 했다. 그녀는 내가 무한한 가능성이 있는 젊은이라고 했다.

유럽의 재속 수도회와 개신교 공동체에 관련 된 자료와 책자도 소개해 줬다. 하지만 내 생각은 달랐다. 1년에 단 한 번 만이라도 그녀를 만날 수 있도록 하나님이 허락해 준다면 평생 수사 신부의 길을 가도 좋다고 생각할 만큼 남모르게 싹튼 사랑은 깊어만 가고 있었다.

당시 그녀는 계성여중 국어 교사이면서 종교부 주임 수녀로서 학생들의 여름 수련회 책임자였다. 난 학생들 수련회 레크리에이션 담당자로 그녀와 함께 충북 미원의 천주교회로 동행했다. 수련회를 마칠 때쯤 내 심신은 매우 지쳐있었다. 그녀는 내게 어디가서 휴양하며 쉬고 올 것을 권유했다. 마땅한 곳을 찾지 못하다가 마침 대화 중 알게 된 그녀의 고향집이 떠올라서 그곳으로 갈 수 있도록 부탁했다.

도착하니 김 수녀의 어머니와 중학생 조카들이 날 맞아줬다. 김 수녀가 태어난 집에 그녀의 가족들과 함께 있다는 생각에 너무 기뻤다. 어머님으로부터 그녀가 수녀가 되기까지 이야기를 눈물겹게 듣기도 했다. 특별한 휴가를 마치고 서울에 돌아와서 일상 속에 파묻혔다.

어느 날 성 바오로 서원에서 책을 보고 있었다. 오랜만에 A수녀를 만났는데 안부를 주고받다가 여름휴가로 김 수녀의 집에 다녀온 이야기를 무심코 꺼냈다. 대화 중 특별히 이상한 점을 느끼지는 못했다.

그런데 사흘이 지나고 그녀로부터 전화가 왔다. 내가 항상 일방적으로 전화를 걸었기에 먼저 전화가 걸려 온 것은 정말 뜻밖이었다. 그녀로부터 받은 첫 전화였다. 말투가 평소와 달랐다. 간신히 약속을 잡고 만났을 때 그녀의 얼굴은 근심이 가득했다. 교장 수녀가 그녀를 불러 "누군가에게 전화를 받았다. 수녀가 친정집에 남자를 가라고 해도 되느냐"며 크게 책망하며 우리 둘의 만남을 걱정했다고 했다.

어떻게 된 영문인지 짐작은 갔다. 그녀는 다시는 자신을 찾지도, 전화하지도 말라고 애원했다. 그날 이후 수녀원 방문은 말할 것도 없고 전화나 편지, 엽서도 전달되는 일이 없었다. 수녀원 근처를 서성대다 어쩌다 마주쳐도 그녀는 나를 아예 못 본 척 지나쳤고 친하게 지냈던 신부나 수녀들도 나를 경계하듯 서먹하게만 대했다.

김연수 수녀가 담임했던 계성여중 1-4반 학생들과 함께

# 07

# 바람도 아무도 모르게 일어나

    사람과의 관계가 하나 둘 끊어지면서 미래의 길도 점차 안개 속으로 사라졌다. 더 이상 견디기 어려웠다. 음식을 먹지도 잠을 이루지도 못했고 건강이 급속도로 나빠졌다. 만나는 사람마다 "얼굴이 왜 그러냐?"고 물었다. 자꾸 헛구역질이 나고 얼굴이 검게 타들어갔다. 당시 오류동에 있던 국립원호병원으로 갔다. 과로와 수면 부족으로 인한 영양실조라며 급성 간염으로 추정되니 당장 입원을 하라 했다. 어머니와 누나는 당시 나의 행동거지를 무척 못마땅해 했다. 천주교 주변을 맴도는 것부터 싫었고 더욱이 김연수 수녀를 놓고 번민하는 나를 이해할 리 없었다. 내가 입원해 있는 1주일 동안 어머니는 병문안도 오지 않았다.

    외로움과 그리움을 견디지 못해 그녀가 교사로 근무하는 계성여중으로 전화를 걸었다. 기대하지 않았는데 뜻밖에 그녀가 받았다. 병색이 완연한 내 목소리를 들은 그녀는 통닭 한 마리를 사 들고 병문안을 왔다. 너무도 반가웠지만 그녀는 저녁 기도 시간이 되었다며 10분도 지나지 않아서 병실을 떠났다. 내가 쓴 시 '그리움'과 자신이 쓴 '그리움'이란 시를 남겨놓고….


'그리움'
- 최 일도 詩


온갖 수목이 잿빛으로 우거진

그대의 뜨락엔 지금

몇 구비의 하늘이 구비치고 있습니까

사랑하는 슬픔에

눈물 짓는 그런 심정으로

참으로 사랑하는 이여

그대의 가슴엔 지금

몇 개의 계절이 접히고 있습니까

아침마다 새로 태어나는 언어로

당신의 이름을 부르고 부를 때마다

내 사랑은 자취도 없이

연연히 깊어만 가는데

몇 만 겹의 장막이 우릴 에워쌌기에

당신을 향한 내 그리움은

이토록 다 풀리지 않는 것입니까?

'그리움'

– 김 연수 詩

바람도
아무도 모르게 일어나
안으로 치닫더니
꽃처럼은 꽃처럼은 살지 못해
끝내 살 수 없어
소리 없는 모반의 깃발로 나부끼는데
떨며 나부끼는데
바람도
바람도 바람도…


그녀가 사라진 병실은 다시 적막감에 휩싸였다. 링거를 머리 위에 들고 병원 옥상으로 뛰어가 버스를 기다리는 그녀를 바라보았다. 그녀는 망연히 땅바닥을 응시한 채 차 한 대를 그냥 보냈다. 병실에 외로이 남아 있을 내가 마음에 걸렸는지 눈을 돌려 병원 창가를 바라보았다. 이윽고 나를 발견하고는 손을 가슴 높이로 올려 한번 흔들고는 그대로 얼어붙은 자세로 서 있었다. 소리 없는 울음으로 내 마음을 읽어주고 사랑의 아픔을 고스란히 받는 것 같았다. 아무 말도 할 수 없는 침묵으로 외치는 처절함이여! 서로 멀리서 바라볼 수밖에 없는 그 애잔함이라니, 그 사랑의 슬픔이라니… 그녀가 들려준 도라꽃의 전설과 함께 아직도 내 가슴에 남아 가실 줄 모르는데, 바로 그때처럼 그녀는 천천히 고개를 들어 먼 산을 바라보고는 이윽고 내게 따뜻한 미소를 보내주고 떠났다.

그녀의 표정은 온화한 봄날의 훈기 바로 그것이었다. 입가에 맴도는 잔잔한 그녀의 미소는 세상의 고통을 모두 겪고 난 승자의 그것과 닮아 있었다. 거짓말처럼 그날 이후 병세는 좋아졌다. 퇴원하자마자 수녀원을 찾아갔다. 문전박대를 각오했으나 뜻밖에 들어갈 수 있었다. 자초지종을 모르는 수녀원에 근무하는 예쁜 자매가 응접실 문을 열어주었기 때문이었다.

건강해진 나를 보고 반갑기도 하고 갑작스런 방문에 깜짝 놀란 그녀에게 내 말을 잠시만 들어 달라고 했다. 어색한 침묵이 흘렀다. '그대는 신의 창작집 속에서 가장 아름답게 빛나는 불멸의 서곡, 또한 나의 작은 애인이니, 아아 내 사랑 수선화야…' 나는 작은 목소리로 떨며 이 노래를 불렀고 그녀는 가만히 듣고만 있었다. 노래를 마치자마자 바로 일어나 나왔다. 다음에 이어질 그녀의 말이 듣기가 두려웠기 때문이다.

명동성당과 그 뒤에 있는 S.P 수녀원을 오르내리던 22살의 고뇌하던 신학생 최일도

07. 바람도 아무도 모르게 일어나

## 08

## 아네스 로즈 수녀의 이름,
## 김연수, 연수 씨를 부르며…

　매일의 새벽 기도와 말씀 묵상으로 일기를 쓰며 그녀에게 부치지 못한 편지를 계속 써내려가다 1980년 11월 어느 날 수녀원으로 전화를 걸었을 때 청천벽력 같은 소식을 듣고 말았다. 그녀가 교사직을 그만 두었고 그 수녀원을 떠났다는 것이다. 너무 황당했고 쓸쓸했고 허무했다. 서둘러 계성여중으로 달려갔고 아무리 주변을 서성여도 그녀는 정말 보이질 않았다. 천신만고의 수소문 끝에 전국의 S. P 수도회 분원마다 전화를 걸어 봤지만 그녀가 있는 곳을 도저히 알아 낼 길이 없었다. 얼마 동안 갈피를 잡을 수 없었다. 그러다 우연히 수녀들의 대화를 엿듣게 됐고, 그녀가 수원 '말씀의 집'에서 피정중인 사실을 알게 되었다.

　당시 그곳의 원장 수녀에게 김 수녀와의 만남을 눈물로 간청했다. 그러나 한 달간 '침묵 피정' 중이라 누구와도 만날 수 없다고 거절했다. 한 달을 기다린 끝에 그녀를 만났다. 그녀는 담담히 말했다. "저는 어떤 경우에도 그리스도 안에서 최 전도사님을 사랑합니다! 그러나 저는 하느님께 수도원에서 종신토록 살기로 허원한 사람입니다. 한 달 동안 기도하면서 하느님과의 약속을 지키는 것이 내가 갈 길이라는 결론을 내렸습니다."

도저히 받아들일 수 없었다. 며칠을 고심한 끝에 다시 수원 말씀의 집으로 향했다. 그러나 그녀는 떠나고 없었다. 그렇다고 포기할 수 없었다. 백방으로 수소문 끝에 그녀의 큰 언니 집 전화번호를 알아냈고 언니를 통해 김 수녀가 충남 광천의 작은 성당에 있다는 사실을 알아냈다. 물어 물어 광천성당을 찾아갔다. 5분 만 시간을 내달라고 말한 뒤 그녀를 말없이 바라보기만 했다.

"너무 힘들게 해서 미안해요. 먼 길 찾아 왔지만 전도사님이 원하는 말을 해줄 수 없어요"라고 했다. 나는 "괜찮다"고 태연한 척 말하고는 정확히 5분 후에 일어나 기차역으로 향했다. '그녀가 이곳에 있다는 걸 확인한 것으로 다행이다. 곧 다시 와서 내 마음을 쏟아놓겠다'고 생각했다. 그러나 그건 큰 오산이었다. 일주일 후 아는 형에게 양복을 빌려 입고 친구에게 여비를 빌려 광천성당을 찾았을 때 그녀는 또다시 그곳을 떠났고 그 후로는 아무 흔적조차 찾을 수 없었다.

그녀는 또다시 자리를 옮겨 논산에 있는 센뽈여고 수녀원에 있었다. 그곳까지 다시 찾아갔지만 수원과 광천에서 만났던 것처럼 다시는 만나게 할 수 없다며 전화 받는 사람마다 냉정히 끊었다. 학교 근처의 제과점 주인아주머니가 학교 정문 앞에 하염없이 서 있는 내 모습에 감동했다며 수녀원에 전화를 넣어 주어 가까스로 김 수녀와 통화 할 수 있었다.

"지금 좀 나오세요. 아니면 내가 그리로 갈 겁니다!"

그러자 그녀는 "네, 시간이 없으시다고요. 저도 바쁩니다. 다시 연락주시겠다고요"라는 등 나의 말에 어울리지 않는 대답을 하거나 사무적인 목소리로 안부를 묻는 말만 했다. 옆에 다른 수녀들이 있다는 것을 직감했다. 나는 모진 맘을 먹고 한마디를 던진 후 내가 먼저 전화를 끊었다. "다시는 내 목소리 못 듣게 될 거에요. 끝내 사랑과 진실을 교회법으로 통제해 온 당신은 후회하게 될 겁니다!"

그 길로 논산역으로 가서 목포행 열차에 몸을 실었다. 정말 삶을 끝낼 심산이었다. 기차는 통곡하는 나를 태우고 무심히 들판을 달렸다. 힘겹고 고단한 삶을 짊어진 이들이 가득한 완행열차 안에서 나는 가까스로 숨을 내몰며 땅끝을 향해 갔다. 목 멘 소리로 김 수녀의 이름 김연수, 연수 씨를 부르며…

목숨을 건 사랑이 완전히, 완전히 좌절되었다는
생각에 죽음을 떠올리던 그 즈음에…

## 09

# 유서처럼 쓴 연서,
# 연서처럼 쓴 유서

　목포를 출발한 배는 미끄러지듯 남해의 작은 섬 가사도를 향해 달렸다. 4시간 30분이나 흔들리며 가는 '옥소'라는 낡은 배였다. 갑판에 나와 희게 부서지는 포말과 크게 출렁이는 파도를 바라보았다. 며칠 동안 잠을 설치고 제대로 먹지도 않은 내 눈에 맑고 푸른 물과 넘실대는 파도는 편안한 안식처인 양 여유로워 보였다. 몇 번이고 그 안식의 길로 뛰어들고 싶은 유혹에 휩싸였다. 하지만 스물 넷의 생을 마감하기 전에 꼭 해야 할 한 가지 일이 남아 있었기 때문에 섬에 도착하기까지는 그 유혹을 뿌리치기로 했다.

　두 시간쯤 달렸을까. 순탄하게 달리던 배가 점점 흔들리기 시작하더니 갑자기 하늘이 잿빛으로 가라앉고 사방에 거친 풍랑이 일기 시작했다. 밀려오는 검푸른 파도에 배가 심하게 요동치는 바람에 몸을 가눌 겸 선실로 들어갔다. 입구에 들어서는데 누군가가 소리쳤다.

"아이고, 이게 누구시라고라? 최 전도사님이 으치게 뜬금없이 나타나시는기요, 잉?"

살펴보니 알 듯 말 듯한 얼굴이었다. 가사도는 오류동 동산교회와 자매결연을 한 섬이라서 청년 회장 시절에 하기봉사대와 함께 며칠 지낸 일이 있다. 그 일이 인연이 되어 가사도 어린이의 첫 서울 나들이가 이뤄졌고, 그때 몇몇 집사와 그들을 인솔하고 서울 시내를 돈 일이 있었다. 알고 보니 당시 이장이 나를 알아보고 반색한 것이다. 그는 다짜고짜 내 손을 감싸쥐더니 소리쳤다.

"전도사님요, 으째 됐거나 이렇게 만났응께로 반갑지라. 그랑께 오늘 우리 동네 들어가믄 동네 사람들 싹 불러가꼬 한마디 하쇼, 잉."

"아이, 뭘 제가…."

"아니지라. 그때 저 뭐시냐, 쪼깐 아들 서울 댕게왔을 띠, 동네 사람들이 모두 알았지라. 전도사님이 고맙게 헌 일을 모두 알지라."

"저는 아무도 모르게 잠시 왔다가 머리 좀 식히고 올라가려고 합니다. 섬에서도 제발 저 좀 혼자 있게 도와주시면 고맙겠습니다."

그는 사뭇 손을 흔들어대며 입담 좋게 떠들어댔다. 그러는 사이에 어느덧 풍랑도 가라앉고 우리는 바로 섬에 도착했다.

이장은 저녁 식사 전부터 동네에 나의 방문 소식을 전했고, 그 결과 가사도 예배당에 동네 어린이와 아주머니들과 남정네 몇 사람이 모여들었다. 정말 죽을 맛이었다. 일이 이렇게 되고 보니 아무리 절망에 빠져있다 해도 강단에 서지 않을 수 없었다. 일을 이상하게도 이끌어가시는 하나님의 계획에 불만을 품은 채 입을 열었다. 그때 내가 한 설교 내용은 다 기억할 수 없지만 '생사화복을 주장하시는 하나님'이란 주제로 이야기를 끌어갔던 것 같다.

그러나 그 일만으로 살고 싶은 마음이 다시 솟아나는 것은 아니었다. 이튿날부터 계획했던 대로 슬픈 내 사랑을 연작시로 쓰기 시작했다.

바다와 하늘은
저토록 넓고 푸르른데
외딴 섬
벼랑에 선 나무마저도
생명의 찬가를 읊고 있는데
남해의 작은 섬
가사도 하늘 아래
덫에 걸린 내 영혼은
산산이 부서지는 파도에 밀려
질식해버린 조개껍데기의 공허로움뿐이라오
긴 터널을 지나는
잿빛 우울과
잃어버린 사랑의 아픔 하나만으로
누구에게 쓰는지도 결정하지 못한 채
이 편지를 써내려가고 있오
이 편지를 받아 보게 될
사람이 누구일지
나는 모르오
다만 처음부터 끝까지
나의 진실과 순수함을 듣고 존중해 줄

그 사람에게 깊은 신뢰와 감사를
보내고 싶은 생각뿐이오
쉴 사이 없이 흐르는 두 줄기의 눈물로
이 편지를 보내려 하오
이 편지를 받아 보게 될
사람이 누구일지
나도 모른 채 말이오

  문 닫은 방 안까지 파도 소리가 밀려오는 남해의 작은 섬에서 생을 정리하기 위해 펜을 잡았다. 생의 맨 끝 지점에 다다른 순례자가 피안으로 떠나는 배에 오르기 전 삶의 여정을 정리하듯, 생의 마지막이 되고 말 날들을 그녀에게 보내는 사랑의 시와 어머니께 보낼 편지 쓰는 일로 붙들어두고 싶었다. 머물던 집의 주인 아주머니가 때에 따라 밥상을 차려 들고 오지 않았더라면 거의 시간의 흐름을 느끼지 못한 채 책상에 매달렸을 것이다.

그녀를 수녀원에 남겨 놓고 겨울 바다 앞에 홀로 선 나는
가슴이 터질 듯한 비통함과 애달픔에 목을 놓아 울고 있소
그녀와 함께 보낼 수 없는 시간의 통곡 소리는
저 성난 파도보다 더 깊이 절규하고 있소
이 처절한 비애를 안고 몸부림치면서
나 자신도 어찌 할 수 없는 미움과 원망이 저 거친 물결처럼
높아만 가오
절박했던 내 사랑을 표현 불가능하도록
우리의 만남조차도 통제하고 어렵게 만든 그 모두를
나는 어쩔 수 없이 미워하오
그들을 원망하고 있소
아무리 애를 써도 도저히 용서할 수 없는 사람들이오
사랑 때문에 울고 웃는 일인데 다 자기들이 알아서 할 거고
내 맡은 일이나 잘 챙기고 관리하는 게 순서라며
쌀쌀맞게 외면한 사람들에게
분노가 섞이지 않았다면 오히려 그것이 위선이요 거짓이오
극단의 경우에 있어서 이러한 감정적인 마찰과 충돌이
내 사랑을 죽음으로밖에 표현할 수 없는
기로에 서게 만든 것이오
사랑으로 죽을 수 있음은
사랑으로 살 수 있음보다 강한 것이기에 말이오


-사랑으로 죽을 수 있음은-

그녀의 동료들에게 전해 주오

언제라도 좋으니 이 말을 꼭 전해 주시오

내가 사랑한 한 여인

그녀와 일치를 이루고 싶은 나의 순수한 갈구가 얼마나

절박한 것이었는가

당신들이 한 번이라도 상상해 본 적이 있는가를

내가 서야 할 자리에 서지 못하고

초점을 잃어가는 것을 보면서도 그분들은 나를 조롱하는 듯 웃고

있었소

우리 모두가 하나님의 저울대에 달릴 그때

우리 모두의 잘 잘못이 밝히 드러날 테지만

내가 그분들을 크게 오해한 것이라면 그 형벌이 어떠하든

난 달게 받겠소

그러나 만약 그분들이 크게 오해한 것이 밝혀지면

그래도 난 그들을 용서할 수 있겠는가

도저히 용서할 수 없다는 것이 지금의 내 솔직한 심경이오


우리가 서로를 심판하듯 하나님께서 우리 모두를 심판한다면

누구라도 화를 면치는 못할 것이오

비록 내가 화를 냈지만

나에게도 화낸 것을 후회할 가능성이 있다는 것을

그분들에게 알려 주시오

그 가능성을 응시하며 그녀가 받은 큰 상처를 잊을 수 있도록

진정으로 그녀를 도와주길 바란다고

이 편지가 그녀 손에 들어가기를 바라오

내가 죽은 이 후에라도
그녀가 언제 이 편지를 받아 보게 될지는
나도 모를 일이지만
한 가지 더욱 분명한 것은
상처 입은 갈매기는 상처가 아물면
다시 먼 바다에까지 날아가고야 말 거라는 분명한 사실이오

-상처 입은 갈매기-

그녀는 자기를 하나님께 제물로 바친 것으로 생각하고

싫도록 나무라고, 원망하고, 미워하며 돌아서 줄 것을 당부하고 있었소

마치 앵무새처럼

새 중에서도 제일 말 잘하는 새처럼 말이오

그러나, 그녀가 말을 마친 후 내게 다가와

"어떤 경우에도 나는 당신을 사랑해요"

젖은 눈빛으로 사랑을 고백하던 순간

그녀의 감추어진 진실을 마침내 읽을 수 있었던 것이오

난 그만 애달픔과 설움이 한꺼번에 북받쳐

그 자리에서 울음을 터트리고 말았소

엉엉 소리내어 울었소

그녀도 나도 그렇게 울고 또 울면서 생각을 고쳤던 것이오

속으로 몇 번이고 다짐했소

내가 사랑한 한 여인 그녀를 소유하기보다는

내가 눈물 흘리는 편을 택하자고

비록 내가 뒤돌아서서 한을 품고 숨져야 한대도

그녀의 자유만은 지켜주리라고


**-앵무새가 아니기에-**

아아, 그녀가 보고 싶소

아무런 화장도 하지 않은 그녀의 맨살 얼굴이

해사하고 예쁜 그녀의 모습을 떠올리려 무진 애를 써도

고독한 빛이 감돌고 잔잔한 슬픔이 서려 있는

그녀의 얼굴만이 맴돌아

나를 더욱 괴롭히고 있소

그녀의 가슴에 머릴 파묻고

로즈! 로즈! 로즈를 끝없이 불러보고 싶소

지금도 꿈 속에서 가끔 찾아가는 양촌의 냇가

그리워 몸부림치고만 싶은 노을지는 뒷산과 빈 들

어찌 된 일인지 그녀의 고향이 사무치게 그리워지기 시작하오

실향민의 아들로 태어난 내게는

그녀와의 가장 많은 기쁨과

가슴 벅찬 환희와 소중한 추억들이 맺혀 있는

양촌이 내 고향이라오

창호지를 바른 창 틈으로 스며들던 은근하고도 화사한 햇살이

지금 내 눈 앞에 어른거리오

그러고 보면 이 세상엔 괴로운 것도 많지만

아름다운 것이 더 많은 것 같소

이처럼 아름다운 모든 것을 그대로 두고 떠나야 한다는 것이

얼마나 분통 터지고 억울한 일이겠소

인생이란 비관하기엔 너무나도 즐겁고

낙관하기에는 너무나도 슬픈 것이라더니

양촌의 냇가, 그녀와 함께 거닐던 들녘과 노을지는 그 뒷산으로

날 데려다 줄 수만 있다면 이제는 더 바랄 것이 없으련만

-양촌 냇가에-

내가 사랑한 여인

내 평생을 걸었던 한 여인

내 생명보다 소중한 시를 쓰는 수도녀

진실로 사랑한 그녀를

수녀원에 남도록 한다는 것은

내겐 피 흘리는 제사요 산 순교나 다름 없는 일

그러하기에 이제 나는 죽은 목숨이나 다름 없소

오호라,

이 세상의 얼마나 많은 거짓들이

진실의 껍질을 뒤집어 쓰고 우리를 기만하고 있는 것이랴

나는 아무 것도 모르오만

제발 누구라도 좋으니 내게 말 좀 해 주오

그녀를 수녀원에 묶어 두어서 과연 무엇이 이루어졌는가를

과연 그녀는 누구를 위해서 자신을 수녀원에 바쳤는가를

내 생명보다 소중한 내 사랑을 수녀원에 남도록 한다는 것은

내게는 피 흘리는 제사요

산 순교나 다름 없소


-피 흘리는 제사-

그렇게 사흘이 흐른 뒤 글을 맺었고, 한 부씩 더 써서 S.P 수녀원으로 우송했다. 유서를 부친 셈이었다. 그후에 어머니 앞으로 불효자로서 용서를 비는 글을 몇 장 더 썼다. 그리고는 그녀를 만난 이후 하루도 빠짐없이 썼던 일기장과 부치지 못한 편지들과 기도처럼 써나갔던 사랑의 연작시를 한데 모아 작은 가방에 챙겨 넣었다. 배에서 뛰어내릴 때 나와 함께 물 속에 잠길, 말하자면 무덤의 부장품들이었다. 목숨이 붙어 있는 마지막 순간까지 그녀의 향기 안에 있고 싶었다.

그리고 아쉬워하는 주민 몇 사람과 작별 인사를 마치고 난 다음 아무렇지도 않은 척 목포로 떠나는 배에 올라탔다. 배는 정시에 출발했다. 출렁이는 바다 위에서 이제 곧 다가오게 될 최후를 생각했다.

'그래, 배가 바다 한가운데로 들어서면 뛰어내리자. 흔적조차 남지 않게. 그녀에 대한 내 사랑으로 남기고 싶었던 것들, 머물고 싶었던 모든 순간들을 가슴 속에 묻어두고서.'

갑판에 서서 나를 받아줄 바닷물을 바라보았다. 그런데 배웅 겸 배에 함께 올랐던 섬 주민들 몇 사람이 다가오더니 반 애원조로 말을 건넸다. 이야기인 즉 목포까지 동행하겠다는 거였다. 참으로 난감하지 않을 수 없었다. 선실로 들어가라고 권해 보았지만 그들은 막무가내였다.

"인제 가시면 또 월매나 있어야 만날지 모르지라. 겁나게 오래 있다 오실 것이 뻔항게로, 우리가 이러는 것이지라."

"그나저나 전도사님은 인물도 좋고 맘씨도 좋고 설교도 좋고. 참말로 말씀 한번 딱 뿌러지게 잘합디다요. 앙 그렇소, 잉?"

그들은 서로 말을 주고 받으며 끝까지 목포까지 갈 기세였다. 하는 수없이 선실로 들어가 이야기하자고 했다. 일단 그분들을 따돌려야

했기 때문이었다. 선실에 들어가 좀 기대고 잠든 척하다가, 그분들이 잠들거나 다른 이야기에 몰두할 때 살짝 빠져나와 뜻을 이룰 작정이었다.

그런데 또다시 배가 요동치기 시작했다. 밖을 내다보니 하늘이 시커먼 게 예사 날씨가 아니었다. 파도는 점점 거세지고, 파도 따라 배는 들까불렸다. 어찌나 배가 흔들리는지 탑승객들이 뱃바닥에 나뒹굴 정도였다. 그렇게 배가 흔들리는 것은 처음 경험했다.
거의 모두가 토하고 비명을 질러댔다. 물론 나도 있는 대로 다 토하고, 도저히 몸을 가눌 수 없어 갑판까지 나갈 수조차 없었다. 배는 점점 더 방향을 잃고 표류하는 듯했다. 며칠 동안 제대로 먹지도 않고 잠자지도 않았던 탓에 정신이 점점 혼미해졌다. 그런 중에도 죽음이 임박했다는 느낌과 함께 죽음에 대한 공포가 밀려들었다. 아마도 바닥에 엎드린 채 무언가 잡으려 안간힘을 썼던 것 같다. 그러면서도 마음 한편으론 '하나님이 내 마음 아시고, 나를 데려가실 모양이구나. 내가 스스로 해치지 않도록 기회를 주시는 것이 아니고 무엇이랴.' 하는 생각이 가물가물 들었다. 그러나 그것도 잠깐, 그만 정신을 잃고 말았다. 얼마나 시간이 흘렀을까, 눈을 떴을 때 배는 이미 목포항에 정박 중이었다. 가사도 사람들이 나를 부축해 부둣가로 나왔다. 순간 커다란 낭패감이 밀려왔다. 부두에서 본 바다는 여전히 넘실댔다.

다시 돌아가야 할 바다는 이미 눈물에 뿌옇게 가려서 보이지 않았다. 하나님의 은혜로운 손길이 전율처럼 다가왔다. 이미 죽었던 나를 다시 살려내신 그분이 바닷바람으로 다시 어루만지는 듯 바람이 온몸을 흔들었다.

순간 어디서부터인지 출처를 알 수 없는 힘이 솟아오름을 깨달았다. 그렇다. 죽지 말고 살아야 한다. 나를 실신시켜 죽을 기회를 박탈해가고 육지에 무사히 닿도록 하신 그분의 뜻을 이제는 헤아려야 할 것이고, 이제는 그분의 뜻을 따라야 한다.

목포 부둣가에서 가사도 주민들과 헤어진 후 지친 몸을 이끌고 식당을 찾아 들어가 늦은 저녁 식사를 했다. 그리고는 목포 산비탈에 세워진 달동네 양동 판잣집에 살고 있던 김준영 전도사 집을 찾아갔다. 친구가 묻는 몇 마디 말에 대답도 못한 채 고열에 쓰러져서 친구 어머니가 끓여주는 흰죽만 먹으며 나흘을 보냈다. 김 전도사의 어머니 장 집사는 목포역 앞에서 행상을 해서 아들을 신학교에 보내 공부를 시킨 분이다. 더 이상 그곳에서 쉴 처지가 못 되어 감사의 편지만 남긴 채 서울행 열차를 타고 돌아왔다.

다음날 오전에 논산 수녀원으로 전화를 걸었다. 그런데 웬일인지 기대하지도 않던 그녀가 직접 받았다. 그래서 얼른 말했다.

"항상 한 길을 사는 사람, 일도입니다. 다시 서울로 돌아와 충실하게 살고 있습니다."

그녀는 거의 울먹이는 목소리를 냈다.

"아아, 정말 감사합니다. 얼마나 기도를 많이 했다고요. 목포로 가신 후에 무척이나 걱정하고 지냈어요. 아, 정말 다행이에요."

"이제는 제 걱정일랑 마십시오."

가사도로 떠나던 그날 내가 그렇게 모지락스럽게 남긴 한 마디가 그녀를 몹시도 괴롭혔던 것 같았다. 안도의 숨을 몰아쉬며 무사함을 기뻐하는 그녀의 목소리를 들으면서 전선을 타고 들리는 이 음성처럼 빠르게 논산으로 달려가고만 싶었다. 하지만 이 모든 것이 다 소용이 없음을 알고 출렁이는 마음을 수습하며 마지막 인사를 하려 했다. 이제 다시는 로즈 수녀를 찾지도 않고 전화도 걸지 않을 생각이었다. 뿐만 아니라 이제부터는 열심히 공부를 하든지, 수행에만 전심을 다하는 용맹정진의 삶을 살든지, 자유롭게 피리 하나 들고 방랑 시인으로 살든지….

그때 수화기 저편에서 떨리는 목소리가 다시 들려왔다.
"1, 2주 후에 서울 가서 연락할게요. 절대로 딴 생각하지 말고 저를 기다리세요. 다시 전화할 필요도 없어요. 제가 연락드릴게요. 건강한 몸으로 꼭 기다려주셔야 해요."
나는 귀를 의심했다. 어쩌면 그건 환청일지도 모른다고. 너무도 그렇게 되길 바라던 나머지 헛들은 것인지도 모른다고 아무튼 그 말을 끝으로 전화는 끊어졌고, 반신반의 속에 한없이 애태우며 2주일을 보냈다.

7월 중순이었다. 매일매일 전화벨 소리에 귀를 모으던 어느 날, 마침내 전화가 걸려왔다.
"여보세요?"
맑고, 아름다운 그 목소리! 더 이상 듣지 않아도 바로 그녀의 음성이었다. 반가움에 가득 차서 급히 물었다.
"거기 어딥니까?"

"서울에, 당신 곁에 있어요."

"정말 서울이에요?"

"네, 서울. 수녀원 본원이에요."

"어떻게 된 것이지요?"

"전도사님이 살아 돌아오셨으니 하느님께 약속한 대로 전도사님께 가겠어요."

아아, 정말 믿어지지 않았다. 그녀가 내 곁에 오다니. 아니, 이럴 수도 있는가! 꿈만 같았다. 내 모든 노력이 수포로 돌아간 이 시점에서 그녀와 함께 할 수 있는 삶이 가능해지다니. 나중에 알게 된 일이지만, 내가 마지막 전화를 하고 가사도로 떠난 뒤 그녀는 무척이나 놀라고 당황해서 하나님께 매달리며 기도했다는 것이다. 실로 자신이 죽어도 좋을 만큼 간절히.

"그 사람을 이 위기에서 건져주시면 그와 함께 살아가라는 하느님의 뜻으로 알고 조건없이 따르겠습니다. 일도 씨를 살려만 주십시오. 그는 당신의 사람입니다. 그와 함께 당신의 뜻을 잘 따르며 당신이 사랑이시고 당신이 살아 계심을 전하며 살겠습니다."

그러고 보니 죽음을 결행하려던 바로 그 순간 폭풍우로 나를 보호하신 하나님은 그녀의 간절한 부탁을 받고 있었던 것이다.

들뜬 목소리로 물었다.

"정말입니까? 언제요, 언제 만날 수 있나요?"

"7월 24일이에요."

"이미 결정된 겁니까? 수녀원 사람들과도?"

"네, 그렇습니다. 종신 허원을 풀어달라고 교황청에도 수속 중이고

요."

아, 그녀가 마침내 내게로 온다. 꼭 1주일 후면 수녀복을 벗어던지고 사복을 입은 그녀를 만날 수 있다. 이제 다시는 멀리 도망가지 않고. 아아, 분수처럼 솟아오르는 기쁨에 온몸을 떨었다. 이제까지의 절망과 눈물만을 안겨준 사랑이 희망의 미래를 안고 다시 피어나고 있었다. 수화기를 내려놓고 베란다 창문을 활짝 열었다. 지루했던 여름 장마가 끝난 하늘은 맑고 푸르게 개어 있었다.

수녀복을 벗고 수녀원을 나온 날
약속 장소인 덕수궁에서 첫 번째 찍은 사진

# 연상의 수녀와 결혼을?
# 어머니의 결사반대!

그녀는 우리 집 근처에 작은 방 하나를 마련했고 나는 오랫동안 미뤄놨던 책을 다시 잡았다. 목회를 한다면 중도에 포기한 신학 공부를 처음부터 다시 할지? 인문학 공부부터 할지? 생각이 많이 복잡했는데 그녀는 하나님의 계획을 먼저 묻고 그 길을 함께 걸어가자고 제안했다. 아무리 멀고 험한 길이어도 괜찮다고 했다.

'올해 시험은 연습'이라는 생각으로 예비고사를 봤다. 기대치 않았는데 결과가 나쁘지 않았다. 장로회신학대학교 신학과에 원서를 넣었는데 합격할 거라는 생각은 하질 않았다. 합격자 발표 날 그녀와 서울 광나루의 장신대를 찾았는데 숨을 죽이고 본관 앞 게시판을 살폈다. 놀랍게도 내 수험 번호가 합격자 명단에 있었다. 도무지 내 마음대로 되지 않는 게 인생이었기에 그날 느낀 기쁨과 부담은 말로 다할 수 없을 만큼 컸다. 그녀의 손을 잡고 본관 로비 건너편 기도실로 들어가 무릎을 꿇었다. 샤를르 드 푸코의 '스스로를 내어 맡기는 기도'를 드렸다. "아버지 이 몸을 당신께 바치오니 좋으실 대로 하십시오. 저는 무엇에나 준비되어 있고 무엇이나 받아들이겠습니다."

나의 합격 발표 직후 경기도 동두천에 있는 신흥실업고등학교에서 그녀에게 연락이 왔다. 국어 교사로 근무해 달라는 것이었다. 그녀는 수녀원을 나온 뒤 7개월 간 어려운 일이 너무 많았다. 두 사람 다 갑자기 수입이 없던 것도 그 중 하나였다. 그녀는 교회와 성당 사이에서 엄청나게 방황했고 그럴수록 난 계속 성당에 나갈 것을 권했다. 그녀는 개신교의 성만찬 예전이 없는 예배를 너무 힘들어 했다. 하지만 힘들수록 내가 목회자가 될 사람이기에 내 쪽으로 건너오겠다고 다짐했다. 여러 교회에서 예배를 드려보고는 서울 광화문의 새문안교회가 제일 맘이 평안하다고 했다.

우리 둘은 새문안교회 성도가 되어 새로운 시작을 선언했다. 난 서울 광장동의 신학교 기숙사로, 그녀는 동두천으로 삶의 둥지를 옮겼다. 장신대 입학 후부터 어머니의 성화는 부쩍 늘었다. 목사나 장로의 딸을 배우자로 맞아야 한다는 것이었다. 누구에게도 털어놓을 수 없는 고통이 줄곧 가슴을 짓눌렀다. 또다시 방황이 시작됐다. 수업이 끝나면 수도원을 찾아 다녔고 용산의 행려자 숙소나 소외된 이웃을 돌보는 시설에서 헐벗은 이들과 한뎃잠을 자기도 했다. 불규칙한 삶은 오래가질 못했다. 과로와 수면 부족으로 인한 영양실조로 또다시 입원했다. 며칠간 병원에서 지내며 흔들리는 마음을 잡고 결심했다. 그녀와 되도록 빨리 결혼하기로.

하지만 어머니는 절대로 허락할 수 없다며 결사반대라고 외쳤고, 아예 호적을 파가라며 자식으로 인정하지도 않겠다고 했다. 다섯 살 연상의 전직 수녀와 결혼한다는 것은 도저히 용납이 안 된다고 하셨다. 그녀가 수녀원에서 일단 나오면 모든 일이 잘 해결될 것 같았지만 현실은 산 넘어 산이었다. 특히 그녀에게 심리적 불안과 고통과 역경은 끝도 없이 이어졌지만 그녀는 의연했다.

누나들도 반대하고 친지들도 모두 다 반대했다.
물론 교회서도 성당서도. 온통 내 주변은 '절대로'라는 말을 내세우며 결혼을 반대하는 사람들뿐이었다.
토요일 오후면 그녀를 찾아 경원선 열차를 탔다. 때로는 그녀가 신학대 기숙사로 찾아오기도 했지만, 그녀의 주말 퇴근 시간에 맞추어 동두천으로 가는 일이 많았다. 가다보면 도봉산 자락에 진달래가 눈이 시리도록 아름답게 피어 있었다. 산은 마치 분홍빛 치맛단을 살짝 치켜들고 봄기운에 취해 있는 듯 했다. 그 진달래 꽃물결을 바라보며 우리 아픈 사랑의 추억에 젖어들곤 했다. 그럴 때면 떠오르는대로 진달래에 얽힌 단상을, 그녀에 대한 참을 수 없는 그리움을 시로 쓰곤 했다.

    가시는 님의 길목마다
    진달래 아름 따다 뿌리겠다는
    이별의 진한 슬픔이
    산화(散花)의 축복으로 승화되기까지의 소월의 가슴처럼
    내 마음은 언제나 피 흘리는 산 제물로

이 강산에 바쳐지고

구름따라 흐르다 흩뿌려지는

눈물이 되어야 하는가

세상을 살아간다는 건

슬픔의 이랑 위에 기쁨의 씨앗들을 뿌리는 것

일생을 경작해야 겨우 작은 열매가 맺히는

삶의 텃밭에

어쩌면 이토록 많은 고통들이

숨어 있는 것인가


아아, 그러나

죽음도 부활이 피어난 토양이듯

지금은 슬픔의 의상을 두르고

내게 오는 그녀의 사랑이지만

진달래 꽃빛보다 더 화사한 기쁨으로

피어날 날도 멀지 않으리라.

진달래의 슬픈 사연 한가운데

내 사랑의 기쁨을 새겨 넣으리라

    봄이 오면 우리 강산 어디에나 지천으로 피어나는 진달래, 그 분홍빛 설렘으로 시를 쓰고 또 썼다. 누에가 명주실을 뽑아내듯. 어쩌면 나라꽃 무궁화보다도 더 우리 민족의 가슴에 깊은 정서의 샘을 뿜어 올리는지도 모를 진달래꽃을 바라보며 그녀를 생각하다보니 무언가 다시 슬픔이 다가올 것 같은 통절한 예감이 자꾸만 설핏거렸다.

소월에 이르면 '나보기가 역겨워 가시는' 임이 떠나는 길 위에 뿌려지는 이별의 슬픔이 핏빛처럼 엉긴 꽃이 아니던가. 어디 그뿐인가. '두견화'라는 또다른 이름의 유래는 더욱 처절하다. 두견새가 밤새 울면 목에서 터져 나온 피가 땅에 떨어져 꽃으로 피어나기에 그같은 이름이 붙여졌다니, 이 얼마나 슬픈 사연인가. 나는 진달래에 쌓인 슬픈 의미들이 어쩌면 내 사랑마저도 그렇게 물들이고 말 것만 같은 불안함을 떨쳐버리기 위해 쓰고 또 쓰고 볼펜만 잡으면 시를 썼다.

피어나리라

그렇게 피어나리라

나를 향해 달려올

그녀의 꿈꾸는 가슴에

한 아름의 진달래를 안겨 주리라

소월의 눈물 젖은

손수건 같은 꽃이 아니라

만남의 기쁨으로 펄럭이는 깃발이리라

연분홍 고운 빛깔로

죽어서 다시 사는 꽃으로

내 생의 한가운데 피어나리라

사랑의 신화 속에

환희의 물결 속에

그녀와 일치되는 삶이 시작되리라

시작되리라

아직은 이루어지지 않은 미래일지라도

누구에게도 털어놓을 수 없는 고통이 줄곧 가슴을 짓눌러댔다. 홀로 된 어머니와 첨예한 대립이 가중되면서 난 핏줄마저 원망스러웠다. 이런 고통을 안고는 그녀를 만나기가 점점 힘겨워졌다. 갈등이 큰 만큼 마음 한편에서는 수도 생활에 대한 유혹이 점점 거세게 일어났다. 그녀가 사랑 때문에 목숨 걸고 나오더니, 이젠 내가 사랑 때문에 수도 생활에 입문해야 하는 것인가. 이러지도 저러지도 못하는 처지에서 오는 고통을 해소해보려는 무의식의 도피요, 어머니와 그녀와 내가 모두 홀로 서는 제3의 길이었는지도 모를 일이다. 이렇게 마음이 갈래갈래 나뉘자 또다시 방황하기 시작했다. 학교 수업이 끝나기가 무섭게 수도원을 찾아다녔고, 수도원에 가지 않는 날은 용산 채소시장에 있는 베들레헴의 집을 찾기도 했다. 그곳은 몇 년 전부터 가끔 찾아가 설거지 등을 거들곤 하던 행려자를 위한 숙소였다.

지금은 성 프란치스코 수도원에서 맡아 지극히 작은 형제들을 섬기고 있지만 당시엔 '예수의 작은 형제' 수도회에서 옷을 벗고 나온 박 스테파노 수사(그때는 수사가 아니었지만 편의상 그분을 형님 또는 수사님이라고 불렀다)가 책임 봉사자였다. 나는 가끔씩 수업을 빼먹고 거기서 봉사하고 헐벗은 이들과 함께 한뎃잠을 자기도 했다. 먹을 것도 잘 자리도 없이 떠도는 그들, 반면 모든 책임이나 사회적 체면이나 겉치레를 다 벗어 던진 그곳 삶을 바라보며 처음엔 무척 자유로운 존재들로 보았던 것도 사실이다. 어떤 때는 그런 자유가 부럽기조차 했다. 그러나 오랫동안 함께 지내다보니 그들이 누리는 자유는 진정한 자유라기보다는 열악한 상황에서 어쩔 수 없이 빚어진 무위요 인간 소외 현상이라는 것이 조금씩 느껴지기 시작했다. 기쁨을 누리기보다는 거기서 벗어나려는 본능적인 발버둥만 거듭하다가 더 크게 좌절되는 악순환의 고리임을.

그런 저런 일로 신학대 동급생들은 나를 '최 수사'라고 부르게 되었다. 일이 끝나면 밤늦도록 책을 읽었다. 제때 음식을 챙겨 먹지도 못한 채. 하지만 그런 불규칙하고도 일종의 방황에 가까운 삶은 오래 가지 못했다. 그해 6월 중순, 또다시 병원으로 실려 가고만 것이다. 입 안이 온통 부풀어 터지고, 터진 곳마다 노란 고름이 앉았으며 온몸의 기운이 쫙 빠졌다. 이 소식을 듣고 병원으로 황급히 달려온 그녀는 당황해서 어쩔 줄 몰라했다. 동분서주하며 입원 수속을 마친 그녀는 병원 생활에 필요한 것들을 준비하기 시작했다.

검사 결과 과로와 수면 부족으로 인한 영양실조라는 진단이 내려졌다. 무조건 잘 먹고 푹 쉬고 생각을 깊이 하지 말라는 의사 지시였다. 퇴원 후 학교에 가보니 독일어를 가르쳐 주시며 친동생처럼 사랑해 주시던 조활웅 교수가 손을 꼭 잡으며 말했다.

"이봐, 최 형. 자넨 스스로 자기 몸을 돌볼 능력이 없는 사람 같아 보여. 빨리 장가들어 아내의 잔소리 속에서 살아야 공부를 마칠 사람이라는 생각이 드네."

며칠간 병원에서 지내면서 흔들리는 마음을 완강히 다스리며 한 가지 중요한 결심을 했다. 그녀와 되도록 빨리 결혼하기로.

퇴원해서 다시 기숙사로 돌아오던 날, 우리는 결혼 날짜를 82년 9월 4일로 잡아버렸다. 그 누구와도 상의하지 않고. 어차피 다 반대하는 결혼, 단 둘만이라도 호젓이 식을 올리고 싶었다.

결혼에 대한 극단적인 생각은 학창 시절부터 있었다. 결혼하면 목회 생활 안 하고, 목회를 하게 되면 결혼 안 하겠다는 일방적인 사고였지만 그런 편견을 당연시하며 자랐다.

그러던 어느 날 귀한 형님을 만났다. 결혼한 목회자가 될 수 있음을 깨우쳐주고, 회의에 휩싸여 장신대를 떠나려 했을 때 굳건히 나를 붙든 사람, 박동현 선배(장신대 구약학 은퇴 교수)가 바로 그분이다.

"최일도 씨, 떠날 때 떠나더라도 있는 동안만큼은 충실히 보내십시오. 입학한 지 1년도 안 되어 여길 떠나겠다는 것이 과연 입학을 허락하신 하나님의 뜻일까요?"

하지만 그마저 내 발길을 붙든 지 1년 만에 독일로 유학을 떠나버렸다. 그가 사라진 신학대학은 더욱 재미없었다. 학교를 둘러싼 아차산이 없었더라면, 산의 오솔길을 홀로 걷는 재미라도 없었더라면 아마도 졸업은 생각도 못했으리라.

신학교에 들어와서도 방황하는 날보고 아내는 하나님의 인도하심 속에서 그분 뜻을 다시 확인하는 시간이 된다면 반드시 전화위복이 될 거라며 도리어 날 위로했다. 그녀가 개신교에 큰 유익을 주는 목회자 부인이 될 것이라며 기뻐하신 새문안교회 김동익 목사님은 우리 사정을 아시고 전세 보증금까지 보태주셨다. 며칠을 찾아 헤맨 끝에 서울 월계동의 낡은 문간방 하나를 전세 150만 원에 빌렸다. 화장실도 없는 아주 좁은 방이었다. 그래도 우리는 행복했다. 결혼식 당일, 우리 두 사람의 하나 됨을 만천하에 고했다. 죽음 같은 고통과 수없이 싸우며, 때론 피 흘리는 산 제사를 고독하게 올려 드리며 죽었다 다시 살아난 것에 대한 감사함이 넘쳤다. 그러나 그 감격은 또다시 큰 시련과 풍랑을 만나게 되었다. 사실 나는 그녀가 수녀복만 벗으면 더는 고민하고 갈등할 것이 없다고 생각했다. 그러나 인생은 산 넘어 산이라는 어른들의 말씀이 그제야 귀에 들리기 시작했다. 지금도 여전히 광야 길과 같은 세상을 살고 있지만, 그녀와 함께 가고 있어서 다행이다. 그분과 동행하고 있어서 정말 감사하다. 그녀의 말대로 모든 것이 전화위복이 될 것이며, 합력하여 선을 이루게 될 것을 믿기 때문이다.

새문안교회 신부 대기실에서

## 11

# 일용할 양식을 주시옵고…

    살아가면서 크고 작은 일들을, 기쁘고 슬픈 일들을, 탄생과 죽음을 준비된 상태에서 맞이하는 사람들이 얼마나 될까? 또 모든 일이 계획대로 진행되고 하는 일마다 만사형통인 사람이 얼마나 될까?
    결혼식을 올리고 우리 부부가 살림을 시작하면서 현실과 이상의 괴리를 나날이 처절하게 하지만 때로는 너무도 황홀하게 체험했다.

어느 날 아내가 진지한 얼굴로 나를 바라보았다.
"당신에게 알릴 소식이 있어요."
반짝거리는 눈빛으로 보아 뭔가 기쁜 소식인 것 같았다.
"당신이 곧 아기 아빠가 될 거에요."

도무지 실감이 나지 않았지만, 마음은 설레고 기뻤다.
'우리 사이에 새 생명이 태어나다니.'

그러나 명색이 가장이다 보니 순간 걱정이 앞섰다.

'애가 태어나면 어디서 키우지? 이 좁디좁은 단칸방 어디에 아기를 눕히지?'

아내의 배가 불러오면 학교의 출퇴근이 힘들어질 것이 분명했다. 그때 나는 월간 '새벗'에서 편집 기자로 일하고 있던 친구에게 부탁해 아르바이트 자리를 얻었다. 낮엔 학교에서 경건과 학문의 훈련을, 밤에는 이 직장 저 직장 옮겨 다니며 날밤을 지새우는 일이 많았다. 그래도 곧 아빠가 될거라는 벅찬 설레임에 피곤한 줄 몰랐다. 그래서 우리는 아내의 학교가 있는 동두천과 가까운 의정부로 이사를 했다. 1983년 2월 봄 방학 기간을 이용하여 짐들을 옮기고 새로운 거처를 단장했다. 경기도권이라 서울보다 훨씬 싼 값에 방 두 칸짜리 다가구 주택에 세를 얻었다. 그러나 집이라는 것이 살아봐야 좋고 나쁜 것을 확실히 알게 된다. 인근에 미군 부대 비행장이 있어 시끄러웠다. 수도 꼭지에서는 황토가 섞인 누런 지하수가 나왔다. 속이 상했지만, 그냥 참고 사는 수밖에 없었다.

그해 3월 아들이 태어났다. 기도 중에 아기의 이름을 '산'으로 짓기로 했다. 산처럼 우람하고 듬직하며, 모두에게 이롭고 높은 사람이 되라는 의미에서다. 불광동 은광교회에서 나는 교육 전도사 사역을 시작했고, 산후 조리 1개월 후부터 아내는 교직에 복귀했다. 장모님께서 어려운 우리 형편을 도와주시겠다고 농사일을 내던져놓고 오셔서 가능한 일이었다. 아침이면 아내는 동두천으로 나는 서울로 각각 떠났고 갓난아기 산은 외할머니 손에 자랐다. 그러나 1년 후, 장모님도 시골 살림을 더 이상 놓아둘 수 없다시며 본가로 가시겠다고 했다. 우리도 출퇴근, 등하교 거리가 너무 멀어서 지칠대로 지쳐 있었다. 무엇보다도 할머니 손에서 자라던 아들 산이 엄마 손을 그리워하는 모습이 역력했다.

오랜 숙고와 기도 끝에 우리는 중대한 결단을 내렸다. 아내가 교직을 내려놓고 서울로 이사하기로 했다. 주요 수입원이었던 아내의 교직을 포기하고 내 수입만으로 살기를 결심하기는 쉽지 않았다. 우리가 이의 없이 뜻을 모은 건 산에게 엄마의 돌봄이 가장 필요한 시기에 아들 곁에 있어주어야 한다고 공감했기 때문이었다. 당시 우리는 '아무리 가난해도 인간답게 살자'고 비장하게 결의했고 서울 암사동 강동아파트에 새로운 둥지를 틀었다. 내가 신학교 수업을 마치고 종로로 출근하기 위해서였다.

당시 교회 사례비는 17만원이었는데 십일조를 빼고 나면 15만 3천원이 세 가족의 생활비 전부였다. 각오는 했지만 절반도 안 되게 줄어든 수입에서 오는 궁핍함은 생각보다 끔찍하고 무서웠다. 아이의 우유를 제외한 모든 물건의 수준을 전보다 현격히 낮췄다. 옷은 살 엄두를 내지 못해 늘 얻거나 빌려 입었다. 차비가 없어 광진교를 걸어 등하교를 하는 것이 부지기수였다. 학교 뒤 아차산의 약수로 점심을 때운 날도 많았지만 누구에게도 티 내고 싶지 않아 항상 웃고 다녔다. 아내와는 '일용할 양식으로 만족하면서 살게 도와주십시오!'라고 기도하며 궁핍을 받아들이고 즐기는 삶을 이어갔다.

잊혀지지 않는 것은 당시 나를 따뜻하게 안아준 지인들이다. 당시 그 지역에 살던 친구들은 장신대 성종현 교수님의 댁에 모여 구역 예배를 드리고 교제를 나누곤 했다. 어느 가을날 성 교수님은 고향 나주의 맛을 함께 나누고 싶다며 배와 감이 담긴 종이 가방을 들고 불쑥 우리 집을 찾아오셨다. 85년 딸 가람이가 태어났을 때도 방문해 기도해주셨다.

내가 이것저것 닥치는 대로 아르바이트를 하느라 과로로 쓰러져 입원했을 때 병실에 찾아와 눈물로 기도해 주시고 지금까지도 영적 멘토로 사랑과 가르침을 주시는 오성춘 교수님과 그 당시 한 푼 없는 신학생인 나를 긍휼히 여기시고 식권을 사주시고 토큰과 아이 분유를 사주신 조활웅 교수님은 독일어만 가르치신 것이 아닌 진정한 사랑의 나눔이 무엇인지를 가르쳐주셨기에 평생 잊을 수 없다.

나는 너무 배고프면 친구들을 찾아가 밥을 실컷 얻어먹고 왔다. 내 사정을 아는 친구들은 주머니 쌈짓돈을 슬쩍 내게 건네기도 했는데 그들이 건넨 돈으로 가람이의 분유를 사기도 했다. 가난 속에서 가족의 친밀함은 날로 깊어졌지만 냉혹한 현실은 서러운 눈물을 자주 흘리게 했다. 둘째 아이까지 태어난 마당에 신학생 수입으로 버티기가 힘들었다. 나는 미래를 위해 꿈을 꿀 여유조차 없었다. 아내는 광장중학교 기간제 국어 교사로 임용되었다. 기도가 이루어졌다고 좋아하던 아내의 웃음은 오래가지 못했다. 100일 지난 가람이와 세 살배기 산을 보아주러 오신 어머니의 호된 시집살이에 나날이 살이 빠지고 생기가 시들어갔다.

항상 배고프고 가난이 너무 익숙하던 시절
뼈가 드러나는 앙상한 얼굴로도 해맑게 웃던 아내

경기도 마석 수동에 있는 예수의 작은 형제
수도원 성당에서 어린 아들 산과 함께

11. 일용할 양식을 주시옵고…

## 12
# 산 이야기

아들 이름을 산이라고 지어 부르자 가장 기뻐한 사람은 아내였고, 가장 놀란 사람은 당시 내가 아르바이트를 하고 있던 월간 〈새벗〉사의 편집부장 신지견 선생이었다.

"아니, 난 전도사님이 하도 보수적인 분이라서 아들 이름을 요한이니 요셉이니 또는 거 뭐냐, 사무엘이니 엘리야니 하고 지을 줄 알았지요. 한데 난데없이 산이 뭡니까? 산이라니요? 정말 산을 알고 산이 좋아서 지은 이름입니까?"

"이 사무실 안에서 부장님만 산에 대해서 잘 알고 산을 좋아하는 사람인 줄로 착각하시며 살았군요. 산은 절에서 사셨던 부장님 같은 불제자만의 수행처가 아니라, 산 속에 살진 않아도 늘 산을 그리워하며 산을 마음속에 품고 사는 나 같은 예수쟁이에게도 안식처요 신앙의 보금자리입니다. 저는 비승비속으로 사시는 부장님만큼이나, 아니 어쩌면 부장님보다 더 산을 사랑하고 산의 품에 안기길 원하면서 산에 살고 있는지도 모릅니다. 둘째 아이가 생기면 '가람'이라고 이름지을 겁니다."

"최 형은 이리 보면 골통 보수 기독교도 같은데 또 저리 보면 완전 자유주의 선구자 같고. 아니, 어떻게 그렇게 경건한 신학교에 다니는 신학도의 입에서 산 이야기가 청산유수로 흘러 나온답니까? 최 형, 아무래도 우리 산에 대해 본격적으로 이야길 나눠봅시다. 난 곡차가 들어가지 않으면 말이 이어지질 않아서."

우리는 포장마차에 앉아 비로소 하나씩 둘씩 산 이야기를 꺼내놓으며 정담을 나누었다. 산과 언덕을 구별하는 방법, 사계절에 따른 금강산의 이름, 도(道)를 아는 사람이 산에 살면 도인이 되지만 도를 모르는 사람이 산에 살면 나무꾼밖에 안 된다는 이야기…. 이런 등등의 이야기를 나누다가 어떻든 산은 좋고 산이라고 지은 아들 이름은 더욱더 좋다는 결론을 내리고 헤어졌다.

며칠이 지났을까. 하루는 신 부장이 "최 형, 이 잡지에 실린 산 이야기 한 번 읽어보쇼." 하며 책 한 권을 슬며시 던져놓고는 외출했다. 무슨 내용인가 싶어서 페이지를 넘겼더니 신 부장 자신의 글이었다.

"언젠가 나는 산에 대해서 낙서를 한 적이 있다. 내가 잊고 있으면 산도 슬며시 자취를 감추어 버린다. 내가 가만히 눈을 뜨면 산은 열 개쯤 얼굴을 가지고 나를 조용히 내려다본다. 돌 이끼로 속옷 해 입고 온갖 나무들로 성장한 산은 바람으로 숨을 쉰다. 나뭇잎이 돋고 안개가 피어오르던 날 나를 부드럽게 감싸주던 산은 낙엽이 지고 또 눈이 내리고 나면 매우 엄숙한 얼굴로 나를 바라본다. 내가 생각에 잠겨 있으면 산도 생각에 잠겨 버리고, 내가 웃고 있으면 산도 미소를 짓는다.

이와 같은 나의 얼찌근한 산에 대한 생각을 풀어가고 있을 때 뜻밖에도 요즘 내가 좋아하는 예수쟁이 최일도 전도사가 떡두꺼비 같은 아들 사진을 보여주면서 "어떻습니까? 산!" 그렇게 불쑥 산 이야기를 꺼냈다. "산이라니 그게 무슨 소리입니까?" "내 아들 이름을 뫼 산자 '산'이라고 지었습니다." 이 친구가 조금은 엉뚱한 데가 있다고 평소에 생각은 해왔지만 하필 아들 이름을 산이라고 짓다니 얼른 납득이 되질 않았다.

산! 아무래도 목회자의 아들 이름으로는 어울리지 않는 것 같았다. 요셉이나 요한이가 훨씬 잘 어울릴 텐데 하필 '산'이라니. 나는 고개를 두어 번 갸웃거리기는 했지만 기실 내심으로는 사내아이 이름으로 산이라는 이름이 매우 특이할 뿐 아니라 그 아버지에 그 아들로 아주 잘 어울리는 좋은 이름이라는 생각을 떨쳐버릴 수가 없었다."

그는 '산은 말 없는, 그저 미더운 친구'라고 말했다. 그러나 그는 사시사철 산에서 산과 같이 생활해보면 결코 산이 말이 없는 것도 아니라고 했다. "산도 숨을 쉬고 또 말을 걸어오기도 하며, 눈을 뜨고 보기도 하고 또 외로운 모습을 짓기도 하며 매우 다정한 목소리로 사랑을 속삭여오기도 한다."고 그는 말했다.

이처럼 살아 있는 산을 보기 위해 그는 산에서 만 12년을 넘게 살아 왔다고 했다. 이렇게 산에서만 살다보면 금방이라도 선계를 오르내릴 수도 있지만, 그러나 그는 어디까지나 산의 본질은 무심(無心)이라고 결론지었다. 바로 그 무심이 불가사의한 힘의 실체라는 것이다. 무심을 얻기 위해서, 무심으로 살기 위해서 이렇게 홀로 산에서 지내다니….

신 부장이 산에 대해서 아리송한 어려운 숙제를 안고 있을 때 내가 아들 이름 자를 '산'이라고 지었다니 그는 놀라지 않을 수 없었다. 처음엔 내가 스님이 말한 '산 이야기'를 나보다 한 발 앞서서 간파해버린 게 아닐까 하는 생각도 해보았다고 한다. 어떻든 귀여운 내 아기가 '산'이라는 이름으로 무럭무럭 자라서 산 같이 깊고, 산 같이 높고, 산 같이 넓은 마음으로 우리의 모든 사람들을 사랑하고 지도하는 훌륭한 인재가 되기를 마음속으로 기원했던 그가 많이 그립다.

　산 이야기를 하다보면 끝이 없을 것 같다. 내가 서울에서 제주까지 하늘에서 내려 본 우리 땅은 몽땅 산이었다. 서울에서 설악까지 달리는 차창 너머로 본 것도 몽땅 산이었다. 멀리서 볼수록 우리가 사는 마을은 산 속에 묻혀 있었다. 통계로는 우리 국토의 3분의 2가 산이라 했는데 내가 보기에는 그냥 모든 것이 산이었다.

　산은 어느덧 아버지의 마음이요, 어머니의 살결이 되었기에 나는 어쩔 수 없이 나이를 더해가면서 나도 모르게 점점 산을 닮아가고 있는 것이다. 저 산이 내 마음에 들어와 살고 저 황토 냄새가 내 살 속에 스며 있다. 이 엄청난 사실을 이제는 아들과 함께 영원히 잊을 수 없다. 내 아들의 이름을 산이라고 지은 이유를 아들 녀석이 알아듣고 기뻐할 날이 오겠지. 바라기는 그 이름이 지닌 뜻도 의미도 갈수록 넓어지고 깊어지기를….

아들 최산은 카이스트에서 공부하는 것으로 군 복무를 대신할 수도 있었는데 국방의 의무를 충실하게 하고 싶다며 서른 살에 입대하여 열 살 아래 동생들과 함께 병장으로 제대하였다. 맹호부대 병장 시절 때마침 세종문화회관에서는 뮤지컬 밥 짓는 시인 퍼 주는 사랑이 공연되고 있었고 그 앞에서는 국가기록원에서 '그날의 시선으로 본 기록'으로 아버님의 목숨걸고 자유를 지키는 아버님 활약이 전시되고 있었다. 아들은 군 복무를 마치자마자 카이스트 옆에 있는 한국과학기술정책연구원(KIST)으로 발탁되어 일을 하다가 한국과학기술정보연구원(KISTI)으로 옮겨가 Ph. D 학위를 마치고 지금은 SK사회적가치연구소 수석연구원으로 일하고 있다.

## 13

# 수녀와 아내 사이에서

　결혼 후에도 나의 천부적인 자유혼과 방황하는 기질은 쉽게 사라지질 않았다. 종로학원에 다니며 청소년 시절부터 '종로통 아이'로 살아온 데다 한동안 그녀를 잃고 방황하던 생활이 내 삶의 스타일로 자리를 잡은 모양이었다. 이틀 정도 집에서 지내다 보면 어디론가 휙 한 바퀴 둘러봐야 할 것만 같고, 누군가를 만나서 밤을 지새우며 대화를 나눠야만 속이 풀릴 것 같은 기분에 자주 휩싸이곤 했다. 하루는 이젠 '내 사랑 내 곁에'를 국민들의 가슴에 남기고 요절한, 친구 김현식이 결혼식에 참석 못해 미안하다며 전화를 걸어왔다. 현식이는 열아홉 스무 살 무렵 종로 뒷골목 생맥주집에서 만나 절친해진 친구였다. 나중엔 그의 이종사촌 양국한과 더욱 가깝게 지냈는데 이들 사이에 끼어 있던 나 역시 통기타 하나 들고 노래라도 하면 생맥주 한두 병 정도는 그냥 얻어 먹을 수 있던 시절이었다. 어쨌든 그때부터 시작된 '떠돌이' 증세는 결혼을 하고서도 잘 낫지 않았고, 아내에게는 실로 당황스러운 일이 아닐 수 없었다.

기분 내키는 대로 '베들레헴의 집'에 가서 이틀이나 사흘씩 머물며 학교에 다니기도 하고, 기숙사 친구들과 어울려 밤늦게 집에 돌아오기가 일쑤였다. 게다가 모처럼 집으로 돌아갈 때는 대여섯 명의 친구들과 몰려가곤 했다. 그런 날이면 아내는 늦게 퇴근해 피로를 풀 새도 없이 흥부네 살림에 정신없이 밥상을 차려내곤 했다. 아픈 현식이를 전도하고 위로한다는 핑계로 자주 집을 나왔지만, 내심 신학대학에도 어디에도 살고 싶지 않은 방랑기를 버리지 못해 차분하게 책과 씨름하는 좋은 학생이 되지 못했다. 앞뒤 가리지 않고 떠도는 남편을 그녀는 얼마나 낯설어 했을까.

그래도 아내는 별 불평 없이 자기 일을 해냈다. 지금 생각해보면 참 신기할 뿐이다. 돈 한 푼 벌어다 주지 않은 남편이 시도 때도 없이 나가서 며칠 들어오지도 않고 친구들을 끌고 와 살림을 축내는 데도 단 한 번도 쌀이 모자란다거나 돈이 떨어졌다는 소리를 하질 않았다.

생활이 낯선 건 그녀뿐이 아니었다. 나 역시 집에 들어갈 때면 곧잘 착각을 일으키곤 했다. 아내 김연수가 아닌 로즈 수녀가 나를 맞아줄 것만 같은, 이런 착각은 집에 가는 것이 마치 수녀원을 찾아가는 것 같은 느낌을 갖게 했는데, 그런 날이면 으레 문을 열고 나오는 아내의 얼굴이 갑자기 낯설어진다거나 또는 저녁 식사를 마치고는 어머니가 계신 집으로 돌아가야 할 것만 같은 기분에 젖어들곤 했다. 이런 증상이 특히 심해지는 날이면 아내의 학교로 전화를 걸어서는 "우리 어디서 만날까요?" 하는 식으로 마치 이제 막 선보고 나온 사람들처럼 대화를 시작하곤 했다.

이런 곡절을 겪으면서 차츰차츰 집에서 함께 사는 삶에 적응하려 애를 썼다.
그러나 두 아이를 낳아서 기를 때까지도 '아내'와 '수녀' 사이에서 착각을 거듭했다. 하얀 프리지어 꽃 같았던 아네스 로즈 수녀의 첫인상이 너무나도 강렬했기 때문에 오는 혼란들을….

아내는 새벽 5시 30분에 일어나서 아침 식사를 준비하고 성서일과를 마친 후 설거지할 틈도 없이 7시 40분에 출발하는 경원선 열차를 타기 위해 성북역을 향해 뛰었다. 어쩌다 늦잠이라도 자는 날이면 식사도 제대로 못하고, 때로는 화장도 하다 만 채 황급히 뛰어 나갔다. 그런 날은 열차 화장실에서 화장을 마저 끝낸다고 했다.

그런 와중에도 매주 화요일 저녁이면 새문안교회로 성가대 연습을 하러 갔다. 주일은 나와 함께 예배당에 일찍 나가 성가 연습을 마친 후 3부 예배를 드렸고, 예배 후에도 또 다른 성가 연습에 시간을 보내야 했다. 이렇게 빡빡하고 고된 일과로 아내는 하루하루를 무척 힘겹게 지냈다. 그런 아내를 그저 바라보자니 마음이 쓰리고 아팠다. 또 아내를 위해서 어떤 어려움도 거들어주지 못하는 자신이 원망스럽고 미웠다. 하지만 그런 나의 마음은 오히려 반대로 표현되어 무뚝뚝해지거나 거칠게 나올 때조차 있었다. 그럴 때면 아내는 무척이나 슬픈 표정을 지었고 때로는 말다툼과 긴 침묵으로 비화하기도 했다. 슬픈 상처는 그렇게 저절로 생겨났다.

우리가 그토록 원하던 함께 사는 삶이 이렇게 빠르게 서로에게 아픔을 주고받는 삶으로 변질되어간다는 것에 실로 당황했다. 우리는 주변 환경이 너무도 척박했기 때문이었을까? 수녀원이란 온실에서 자라다 바람 드센 들녘에 옮겨진 힘겨운 신혼 생활이 시외로 출퇴근하는 직장 생활로 이어지는데다가, 무엇보다 수도자 생활에서 벗어나 속세에 적응하는 것 자체가 무척이나 낯선 것 같았다.

나는 나대로 나이 들어 다시 시작한 신학 공부에 어쨌든 가장이 되어 사방팔방으로 쏘다니던 역마살을 다스리느라 무진 애를 먹었다. 더구나 어머니는 결혼 후에도 끊임없이 아내를 못마땅해 하셨고, 심지어 미워하기조차 하셨다. 직접 아내에게 대놓고는 아니라도 나만 만나면 그런 내용의 말들을 끝도 한도 없이 늘어 놓으셨다. 마음이 상하고 괴로운 나머지 어머니 만나기를 아예 단념해야 할 정도였다. 나와 아내와 어머니는 서로가 서로에게 원치 않는 마음의 상처를 주기 시작했고 어머니는 고부간의 갈등에 종교적인 갈등까지 더하여 하루하루 사는 게 죽을 맛이라고 했다.

아내는 기도하는 어머니를 보며 말했다.

"무슨 기도를 저렇게 시끄럽게 해요. 하나님이 귀가 먹으셨나요? 귀 밝으신 하나님께 왜 소릴치냐구요?"

어머니는 기도하는 아내를 보며 내게 말했다.

"아범아, 저게 기도냐? 키리에 엘레이손, 주여 나를 불쌍히 여기소서, 저거이 염불이디 기도냐? 무슨 기도를 고양이 하품하듯이 하니래."

## 14

# 과연, 싫은 것입니까?

"목사님 부부는 싸움 같은 거 안하시죠? 서로 목숨 걸고 사랑했고 죽음 같은 고통을 이겨내고 결혼까지 하셨는데."
"두 분이 부부싸움할 것이라고는 상상도 해본 적이 없는데요."
이렇게 물어오는 사람들이 주변에 꽤나 있는 편이다.

나라고 해서 과연 예외가 될 수 있을까, 우리라고 해서 싸움이 없을까? 티격태격하다가도 이내 화해하고 서로 앙금을 남기지 않는다는 게 자랑일 순 있어도, 다툰 일로 치자면 우리 부부도 둘째 가라면 서러울 사람들이다.
한 번은 아내에게 물었다.
"우리 맨처음 싸운 거 기억나요?"
"응, 지렁이 사건 말이죠!"
말이 나왔으니 말이지, 나는 싸운 기억은 많아도 언제 어디서 무엇

때문에 싸웠는지, 왜 싸웠는지에 대해서는 거의 기억하지 못할 정도로 건망증이 심한 사람이다. 하기는 하나님께서 이런 망각의 은사를 주셨으니 이렇게 오늘까지 살아왔는지도 모른다. 만일 사는 동안 서럽고 아팠던 일들을 일일이 기억했더라면 뼈만 앙상히 남은 채 홧병에 벌써 재가 되어 버렸을지도 모를 일이다. 하지만 다는 기억 못 해도 우리가 겪은 최초의 부부싸움은 평생 잊으려야 잊을 수가 없다. 지렁이 때문에 싸우고 지렁이를 통하여 깨달음을 얻었으니 우리 부부가 처음으로 싸운 그 날은 기쁨의 날이요, 서로의 고정 관념을 후련하게 박살내 버린 축복의 날이었다.

결혼한지 3개월이 채 되지 않은 신혼 시절, 아내는 동두천의 신흥실고 국어 교사였고, 나는 장로회신학대학에서 공부하는 학생이었다. 첫 부부싸움이 있던 날, 아내는 출근도 못하고 나는 등교도 포기한 채 서로 "지렁이가 싫은 겁니까?" "그럼, 지렁이가 좋은 겁니까?"라고 집요하게 물고 늘어지면서 좁은 방구석에서 온종일 싸운 적이 있다.

지금은 내가 일찍 일어나는 편이지만 당시는 언제나 아내가 먼저 잠에서 깼다. 하루는 먼저 일어난 아내가 쪽문을 열고 부엌으로 내려가서 천장에 달린 백열등을 켜다가 갑자기 "으아악!" 비명을 냅다 지르는 것이 아닌가, 잠결에 너무도 깜짝 놀란 나는 비몽사몽간에 오직 아내를 구하겠다는 일념으로 옆에 있던 베개를 가슴에 안고 부엌을 향해 있는 힘을 다해 돌진했다. 강도가 칼로 찌르면 그걸로 막겠다고 무의식 중에 들었던 것일 게다. 그러나 부엌 쪽문의 높이가 워낙 낮은 터라 그만 정수리와 문설주가 정면으로 꽝하고 충돌하는 사건이 발생했다. 실내에서 반짝이는 별을 보기란 그때가 처음이었다.

고부간의 갈등에 대책 없는 남편의 무모한 저지르기에 지칠대로
지친 나머지 울며 기도하던 날이 많았던
아내이지만 또 언제 그랬느냐는 듯이 이처럼 맑고 밝은 얼굴로
미소와 웃음이 얼굴에서 떠나지 않았던 아내였다. 싫은 것이 없는 삶을 깨달은 덕분에…

14. 과연, 싫은 것입니까?

뒤로 벌렁 넘어지면서 잠시 그만 의식을 잃었는데 깨어 보니 아내가 상처 부위에 얼음찜질을 하면서 연신 물어보는 거였다.

"여보, 괜찮아요? 일도 씨 정말 괜찮은 거예요?"

"난 괜찮아, 당신은 어디 다친 데는 없고요?"

울음섞인 목소리로 물었다.

"으음, 난 하나도 다친 데가 없어요. 그런데 당신은 머리가 깨지고 혹까지 생겼으니 어쩌지요, 이걸 어쩐담."

"지금 밖에 아무도 없는 거지요?"

"아뇨, 아직…."

"뭐요? 아직도 놈이 있단 말이요?"

나는 그 말과 동시에 벌컥 문을 열어 젖히며 크게 소리쳤다.

"누구요, 당신은?"

그러나 부엌에는 아무도 없었다.

"여보, 아무도 없잖아?"

"조오기, 조오기 아직 있잖아요."

손가락으로 가리키는 방향을 따라 눈을 크게 뜨고 자세히 들여다보니 지렁이 한 마리가 꿈틀꿈틀 기어다니고 있었다.

세상에, 지렁이 한 마리 때문에 머리가 다 깨지고 혹이 나고, 정말 이래도 되는 건가 싶은 생각이 들었다. 분하고 억울한 느낌도 없지 않아서 나도 모르게 쪽문 문턱에 걸터앉아 한 발은 부엌에, 한 발은 방 안에 들여놓고 아내에게 물었다.

"여보, 이 지렁이가 싫은 겁니까?"

옆으로 고개를 돌린 아내는 다른 말로 답했다.

"아이, 여보. 학교 갈 시간이 얼마 남지 않았어요."

그래도 다시 또 물었다.

"여보, 지렁이가 싫은 겁니까?"

"왜 그래요? 별 걸 다 묻네. 어서 서둘러요. 그러다 늦겠어요."

"이 지렁이가 싫은 겁니까?"

"아니, 당신은 그걸 지금 말이라고 묻고 있어요? 왜 자꾸 미안하게끔 묻고 또 물어요?"

"당신 대답을 듣고 싶어서 묻는 거지요. 묻는 말 잘 듣고 대답해봐요. 지렁이가 싫은 겁니까?"

"와, 정말 사람 열 받게 하시네. 어서 치료하고 학교 가자는데. 난 기차 시간 1분을 놓치면 한 시간 지각이란 말예요."

"여보, 지렁이가 싫은 겁니까?"

"당신, 오늘 나 학교에 못 가는 거 보고 싶은 거죠?"

"아니, 당신이 지렁이를 싫어하냐구 진지하게 묻고 있질 않소? 그런데 묻는 말에 대답 안 하고 딴청을 피우니 화나지 않게 됐어요?"

"물을 걸 물어야지요. 시간 없다는데."

훗날 아내 얘기로는 그날 내가 같은 질문을 열댓 번 정도는 하더라나. 사실 그때는 아내도 나도 제정신이 아니었다. 그녀는 챙겨놓았던 가방을 방바닥에 집어던지며 울먹였다.

"나, 오늘 학교 안 가요."

"학교 가고 안 가고는 당신 자유야. 내가 궁금한 것은 지렁이가 정말 싫은가를 알고 싶은 거요. 그게 궁금한 거야. 여보, 당신은 정말 지렁이가 싫은 거야?"

"그러면 지렁이가 좋은 겁니까? 어어엉…왜 이렇게 내 속을 뒤집어서 약을 박박 올리는 거예요. 엉엉…."

아내의 목소리는 거의 통곡에 가까웠다.

"내가 언제 '지렁이가 좋은 것입니까'라고 물었나? '지렁이가 싫은 것입니까'라고 물었지요."

"그럼, 지렁이가 좋은 거냐?"

이제부턴 아예 반말이었다.

"그럼, 지렁이가 싫은 거냐?"

지렁이 한 마리 때문에 반말에 손찌검까지 해대며 우린 온종일을 지치도록 싸우고 또 싸웠다. 집사람은 그렇게 끈질기게 묻고 묻는 나를 이해할 수 없었고, 난 지렁이 때문에 비명과 발작을 일으킨 집사람이 도저히 이해되질 않았다.

얼마나 시간이 흘렀을까. 아침을 굶고 점심을 건너뛰고 그렇게 싸우다가 시간이 흘러 사방이 조금씩 어둠에 싸일 무렵, 울다가 지쳐 쓰러진 아내가 불쌍해 보여 어깨를 흔들면서 나직이 불렀다.

"여보"

"또 물으려고 그러지, 지렁이가 싫은 거냐구?"

아내는 벌떡 일어나 잔뜩 긴장한 채 벽에 기대어 앉는 게 아닌가.

"아니, 이 여자가 아직도 싸울 힘이 남아 있나 보네."

"아녜요. 난 지쳤어요. 정말이지 말 한 마디 하기 힘들 정도로 지쳤어요."

"나도 지쳤어. 우리 싸우더라도 밥은 먹어가며 싸웁시다."

"그것도 좋은 생각이네요. 그러면 당신이 밥 하세요. 난 정말 지쳤어요."

아내는 '휴전'에 동의하면서 바닥에 그냥 쓰러져 눕는 것이 아닌가. 나도 모르게 역정을 냈다.

"아니, 이 여자가 지렁이 때문에 사람 잡을 일 있나. 멀쩡한 사람 머릴 깨뜨려 놓고도 밥 해줄 생각은 안 하고… 뭐가 어째, 나더러 나가서 밥을 하라고?"

"아직도 있잖아요."

"있긴 뭐가 있어?"

"지렁이가… 그 지렁이 좀 치워주세요. 그러면 나가서 밥 지을게요."

"와, 사람 미치게 만드네. 아니 지렁이가 정말 싫은 겁니까?"

그러자 아내는 얼굴이 하얗게 질리더니 또다시 울먹였다.

"아니 또 묻네, 또 물어. 지렁이가 그럼 좋은 거야? 난 저 지렁이 치워주기 전에는 이 방에서 한 발짝도 안 나갈 거예요."

아니, 지렁이 한 마리를 보고는 이토록 발작에 가까운 증세를 보이다니. 나는 부엌으로 내려가서 일부러 지렁이를 손바닥에 올려놓고 소리쳤다.

"이 지렁이가 싫은 거라고? 징그럽다고? 무섭다고? 이게 말이 됩니까? 나 원 참, 지렁이가 무서워 저렇게 싫단 사람은 난생 처음 보네. 난생 처음 봐."

그러면서 지렁이가 귀엽다는 듯이 쓸어도 주고 일자로 세우기도 하고 가지고 놀다가 방바닥에다 놓으려고 하자 아내는 분에 겨워 외마디 소리를 질렀다.

14. 과연, 싫은 것입니까?

"나쁜 놈…."

지렁이 한 마리에 머리까지 깨진 마당에 아내에게 처음으로 '나쁜 놈'이라는 욕까지 먹고 보니 까짓 거 갈 때까지 가보자는 심정이 됐다.

"좋아, 나쁜 놈이라고 했지? 내가 이 놈 때문에 오늘 이렇게 당해도 되는 거야? 이 지렁이란 놈 때문에 말야."

그러면서 손가락으로 끊어서 두 토막을 냈더니 꿈틀대는 지렁이만큼 집사람은 자지러지는 것이었다. 아내는 자신을 너무 심하게 고문한다면서 슬프게 울었다. 싸움은 점점 서로의 의도와는 다르게, 정말 두 사람 모두가 알 수 없는 이상한 방향으로 흘러가고 있었다. 꼬박 하루 세끼를 굶은 채….

어느덧 동네 골목에도 완연하게 땅거미가 내려앉았다. 세상에 짙은 어둠이 깔릴 때까지 우린 처절한 침묵 속에 머물러 있었다. 얼마 후 침묵을 깬 건 나였다. 침묵이 지닌 변화 능력이랄까, 뭔가 정말 알 수 없는 부드러움이 전신을 감싸고 도는 것을 느꼈다.

"여보, 지렁이가 싫은 겁니까?"

"아니오."

"그러면 지렁이가 좋은 겁니까?"

"아니요."

"싫은 것도 좋은 것도 아니라면 지렁이가 뭡니까?"

"지렁이는 지렁이일 뿐이에요."

그때였다. 무어라 표현해야 할까. 눈 앞을 가렸던 비닐이 서서히 거두어지는 느낌이랄까, 아니면 이제야 비로소 지렁이가 지렁이로 보이는 열린 세계를 보는 기쁨이라고나 할까. 어디서부터인지 근원을 알 수 없는 청초한 기쁨이 동시에 맘속에서부터 방울방울 샘솟는 것이었다. 한마디로 풍요해지는 느낌이었다. 방바닥에 누워서 서로의 심장에 한 손을 갖다 대고는 놀란 가슴을 부드럽게 쓸어주면서 이윽고 깨달음의 경지를 서로 나누었다.

"여보, 난 말야. 어릴 때부터 지렁이를 보면 반가운 마음이 먼저 들곤 했어. 당신은 직접 본 일이 없는 당신의 시아버지가 되셨을 우리 아버지는 말야 낚시를 참 좋아하셨지. 낚시 때문에 종종 어머니와 말다툼이 있곤 했어. 아버지가 낚시 갈 때면 난 으레 호미를 들고 하수구로 뛰어들었지. 아버지가 무척 기뻐하셨거든. 내가 낚싯밥으로 지렁이를 잡아드리면 그걸 들고는 '야, 오늘은 우리 일도가 구해준 지렁이 덕분에 월척을 낚을 것 같아. 월척을…' 하면서 좋아하시던 얼굴이 지금도 생생히 떠올라.

물론 오늘 밤 우리가 깨달은 것처럼 지렁이는 지렁이라고, 지렁이를 지렁이로 보면 될 것을. 좋은 것도 싫은 것도 아닌. 난 어린 시절 지렁이를 보면 무척 반가웠거든. 비온 후 달팽이를 볼 때도 그랬고. 또 여의도 백사장에서 도마뱀을 보았을 때도 난 너무 재미있어 했어. 단 한 가지 예외가 있다면 쥐였어. 웬지 모르지만 쥐가 너무 싫었어. 지금도 쥐가 싫지만 이제는 쥐를 쥐로 바로 보고 싶어."

"참으로 기쁘네요. 그 말을 듣고 참으로 나와 다른 게 있다는 사실을 알게 됐어요. 당신은 쥐가 싫다고 했지만요, 나는 또 쥐가 그렇게 싫다는 생각이 안 들거든요. 쥐는 털로 덮여 있잖아요. 털로 덮인 건

흉하기는 해도 끔찍하게 싫지는 않아요. 송충이도 털이 촘촘히 난 건 그런대로 귀엽던 걸요. 하지만 어릴 때부터 털 없이 매끈매끈한 뱀 지렁이 도마뱀 등을 보면요, 전 정말 몸서릴 치곤 했어요. 오늘 부엌 바닥에서 기어다니는 지렁이를 보았을 때 당신을 놀래킬 생각은 전혀 없었어요. 거의 무의식 중에 비명을 질렀던 거죠."

"듣고 보니 재미 있구만. 쥐도 송충이도 털이 있으니까 보아줄 만하고, 털이 없는 건 보아줄 수 없다니 다행이네. 나 역시 수염도 제법 있고 구레나룻도 길게 나 있고 온몸에 털이 많이 났으니 당신에게 꼴도 보기 싫어서 버림받을 염려는 없겠구려, 하하하!"

## 15

# 실낙원의 연인들

모태에서부터 수없이 들어온 단어가 있다. '원죄'라는 것이다. 그러나 설명해내기는 결코 쉽지 않은 단어. 천지 창조 당시 하나님께서 가장 공들여 만들었다는 창조물 아담과 하와, 최초의 사람들이 지은 죄로 인해 인류에게 계속 유전되었다는 이 어둡고 무겁고 끈적거리는 죄. 신학 공부를 하면 할수록 이러한 원죄에 물든 인간성의 실체를 더욱 설명해내기가 어려웠다. '하나님의 뜻을 거스른 사람들의 의지', '피조물이 조물주와 동등해지려는 교만이 빚은 결과', '어둠에 물든 인간성', '도저히 인간으로서는 어쩔 수 없는 인간 한계'….

나는 나름대로 배운 지식을 총동원하여 그 실체를 해명하려 애썼지만 그것조차 기독교를 생판 모르는 사람에게 잘 알려준다는 것은 쉽지 않았다. 한데 이 무렵 나는 그토록 이해시키기 힘든 원죄의 실체를 일상 속에서 만지고 느끼며 체득하고 있었다. 살과 피를 나눈 어머니와 아들이 서로 이해하지 못하고 상처를 주고 받을 수밖에 없는 인간됨, 일생을 함께 살아가고 싶어 죽음보다 더 큰 사랑을 나눈 연인들이나, 결혼한 부부가 되어서도 서로를 이해하지 못하고 어쩔 수 없이 고통을 주고받는 인간의 한계성, 이들 속에서 원죄의 본질과 실체를 매일매일 실감나게 보고 만질 수 있었다.

원죄의 실체가 커지는 만큼 아내는 점점 야위어갔다. 항상 웃음을 띠고 있던 얼굴이 어느덧 슬픔과 걱정으로 뒤덮이고, 음성조차 방어적인 색깔을 띠게 되었다. 나는 그 모든 것을 마음속 깊이 아프게 아프게 느꼈다. 하지만 그런 아내를 위로해줄 여유도, 태도를 바꿀 힘도 내게는 없었다. 나 역시 지칠대로 지치고 힘겨웠으므로 아내를 만난 이래 최악의 고통 속에 우리는 휘말려 들어갔다.

어머니는 여전히 아내를 향해 비난의 폭격을 퍼부었고, 아내의 반격도 만만치 않았다. 다른 길을 찾아야지 결심했어도 새로운 방도를 찾기란 정말 막막했다. 그러다보니 나의 고통은 점차 두 사람에 대한 분노로 바뀌어 갔다. 격하게 화를 버럭 낸 날, 아내는 그 충격이 너무 컸는지 갑자기 가방에 소지품들을 대충 챙겨 넣고는 횡하니 집을 나가버렸다. 그리고는 일주일이 넘도록 들어오지 않았다. 아무리 충격을 받았어도 그렇지, 세상에 한 마디 말없이 집을 나가다니….

아내의 가출 사태를 지켜보는 내 마음은 가시방석에 앉아 있는 것 같아 일분일초가 심히 괴로웠다. 그런데 1주일이 다 되어가도록 아무 연락이 없던 아내에게서 전화가 왔다. 강원도 태백에 있는 예수원에서 금식 기도 중이니 너무 걱정하지 말라고.

비로소 마음을 쓸어내리고 있는데 아이들이 다시 내 무릎에 모여 "엄마 어디 갔어?" 하고 연신 물어댄다. 나는 몹시 걱정스런 얼굴로 불안해 하는 애들에게 비로소 확실한 목소리로 대답할 수 있었다.

"응, 엄마는 지금 멀리 있는 수도원에서 기도하고 있는 중이야." 나는 애들을 달래며 여러 가지 생각과 감정으로 복잡하게 얽힌 마음을 정리하기 시작했다. 그리고는 나름대로 하나의 결론을 얻었다.

'그래, 어느 한 쪽에 서자. 중립은 너무나 큰 고통과 희생을 요구할 뿐 아니라 어느 한 쪽에게도 제대로 힘이 되어 줄 수가 없다.'

여기까지 생각이 미쳤지만 그렇다면 '어느 편에 서야 하는가?'라는 질문 앞에선 또다시 한없이 무력해졌다. 젊어서 홀로 되어 어려움 속에서 자식들을 키워온 어머니 편에 서야 마땅한가? 아니면 오랫동안의 수도 생활을 희생하고 나 한 사람만 믿고 훌쩍 시집온 아내 편에서야 마땅한가?

오랜 번민과 고민 끝에 최종적으로 결론을 내렸다.

우선 아내를 살려놓고 보자. 그것이 두 아이와 더불어 새 가정을 이룬 우리 두 사람이 인간다운 삶을 다시 시작할 수 있는 길이고 이를 배려한 하나님의 은혜에 보답하는 일이다. 신뢰와 사랑에 금이 가면서 실낙원이 되어버린 우리 가정이 복낙원이 되도록.

그래서 아내가 집을 떠나 기도하고 있는 동안 나대로 열심히 기도하며 가정을 회복하기 위해 내가 할 일들을 깊이 생각하고 있던 터였다.

1주일 만에 돌아온 아내의 얼굴은 해쓱한 정도가 아니라 뼈에 가죽만 입힌 사람처럼 앙상하게 말라 있었다. 눈이 움푹 패었지만 표정은 아주 맑게 개어 있었다. 마치 길고도 지루했던 장마 끝에 반짝 햇빛나는 7월의 아침처럼. 그런 아내의 얼굴을 보며 나는 죄책감과 함께 안도감으로 그녀를 맞았다. 아내가 처연하게 웃을 때면 나는 속으로 눈물을 삼켰다. 기뻐서 어쩔 줄 모르는 아이들은 매달리고 안기고 징징대고…. 그 모습을 조용히 지켜보면서 엄마의 존재가 이토록 중요하다는 평범함 진리를 콧날이 시큰해지도록 깨닫고 있었.

그날 밤 아내는 말했다.
"이제 결심했어요. 누가 뭐라고 해도, 무슨 일이 있어도 나는 아이들을 지키고 우리 가정을 잘 꾸려갈 거예요. 당신이나 어머니의 태도와는 상관없이 말이에요."

나는 아내가 하는 말을 그저 듣고만 있었다. 그녀가 하는 말이 옳고 그르고를 떠나서, 옳으면 옳은 대로, 그르면 그른 대로 받아들이면서 차차 우리 가정을 작은 천국으로 만들어가야 한다고 거듭 다짐을 거듭했다. 상황을 바꾸기 위한 어떤 인위적인 선택이나, 옳은 것은 수용하고 그른 것은 배척하는 것이 부부 사이에선 결코 통하지 않는다는 것을 뼈아픈 날들을 통해 조금씩 깨닫게 되었기 때문이다.

아내는 계속해서 말했다.
"밥을 굶으며 찬송하고 성경을 읽고 기도했어요. 내내 울면서요. 그런데 3, 4일이 지나면서부터 마음이 밝아오며 확신이 한 가지 들더군요. 그리고는 마음속에 떠오르는 소리와 크고 든든한 믿음이 자리 잡기 시작했어요. '걱정마라, 내 딸아. 나를 믿고 아버지를 믿어라'라는 말씀이 마음속에 계속 메아리치고 있었어요. 그리고 '네 옆의 사람들도 돌아보아라. 다 너처럼 고통스럽고 힘들어 한단다' 하는 말씀도 압도해 왔어요."

그녀는 마치 기도하듯 말을 이어갔다.
"이런 음성도 들렸어요. '네 모든 근심과 걱정을 내게 맡겨보렴. 일어나라, 나와 함께 가자꾸나.' 그때 모든 걱정 근심이 사라지면서 앞으로 모든 일이 잘될 것만 같은 확신이 들더군요. 또 무엇보다 중요한 사실은 우리가 하나님 안에 있고 우리가 다 살아 있다는 사실이에요. 살아 있다는 사실보다 더 나은 가치는 없더라구요. 하나님 앞에서 살아가노라면 어떤 나쁜 조건과 어려운 현실도 하나님 은총으로 바뀌어 갈 수 있으니까요. 그러니 당신도 이제 날 너무 염려하지 마세요. 정말 제 걱정일랑 마세요."

그 날 밤 깊이 잠든 아내의 얼굴을 바라보다가 더 사랑하지 못하고 더 참아내지 못하고 더 이해하지 못한 내 얕은 사랑에 대해 참회의 눈물을 소리없이 흘렸다. 밤이 새도록 곤히 잠든 아내와 그 양 옆에 잠든 두 아이의 행복한 얼굴을 지켜보면서 〈실낙원의 연인들〉이라는 졸시 한 편을 써서 베갯머리 위에 살며시 남겨주었다.

**실낙원의 연인들**

우리는 에덴에서
쫓겨난 사람들의 후손이었어
결국 우린 추방자들의 자손이었거든
우리는 우릴 향해 죄인이라고
쫓아내는 사람들의 지역에서 떠나온 거야
행복의 극치를 누릴 수 있는
동산을 떠나서
상처 입은 피부를 서로 어루만져주며
아들과 딸을 낳는 것은
정말 중요한 거야
행복의 동산에선 둘뿐이었지만
쫓겨난 후에야 자손 둘을 낳았거든
그건 아주 중요해
안정과 행복을 깨뜨리고 넘어섰을 때
생명이 잉태되었다는 떨리는 사실 때문이야

비록 쫓겨나긴 했지만
그들은 참으로 위대했어

그래서 옛 동산이

더욱 아름답게 생각되고, 그리워지고,

구원자가 약속되고

어둔 밤이 있어서

새벽이 더욱 아름답고

눈부신 것처럼 말이야

새 창조를 위한 고통이었기에

기쁨이며 행복이었던 거야


동산에서 쫓겨난 후 그들은

엉겅퀴와 가시덤불을 맨손으로 헤치며

눈물로 바위를 뚫어 우물을 파고

땀으로 물주어 곡식을 거두었지

마구 휘두르는 자연의 커다란 손 앞에

풀잎처럼 떨면서도

서로를 위해 꺾이지 않았어

더욱 중요한 것은

사람을 참사람답게 하는

사랑의 수업이 마침내 둘 사이에서

시작되었다는 사실이야

쫓겨난 뒤에야 말이지


언제 어디서 우리들이 쫓겨날지라도

이상히 여길 필요가 없는 거야

집에서 쫓겨나야 거리로

거리에서 쫓겨나야 광야로

광야에서 쫓겨나야 저 바다로

바다에서 쫓겨나야 세상 끝까지 갈 수 있거든

우리는 우릴 향해 비정상이라고

쫓아내는 사람들의 지역에서

미련없이 떠나는 거야

새 역사는 언제나

쫓겨난 이들로부터 비롯되었거든

우리는 에덴에서

쫓겨난 사람들의 후손이었어

결국 우린 추방자들의 자손이었거든

15. 실낙원의 연인들

## 오시는 님

새로운 나를
빚어 내는 님이여
꽃잎을 뜯어 냅니다
잎사귀를 버립니다
아 아,
머물던 자리마저
버린 뒤에야
새롭게 피어나는 님이여

그것도 모자라
지상에서 머물던
자리마저 지우시고
자신을 비우는 것만으론
아직 모자라
자신을 철저하게 헐어 버리고
해체시킴으로
오시는 님이여

# II부

## 나의 대책은 너 자신이다!

"모든 이의 모든 것
Omnibus Omnia"

## 01

## 내 인생 길을 바꾼
## 함경도 할아버지

1988년 11월 11일, 신학대학원 졸업 학기 중에 오전과 오후 수업이 휴강됐다는 소식에 환호성을 지르며 청량리역으로 향했다. 틈만 나면 어디론가 휑하니 다녀오던 방랑벽이 또 걸음을 재촉한 것이다. 그날은 춘천을 다녀올 참이었다. 역 광장을 지나고 있는데 대여섯 걸음 앞서 걷고 있던 한 노인이 힘없이 고꾸라졌다. 순간 부축해 드릴지 그냥 지나칠지 고민이 됐다. 쉬운 쪽을 택했다. 생면부지의 할아버지를 돕다가 기차가 떠나버릴 것이 걱정됐고 내가 아닌 누군가가 도움을 줄 것이라는 생각에 지나쳤다.

춘천에 도착해서 커피숍에서 시도 쓰고, 호숫가도 거닐며 광나루 시인입네 하며 한나절을 보냈다. 그때 나는 일주일 후 모교 채플에서 첫 시집 발간 감사 예배 드릴 일로 꿈에 부풀어 있었다. 다시 기차를 타고 청량리로 돌아왔을 때는 밤이 깊었다. 집으로 가기 위해 역 광장을 가로 질러가다 소스라치게 놀랐다. 아침에 봤던 할아버지가 그때까지 온몸을 오그린 채 역 광장에 누워있었기 때문이었다. 마음속에 무언가가 치밀어 올랐다. 공무원, 사회 복지요원, 지나는 행인들에 대한 분노였고 동시에 나는 이 일에 아무 책임이 없다는 것을 증명할 핑계거리를 찾고 있었다. 신대원 졸업 후 독일 유학을 다녀와 산 속에 영성수련센터와 전원 교회를 세우겠다고 아내와 이야기를 이미 끝낸 터였다.

쓰러진 그 노인을 돌보는 건 내가 할 일도 아니고 내 삶의 계획엔 전혀 없었다. 그래도 일말의 신앙 양심은 남아 있어서 노인에게 다가가 물었다. "할아버지, 할아버지 진지는 드셨어요?" 아무 반응이 없었다. 어쩌면 어떤 대답을 하지 않길 바랐는지도 모른다. '내가 할 일은 아니잖아' 하면서 광장을 가로질러 가고 있는데 등 뒤에서 희미한 음성이 들려왔다. "아니…."

뒤돌아서며 물어보았다. "할아버지 지금 아니라 하셨어요?"

그때 마음속에 들려오는 음성을 듣게 되었다. "아니, 나는 먹지 못했다! 일도야! 너는 언제까지 나를 이 차가운 바닥에 눕혀 놓을 셈이냐?" 주님의 음성이 죽어가는 내 양심을 찌르는 듯 했다.

순간적으로 강도 만난 자를 스쳐 지나간 레위인과 제사장의 모습이 바로 나인양 오버랩 됐고 너무도 부끄러웠다. 노인을 일으켜 안다시피 해서 근처 설렁탕집으로 향했다. 식당 주인은 얼굴을 찌푸렸다.

아랑곳 않고 노인을 의자에 앉힌 후 설렁탕을 시켰다. 손수건에 물을 묻혀 그의 얼굴을 닦고 사지를 주물렀다. 그는 나흘간 아무것도 못 먹었고, 굶기를 밥 먹듯 한다 했다. 지하도에서 잠을 청하고, 고물상에 박스 등을 가져다 주는 것으로 생계를 유지한다고 했다.

노인과 헤어지고 집에 오면서 수용 시설에라도 모셔다 드려야겠다고 생각했다. 이튿날 그를 다시 만나기 위해 청량리역 광장의 시계탑을 찾았을 때 할아버지는 다섯 명의 행려자를 데리고 나왔다. 그 중 어떤 이는 술냄새와 발냄새를 아주 진하게 풍겼다. 나는 울며 겨자 먹기로 그들 모두에게 설렁탕을 사드렸다. 그들은 청량리 수산 시장과 야채 시장의 쓰레기더미에서, 건너편 경동시장의 한약방 처마 밑에서 잠을 청하고 역시 끼니 거르는 것은 일상이라 했다.

'아직도 수도 서울 한복판에서 이런 일들이 벌어지고 있구나. 나는 애써 모른 체하고 내 가족만 알고 살아 왔구나.' 하는 자책감과, 할 수 있다면 그분들에게 먹거리와 잠자리를 제공해 주고 싶었다. 그날 이후로 가끔씩 그분들을 만나러 청량리로 갔고 용돈은 날개 달린 듯 날아갔다. 턱없는 지출은 가계에 타격을 줬다. 아내는 혹 내게 다른 여자가 생긴 것 아닌가 하는 의심까지 하게 됐다. 오해를 풀기 위해 하루는 아내와 함께 청량리역 근처 설렁탕집을 함께 찾았다. 함경도 할아버지와 여덟 명의 행려자들은 이미 식사를 끝내고 나를 기다리고 있었다.

말 없이 밥값을 치르고 나오자 아내는 이 일을 계속 할 거냐고 물었다. 나는 긍정도 부정도 하질 못했다. 이후 아내는 나를 말렸고 별명을 지어 불렀다. 일명 '대책 없음' 이라고. 고민 끝에 단안을 내리며 모질게 마음을 먹었다. 청량리역 가까운 곳에 교회와 생활 공동체를 반드시 세워야겠다고. 독일 유학과 전원 공동체 설립의 꿈을 고이 접어둔 채….

장로회신학대학교 신학과
학생 시절 M.T에서

성공회 신부가 되기 위해 다니던
성베다 교회 전도사 시절

## 왜 저를 이곳에 보내셨나요?

　청량리역 안에 있는 철도청 소유의 건물을 빌려 인쇄업을 하던 신길순 형제를 찾아갔다. 구상하던 다일공동체교회의 첫번째 준비 기도회를 그 인쇄소에서 갖고 싶다고 했다. 자칫 부담을 줄까봐 노숙인과 행려자들을 돌볼 계획이라는 이야기는 하질 않았다. 그는 내 제의를 흔쾌히 받아드렸다. 89년 7월 4일 첫 준비 기도회를 드렸다. 인쇄소에 붙은 간이 사무실이었지만 공간이 있다는 것만도 감사했다. 아내는 내게 "6개월 안에 그만두겠지만 그것도 좋은 경험이 될 테니 잘 해보라"고 했다. 예배 시간마다 다양성 속에 일치를 추구하고 일치 안에서 다양성을 존중하는 '다일'공동체교회가 은혜롭게 창립될 수 있도록 간절히 기도했다. 인쇄소 창고를 예배당이자 나눔의 집으로 바꾸는 작업을 했는데 66㎡(20평)이 인 되는 아주 작은 예배당이지만 최대한 정성을 들여 꾸몄다.

89년 9월 10일, 마침내 창립 예배를 드렸다. 은사님이신 당시 장신대 정장복 교수님과 신학교 동기 동창인 한신대 예영수 대학원장님, 작은교회 김영운 목사님 등 많은 분들이 참석해 주셨다. 없어도 아무 것도 없는 가난한 교회의 창립 예배치고는 풍성하고 화려했다. 순서가 모두 끝난 뒤 정 교수님은 내 어깨를 두드리며 말씀하셨다. "최 군, 오늘은 이렇게 많은 사람이 와서 좋았네만 당장 다음 주부터는 무척 쓸쓸히 지내시겠구먼 이미 자네가 각오한 바 아닌가 고비를 잘 넘기리라 믿네."

정말 그 다음 주부터 교회에는 나와 아내를 포함해 다섯 명의 성도밖에 없었다. 그 중 두 사람마저도 1년도 안 되어 다 떠났다. 한 사람은 시집가고, 한 사람은 영국으로 유학갔다. 한 사람은 일터가 안산이 되면서 주일 예배에 참여하지 못할 때도 있었다.

하루 종일 있어봐야 아무도 찾아오지 않는 청량리 588 뒷골목의 작고 쓸쓸한 예배당. 외로움과 막막함이 가득했다. "왜, 저를 이곳에 보내셨나요?"라고 주님께 묻고 또 물었다. 어느 정도 시간이 지나 마음을 다잡고 거리로 나섰다.

등산용 버너와 코펠을 들고 청량리역 주변의 행려자들과 경동시장 구석구석에 누워있는 노숙인 형제들과 무의탁 노인들에게 라면부터 끓여드리는 일을 시작했다. 물 인심은 좋아서 가게와 음식점마다 물 좀 달라고 하면 거절하는 집이 거의 없었다. 예배당으로 모셔 와서 라면을 끓여 드리기도 하고 그들이 있는 장소로 가서 끓여 드리기도 했다. 술에 찌들어 주정을 하는 이들은 교회로 모시고 오기가 힘들었다.

그들의 두서 없는 이야기를 듣는데 하염없이 반나절 시간을 들이기도 했는데 짝을 지은 행려자들이 예배당을 찾기 시작했다. 나는 날마다 즐겁게 라면을 끓였지만 기쁨은 길게 가질 못했다. 교회 옆 인쇄소와 인근 목재소 등 인근 상가의 사람들이 화를 냈다. 거지들을 이 동네 근처에 얼씬도 못하게 하라고 내게 호통을 쳤다. 배척은 말로 끝나지 않았다.

어느 날 교회 밖에서 누군가의 신음 소리가 들렸는데 나가보니 할아버지 한 분이 심한 화상을 입은 허벅지를 내놓은 채 다리를 끌며 기어오고 있었다. 술을 마시고 누웠다가 그만 다리를 모닥불 잿더미에 올려놨다는 것이다. 그분은 내게 아프다며 병원에 보내 달라고 애원했다. 앞이 캄캄했다.

할 수 없이 역전 파출소로 뛰어가 도움을 청했는데 죽어도 경찰차는 안타겠다는 그를 설득해 시립병원 행려자 병동에 데려다 주었다. 파김치가 되어 교회로 돌아왔는데 문이 활짝 열려 있었다. 모든 집기가 밖에 내동댕이쳐져 있었다. 벽 중앙에 걸어놓은 십자가도 안보였다. 찾아보니 누군가 쓰레기 소각장에 처박아 놓았다. 이곳에 예배당이 있는 것도 마음에 안 들었던 모양이다. 피가 거꾸로 솟구쳤다.

하지만 누구에게도 아무 말도 할 수 없었다. 다음 날 아무 일 없었다는 듯 청량리 뒷골목을 빗자루로 쓸고 또 쓸었다. 청량리 588 포주들은 내가 지나갈 때마다 "예수쟁이 놈이 재수없게시리"라며 소금을 뿌리거나 가래침을 뱉기도 했다. 당황스러웠지만 '이제부터 올 것이 오는구나' 싶어 담담해졌다.

청량리역 광장과 쌍굴다리 아래에서 바닥에 주저 앉아
밥을 나누던 초창기 시절 밥상 공동체 가족들

1989년 9월 10일 창립 예배를 드린 다일공동체교회 첫 번째 삶의 자리

교인도 없고, 돈도 없고, 전화도 없고, 난로도 없고, 쌀도 없고…
하지만 한 번도 가난을 염려하지 않았다. 그곳에 꿈이 있고 사랑이 있었기에

## 03

# 길고도 험했던 청량리의 겨울

청량리의 겨울은 길고 험했다. 창립 예배를 드리고 얼마 후 그 해 연말까지만 예배당을 사용할 수 있다는 통보를 받았다. 남은 기간은 한 달 남짓, 공간을 구할 돈은 한 푼도 없었다. 나의 기도는 단순했다. 집 없고 배고픈 이들을 가족처럼 섬길 수 있는 나눔의 집을 허락해 달라는 거였다. 다 모여야 열 명도 채 안 되는 성도들이 그을음이 심한 석유난로에 의지해 기도했고 예배 후엔 항상 라면을 나누어 먹었다.

나는 매일 청량리 일대를 돌며 공간을 찾았다. 마땅한 곳을 찾기도 했지만 건물주들은 번번이 거지들 밥 먹여주는 교회엔 절대로 빌려줄 수 없다고 했다. 낙심하고 있을 때 도움은 전혀 예상치 못한 곳에서 왔다. 신대원 1년 선배이자 당시 주님의 교회를 개척해 목회하던 이재철 목사님으로부터 연락이 왔다. 그분과는 장신대 신대원 재학 시절 교정과 교실에서 몇 번 마주친 것이 전부였는데도 우리의 절박한 소식을 들었다며 선교비를 다일공동체를 위해 쓰고 싶다고 했다. 그때 주님의 교회는 창립한지 2년 밖에 안 된 신생 교회였다. 예배당 건물을 짓지 않고 헌금 총수입의 50%를 선교비로 쓰기로 교인들과 약속했다며 주님의 교회로부터 600만 원을 지원받았고 이 목사는 이후 200만 원을 아무도 모르게 더 보내왔다. 그 귀한 도움을 받아 청량리 로터리에 있는 낡은 건물의 4층 옥상 위 가건물을 빌릴 수 있었다.

그 무렵 나는 밖에서 자는 날이 많았다. 일명 '라면공동체 가족'이던 행려자, 노숙인들과 함께 길바닥에 눕기도 하고 예배당에서 어울려 뒹굴며 자기도 했다. 세탁할 옷가지를 들고 집에 오면 아내는 아이들에게 "얘들아, 대책 없는 분 오셨다!"라고 인사를 시키곤 했다.

말은 그렇게 해도 아내는 며칠 동안 제대로 먹지 못한 남편을 위해 정성스레 밥상을 차려 내놓았다. 하지만 어느 날은 밥상을 받고 목이 메었다. 아무리 삼키려 해도 밥이 넘어가질 않았다. 속울음이라는 걸 그때 처음 경험했다. 밥을 굶고 거리를 배회하고 있을 이들이 생각났다. 난 집에서 아내가 해주는 밥을 먹는데 그들은 라면밖에 대접할 수 없다는 자책감이었다. 그런 나를 보고 아내는 평소답지 않게 화를 냈다.

"밥 한 끼도 편히 못 먹고 청승 떨려면 당장 그만둬요. 나도 이제는 정말 못 참겠어요."

아내는 눈물을 터뜨렸다. 나는 아무 말도 할 수 없었다. 한참을 울더니 아내가 말했다.

"당장 그만 두지 않으려면 얼른 이 밥 먹고 기운내서 그들에게도 밥을 해 주면 될거 아녜요!"

심히 울다가 눈이 퉁퉁 부어 오른 아내는 내게 통장 하나를 건넸다. 우리 집에 있는 현금 전부라면서 내 소원대로 밥 한 끼라도 정성껏 손수 지어 나누어 드리라고 했다. 너무 미안했다. 통장을 열어보니 79만 원이 들어 있었다. 그 돈으로 전기밥솥 네 개와 40명분 숟가락과 젓가락을 샀다. 반찬, 배식할 사람, 밥을 옮길 도구 등 많은 것이 더 필요했지만 일단 밥을 손수 지어 드리겠다는 일념으로 라면공동체 가족들에게 부활절에 청량리역 광장에 다 모이라고 했다.

그 말이 얼마나 빨리, 그리고 멀리 퍼졌는지 곳곳에서 도움의 손길이 나타났다. 소망교회의 손은경 전도사와 여전도회 회장이 밥집을 지원하고 싶다고 현장을 찾아왔다. 1990년 봄 그분들이 모금한 천만 원의 전세 계약금으로 밥을 지을 작은 공간을 마침내 하나 빌렸다. 라면에서 이젠 본격적으로 밥 나눔이 있을 거란 소문을 들은 청량리 경찰서 정보과 형사들도 찾아왔다. 그들은 유동 인구가 많은 역 광장에서는 절대 밥을 나누어 먹을 수 없다고 했다. 김일성을 이롭게 하는 이적 행위라고까지 말했다. 좋은 일이지만 안 보이는 곳에서 하라고 하기에 "경찰서 옥상에서 나누면 좋겠네요. 사람들 눈에 안보이니까." 했더니 "이 친구 정말 대책이 없네 그랴" 하기에 "제 별명이 대책없음"이라고 했다.

된다 안 된다 티격태격 하다가 형사가 직접 날 데리고 가서 지정해

준 장소는 놀랍게도 청량리 야채 시장 쓰레기더미 위였다.

지금의 금강제화 5층 '나눔의 집'에서 밥을 지어 야채 시장 채소 쓰레기더미 근처로 갔다. 흰쌀로 지은 밥에 소고기뭇국과 소불고기, 김치와 잡채 등을 식판에 담아 나눴는데 김이 모락모락 나는 밥과 국을 처음으로 떠먹던 지극히 작은 자들의 웃음 짓던 아름다운 표정을 난 영원히 잊을 수가 없다.

"할머니, 맛있게 드세요!
한 끼라도 잘 드셔야 건강을 지킬 수 있어요."

제가 어떻게 해야 저분들이
밥을 굶지 않을까요?
어떻게 하면 저 아픈 몸과 마음을
치유할 수 있을까요?

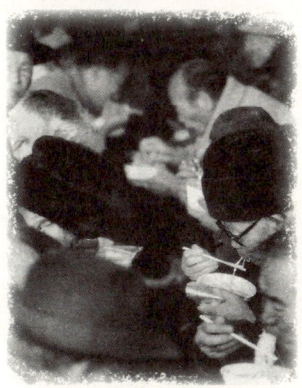

라면이라도 어르신들께서 맛있게
드시는 모습만 보아도 힘이 납니다!

쌍굴다리 아래에서만 무상 급식 14년 세월은
140년이 지난 것 같은 참으로 길고도 괴로운 날들의 연속이었으나
감사와 기쁨과 열매도 가장 깊고 넓게 넘치는 날들이었다.

## 04

# 내 목에 칼을 겨눈 노숙인에게

　다일공동체 '나눔의 집'이 마련되면서 그동안 생각으로만 머물던 공동체 생활이 구현되었다. 하지만 삶의 자리가 너무 열악하다보니 공동체 생활을 희망하는 사람은 나와 두 명의 신학생과 행려자였던 전씨, 칼갈이 아저씨뿐이었다. 공동체 구성원의 자격엔 그 어떤 조건을 걸지 않았다. 왕따를 당하거나 비난받는 사람일수록 받아들이자고 했다.

　공동체 식구들은 새벽에 일어나 조도를 올리고 봉사자들과 함께 점심밥을 지었다. 봉사자들이 매일 온다는 보장도 없어 음식이 담긴 무거운 통들을 나르는 일이 쉽지가 않았지만 매우 기쁜 마음으로 했다. 밥을 함께 먹는 이들은 행려자나 무의탁 노인만이 아니었다. 영세 상인들과 의무 교육인 초등학교를 다녀보지 못한 어린이들도 있었다. 배고픈 사람이면 누구나 밥을 먹도록 했다.

　무료 급식을 하면서는 봉사자들에겐 예수의 '예'자도 꺼내지 못하게 했다. 이를 이해를 하지 못하는 봉사자들이 간혹 있었는데, 그들은 아주 심하게 욕을 나에게 퍼붓고 떠났다. 밥 한 그릇에 예수님을 팔지는 말자고 참 사랑으로 진정성을 가지고 대하면 결국은 예수 사랑을 깨닫게 될 것이라고 했지만, 그런 나를 진보 중에서도 급진이라 질책하고 정죄했다. 근본주의자나 율법주의자를 대하는 일이 포주나 조폭들보다 더 많이 힘들었다. 그럴수록 '복음을 입술로 전하진 말자! 삶으로 예수님을 전하자!' 굳세게 다짐했다.

가끔 공동체를 비우는 일이 있을 때 그 틈을 타고 난감한 문제들이 발생하기도 했다. 행려자였다가 공동체 생활을 하게 된 A씨가 틈만 나면 자원 봉사자들에게 용돈을 요구했던 것도 그 중 하나다. 봉사자들이 그를 가엾게 여기고 돈을 줬고 A씨는 그 돈으로 늘 술을 마셨다. 문제는 술만 들어가면 폭언을 하고 행패를 부린 것이다. 참다못해 회의 끝에 그를 제명하기로 했다. 그날 밤 섬뜩한 기분이 들어 자다가 눈을 떠보니 A씨가 부엌 칼을 내 목에 들이 대고 노려보고 있었다. 그는 "있는 돈 다 내놔. 안 그러면 죽여버리겠다"고 협박까지 했다. 기가 막혔다. 길에서 굶어 죽어가던 사람을 데려다 밥 먹이고 잠자리도 제공했더니 이렇게 은혜를 원수로 갚는 사람들도 늘어갔다.

당시에 또 다른 구성원인 B씨는 다 좋은데 판단력이 흐려 가끔씩 뜻하지 않은 사고를 몰고 왔다. 밤늦도록 촛불을 켜놓고 기도를 하다가 짐들이 기텐에 불이 옮겨 붙어서 화재 소동을 벌이거나, 음식 만들다가 소금이 모자라다고 건물에 세든 다른 집에서 허락 없이 소금을 가져다 써 절도범으로 몰리는 등 나는 참으로 허잡한 일에 끌려 다니며 비난받고 비웃음거리가 되어야 했다.

세입자들은 우리가 건물에 들어온 것을 못마땅해 했다. 일부러 수돗물 공급을 끊기도 하여 수백 명분의 밥을 짓는 것도 문제였고 한 여름에 설거지를 못해 잔반이 쉬거나 썩는 일이 생기기도 했다. 또 어떤 날은 물이 나오고 있음에도 설거지 거리가 잔뜩 쌓여있는 일이 있었다. 공동체 가족들에게 왜 처리하지 않았는지 물었더니 내가 두 번이나 하지 않았기 때문에 일부러 남겨둔 것이라 했다. 죽어가는 사람들 살려보겠다고 여기저기 뛰어다니느라 그랬던 건데 기가 막혀 아무 말이 나오지 않았다. 이런 일들이 정기적으로 반복됐다. 마음의 상처가 치유되지 않은 사람들과 더불어 함께 공동체로 살아간다는 일이 얼마나 어려운 일인지를 내 살을 찢고 뼈를 깎아내는 듯한 고통을 끝도 없이 겪으며 깨닫게 하셨다.

나같이 모난 데가 많고 함량 미달인 사람을 하나님이 편하게 쓰시기엔 멀었기에 멀어도 한참 멀어서 겪는 일이라 생각했다. 초창기 만난 그분들이야말로 나를 담금질을 하는데 귀하게 쓰임 받은 도구라 여겼다.

1. 당신의 얼굴을 보니 밥맛이 납니다.
2. 그 말씀 들으니 살맛이 나네요.
3. 제 곁에 계셔서 제가 행복해요.
4. 느낌이 참 좋습니다.
5. 하시는 일마다 잘되길 바랍니다.

"우리들을 낳아주시고
길러주신 어머니, 어머니…
이 추운 겨울 따뜻한 진지 드시고 힘내세요. 어머니의 주름 패인 얼굴에 거친 손을 위해 우리는 도대체 무엇을 돌려드렸나요?"

세 발짜리 손수레야 제발 안전하게 가다오.

쌍굴다리 아래에서만 배식을 한지가 14년…

서울시의회와 동대문구청에서 마련한 임시 가건물에서 8년을…

04. 내 목에 칼을 겨눈 노숙인에게

## 쥐들과의 전쟁과 화해,
## 그러나…

　나눔의 집 건물은 40년이 넘은 낡은 목조 주택인데다가 재래식 집이어서 건물 곳곳에 쥐가 넘나들 수 있는 틈새가 너무도 많았다. 우선 서까래와 천장 사이 큰 공간은 아예 쥐들의 운동장이었다. 특히 내가 쓰던 방은 지반이 내려앉으면서 비스듬히 기운 한 쪽 벽과 다락방 사이에 큰 틈이 있었다. 아무리 종이나 나무로 쑤셔박고 시멘트를 발라봐야 며칠 지나면 다시 터널 같은 큰 구멍이 뚫리면서 쥐들의 세상으로 바뀌었다.

　이사가던 첫날부터 날뛰는 쥐를 보며 염려는 했지만, 이토록 쥐가 들끓을 줄은 몰랐다. 그렇다고 쥐 많다고 이사갈 형편은 못 되고, 처음에는 심각하게 여기지 않았다. '지금은 빈 집이라 이렇지, 사람이 들어가서 살면 쥐들이 도망가겠지.' '쥐 무서워 이사 못하랴!' 싶어 수리할 때 자주 눈에 띄던 집쥐 행렬에 대해서 그저 관대하게 보았던 참이었다. 그리고 쥐의 출입구가 될 만한 구멍은 모조리 벽돌이나 시멘

트로 발라서 통로를 막았다.

그런데 이게 어찌된 일인가. 우리 생각은 한참을 빗나가서 정반대의 광경이 벌어졌다. 배고픈 사람들에게 줄 음식을 매일 만들고, 식료품을 구석구석 쌓아두게 되니 쥐들은 전보다 몇 배 더 기승을 부리며 들끓기 시작했던 것이다. 588 동네뿐 아니라 청량리 일대의 모든 쥐들이 다 한 번씩은 우리집에 들러가는 모양이라고 생각될 정도였다. 쥐들은 밤낮을 가리지 않고 나눔의 집을 공략하고 맴돌았다. 사람들이 잠시라도 주방을 비우고 방 안에 들어와 있으면 벌써 부엌 주변은 여기 저기서 들려오는 바스락바스락 우당탕탕와장창 소리로 북새통을 이루었다.

매일 아침 대청소를 해대도 오후엔 여기저기 쥐똥 굴러다니는 꼴을 보아야 했고, 더욱 참기 힘들었던 것은 곳곳에 쥐벼룩을 퍼뜨리고 다니는 통에 팔이며 다리며 할 것 없이 온 가족이 긁느라고 밤을 지샐 지경이었다. 당시 서울대 교육학과에 다니던 손영재 형제는 자원봉사 기간 내내 쥐벼룩에 시달리면서 궂은 일을 처리했는데, 심할 때는 얼굴 형태를 알아보기 힘들 정도로 부어올라 곁에서 보기가 민망할 정도였다. 특히 해마다 겨울 방학이면 이곳 청량리에서 와서 섬김 훈련을 받으며 겨울 수련회를 치르는 전라도 전주의 제자교회 대학부 학생들은 "온몸의 가려움을 참는 것도 다일공동체 영성수련 프로그램 통과 절차 중 하나입니까?"라고 해서 모두들 한바탕 웃었던 일이 있었다.

자원봉사자가 부엌에서 갑자기 비명을 질러 무슨 일인가 싶어서 튀어나가보면 언제나 쥐 때문이었다. 놀라움은 고사하고 근모 형제는 성질난 쥐에게 손가락을 물리는 수모까지 당해서 잠시나마 온 집안을 공포 속에 몰아넣기도 했다. 그 당시 주방장이셨던 이경자 권사는 이를 보다 못해 쥐를 하루에 예닐곱 마리는 보통이고 많을 때는 열댓 마리까지 잡는 실력을 발휘했다.

그러나 언제나 그 다음이 문제였다. 잡은 쥐를 어떻게 처리해야 하나. 그렇다고 일일이 파묻을 수는 없는 일이고…. 궁여지책으로 생각해낸 것이 화형식이었는데, 나는 죽어가는 쥐들의 최후를 바라보며 '이렇게 잡고 죽이는 일을 되풀이해야만 하는가' 하는 감상적인 회의에 빠져들기도 했다.

하루는 화해와 일치를 위한 수요 기도회를 마치고 나눔의 집으로 돌아오는데 현관문을 열기가 무섭게 쥐들이 사방으로 튀어 달아나는 것을 보았다. 모두가 기도회에 참석하기 위해서 교회에 나가있던 관계로 집안은 이미 쥐들의 천국이 되어 있었다.

얼마나 난리 법석을 떨어놓았던지 부엌은 곳곳에 얼룩진 발자국과 흘러놓은 똥에 차마 눈 뜨고 볼 수가 없을 지경이었다. 더군다나 내 방엔 미처 대피하지 못한 새끼쥐들이 책상 위에서 고물고물 기어다니고 있었다. 손가락만한 새끼쥐 세 마리가 미처 피하지 못한 걸 알았는지 어미쥐 한 마리가 연신 다락방과 내 방 사이의 뚫린 통로를 오가며 불안해 하는 모습이 눈에 띄었다.

기겁한 마음을 겨우 가라앉히고 불을 끈 채 몇 발 뒤로 물러서서 쥐들을 향해 가만히 속삭였다.

"이젠 제발 전쟁을 멈추자. 우리 서로 화해하자. 서로에게 피해를 주는 살생과 원망을 멈추고 우리 서로 살 길을 찾자꾸나. 너희들은 쥐답게 우리들은 인간답게…. 우리 오늘 평화 협정을 맺도록 하자. 자, 어서 너희 집으로 돌아가라. 그리고 이젠 제발 허락없이 쳐들어와서 난장판을 만들진 말아다오. 나도 이제 인간답게 살고 싶구나."

5분여 지났을까. 다시 형광등을 켜보니 간신히 실눈을 뜨고 고물고물 기어다니던 새끼쥐 삼 형제도 그새 제 갈길을 찾아갔는지 보이질 않았다. 잠시 멍하게 있으려니 덩치 큰 쥐 두 마리가 한 놈이 얼굴을 내밀었다가 사라지면 다른 놈이 또 한 번 얼굴을 쑥 내밀었다 사라지기를 두 번 반복하더니 시야에서 사라졌다.

아마도 새끼쥐의 엄마 아빠 쥐였던 모양이다. 얼굴 두 번 쑥쑥 내밀고 가는 큰 쥐였지만 왠지 미운 마음이 사라지고 말았다. 새끼쥐를 죽이지 않고 살려준 내게 고마움(?)을 나타내려는 것일까 하는 엉뚱한 생각까지 들면서 계속 딴 생각에 빠져들고 말았다. 이젠 전쟁에서 쥐들과 화해하는 시대로 접어들고 싶다는 그날 밤 편안한 마음으로 잠을 청했다. 새끼쥐를 죽이지 않고 살려 보내길 잘했다는 생각으로 잠이 들었는데 정말 놀랍게도 자면서 쥐 꿈을 꾸었다. 그것도 전 세계 어린이들의 친구인 미키 마우스 꿈을. 미키 마우스는 큰 나무 그늘 아래서 쉬고 있는 내게 다가와 이렇게 물었다.

"아저씨, 쥐가 싫은 겁니까?"

"……"

"쥐가 싫은 거냐구요?"

"왜, 쥐를 싫어하세요?"

"아니, 꼭 싫다기보다는 좋지도 않다는 거지, 뭐."

"쥐가 싫은 거예요?"

"아니."
"쥐가 좋은 건가요?"
"아니…."
"그럼 쥐가 뭐예요?"
"쥐야 쥐지, 쥐가 뭐겠어."
"그래요, 맞아요. 쥐는 쥐예요."
"그래, 그래. 사람이 사람인 것처럼 말이지."
"예, 맞아요."
미키 마우스는 엄지손가락을 세우며 유쾌하게 웃었다.
"댓츠 라이트!(That's right!)

드디어 쥐들과의 전쟁은 끝나고 바야흐로 화해의 시대가 막을 올렸다. 난 그때까지 하나님이 온 우주에 지으신 모든 피조물들 중에서 가장 싫은 게 뭐냐고 물으면 주저없이 쥐를 먼저 들었고, 둘째가 뱀이라고 대답해 왔다. 가장 싫어하는 사람을 향해서 하는 욕은 당연히 "쥐새끼 같은 놈!"이라고 나왔고, "독사의 새끼들!"이라는 욕은 그 다음 순이었다. 그러다보니 내 입에서 '쥐새끼 같은 놈'이란 소리를 들은 사람도 적지 않는데, 이제는 쥐마저 싫지 않게 되었으니 결국 욕설마저 내 뜻대로 못하는 시절을 맞게 된 셈이다.

이제 누구라도 "싫은 것이 무엇입니까?"라고 물으면 "더 이상 싫은 것이 없습니다."라고 대답할 수밖에 없는 처지가 되었다. 이제는 피조물 중에서 가장 싫어했던 쥐도 더 이상 싫은 게 아니고 쥐는 쥐일 뿐이다. 뱀 역시 뱀일 뿐이기에 피조물이 있는 그대로 보이는 세계가 열린 것이다. 있는 그대로의 쥐로, 있는 그대로의 뱀으로 바라보는 이

기쁨 또한 결코 작지가 않다. 있는 그대로의 너를 보듯이 마침내 있는 그대로의 내가 보이기 때문이다.

그날 이후로 어찌된 일인지 쥐와 새끼쥐들이 우리집에서 생난리를 치고 나눔의 집을 난장판으로 만드는 일은 거의 없었다. 기적 같은 일이 생긴 것이었다. 우리 가족의 이야기로는 그날 이후로 난데 없는 도둑 고양이 두 마리가 밤낮없이 우리 공동체 나눔의 집 주위를 계속 맴돌며 우리집 지붕에 아예 살림을 차렸기 때문이라고 하기도 하고, 쥐 쫓는 전자파 기계가 그동안 계속 고장이다가 그날 이후로 다시 작동한 덕분이라고 말하는 등 의견이 분분했는데, 나만은 새끼쥐들을 살려준 은혜를 못 잊어서 마침내 쥐들과의 화해가 극적으로 이루어진 것이라 믿고 있다.

그리하여 쥐들과의 전쟁은 끝이 났지만 어머니와 아내의 전쟁은 끝이 보이질 않았다. 어머니는 여전히 며느리를 싫어했고 아무리 화해를 시도해도 빗나갔다. 수녀 출신의 아내와 살아가는 일들이 어머니 눈에는 개신교를 저버리고 모두 천주교식으로만 되어가는 것처럼 보였나보다. 어머니는 아내를 앞에 앉혀놓고 노골적으로 화를 내며 야단쳤다.

"다 너 때문이다. 하나밖에 없는 내 아들 일도가 교회 운영하는 거며, 공동첸지 뭔지 한다고 하는 짓거리도 다 너 때문이야. 널 안 만났으면 크게 될 사람이었는데, 대학원 나와 10년 넘게 신학 공부한 사람이 밥이나 짓고 콩나물 씻고 하는 꼴을 보면 속이 뒤집혀서 못 살겠다. 안 그러냐? 국민학교조차 안 나온 사람도 다 할 수 있는 일을 왜 지가 나서냐? 아내인 너라도 말려야지, 이제는 말려야 할 거 아니냐?"

그러나 5년 넘게 한 집에 살면서 시달려온 시어머니 등쌀에 아내는 아내대로 단련돼 있어서 그런지, 어머니의 야단을 한 귀로 듣고 한 귀로 흘려보낼 정도가 되었다. 더구나 어머니의 야단치는 내용이 전혀 사리에 맞지 않았기 때문에 아내의 태도는 더욱 그랬다. 일이 당신의 뜻대로 안 되면 일말의 주저도 없이 며느리 탓으로 돌리는 시어머니에게 아내는 자신의 생각을 차근차근 설명했다.

"어머니, 이제는 산이 아범과 저를 믿으세요. 아범도 신학대학원까지 졸업하는 동안 신학을 배울 만큼 배운 사람이고, 어디 간들 무슨 일을 하든 좋은 목회자로서 소명을 다할 거예요. 저 역시 일자무식은 아니고요. 또 가톨릭 신자이기 전에 그리스도 신자예요. 아들 며느리 안 믿고 누굴 믿고 살려고 그러세요?"

"그래, 난 무식하다. 난 성경의 가르침 외에는 아는 바도 배운 것도 없다. 하지만 교회를 다녀도 내가 더 오래 다녔고, 새벽 기도를 해도 더 많이 했다. 배운 건 짧아도 바른 교회 바른 믿음에 대해서 알 건 다 안다. 교회 예배가 그게 뭐냐, 차라리 천주교 미사지. 그리고 목사가 목회를 해야지, 어쩌자구 허구한 날 거지들하고 밥만 나누어 먹냐. 언제까지 그 일을 계속할 거냐구?"

"어머니, 그건 천주교 미사가 아니라 교회 개혁 당시부터 전수되어 온 정통 예배 양식이에요. 단지 미국에서 들어온 교회 예배 양식과 조금 다를 뿐이지요. 예배학을 전공하고 가르치는 교수까지도 참여한 다일교회 예배예요. 그러니 어머니도 이젠 아들의 목회를 위해 기도해주실지언정 더는 막지 마세요. 그럴수록 아범이 얼마나 괴로워하겠어요?"

"누구를 가르치려는 거야? 니가 선생했으면 애들 선생했지, 지금

시애미를 가르칠 참이냐?"

이제 아무리 야단쳐도 기도 죽지 않고 할 말을 다 하는 며느리가 오죽 미웠을까. 그러면 어머니는 또 나를 붙잡고 화를 내셨다. 나는 두 사람의 대화에 있어서만은 언제나 입을 굳게 다물고 침묵을 지키고 있었다.

"다 네가 돈 못 벌고 마누라 덕에 얻어먹고 사니까 내가 이 설움 당하는 거다. 자네 똑똑히 잘 알아두라우. 쟤가 저렇게 기 살아 내게 덤비는 건 다 돈벌어 왔다고 그러는 기야, 알갔서? 왜 자네는 남들처럼 못 벌어오는거야? 이제 할 공부 다했으면 홀어머니 모시고 가족들 부양하는 거이 다 자네 책임 아니갔어. 신성한 책임을 다 피하구서리 어째서 창녀촌 뒷골목에서 거지들하고만 지내는 기야?"

스스로 더욱 괴로운 지경으로 파고드는 어머니를 바라보면 정말 안쓰러웠다. 그리고 나 역시 아들의 책임과 가장의 의무를 들을 때마다 마음 깊은 곳이 흔들렸고, 다일공동체를 포기하려는 위기는 언제나 어머니 말씀이 끝난 후에 찾아왔다.

청량리 바닥 현장에서 별별 수모와 어려움을 다 겪었어도 포기하고 싶을 만큼 처참하거나 괴롭지는 않았는데, 어머니 말씀엔 그렇게 굳게 먹은 마음마저도 언제나 풀잎처럼 흔들렸다. 어머니 앞에서 나는 언제나 죄인이었다. 어느 날 어머니 앞에서 오랜 침묵을 깨고 말을 꺼냈다.

"어머니, 교회일은 다 제게 맡기세요. 어머니는 그저 기도만 하시면 돼요. 왜 괜스레 사서 걱정하고 괴로워하세요. 어머니 앞에 바른 말 탁탁하는 건 좀 뭣해도 따지고 보면 틀린 말은 아니에요. 그러니 내가 뭐라고 야단치겠어요? 이제 어머니도 우격다짐으로 며느리 쥐고 살려고 하지 마세요. 뿔난 송아지를 두 손으로 움켜 잡으면 어떡합니까? 길게 매놓고 멀리서 잡고 있다가 가끔씩 고삐를 잡아당기셔야죠."

사태가 이쯤되자 어머니는 아예 아무 말도 안 하고 그저 주일과 수요 공동집회 시간에만 간신히 함께 가셨다. 그런데 그런 날도 오래가지 못했다. 나마저도 어머니 앞에서 입을 열었던 것을 정말 크게 후회할 일이 벌어지고야 말았다.

어느 수요일 저녁 예배 시간에 어머니는 갑자기 휑하니 문을 박차고 떠나버렸다.

"내가 이 교회 다시는 오나 봐라"라는 한 마디를 내뱉고는 그날 이후로 어머니는 우리 교회에 더 이상 참석 안 했고 다른 교회를 다니기 시작했다.

그러다가 어머니는 당시 방학동의 한 교회에서 전도사로 일하는 큰 누님과 함께 상계동으로 아예 거처를 옮겨 버렸다. 이렇게 해서 5년이라는 세월 끝에 비참한 모습으로 헤어지게 된 것이었다. 그 일로 나는 잠을 편히 잘 수 없었다. 집에서는 어머니께 불효하고 밖에 나가서는 공동체 삶을 계속 꾸리기에 너무 지쳐 있어 그야말로 안팎으로 시련에 부닥치게 되었다.

가슴이 쓰리고 아팠다. 물을 마셔도 명치 끝이 아파오고 가슴에 피멍이 든 것처럼 언제나 죄여들고 통증마저 생겼다. 하지만 그렇게라도 멀리서 바라보며 서로 기도하며 살게 된 것이 아내와 아이들에게는 최선책이었다. 다행히 어머니는 몇 달 후 작은 누님이 다니던 교회의 심방 전도사로 다시 일하게 되었다.

창립 1주년 시절의 다일공동체 건물은 청량리 588-152번지에서
청량리 로타리의 가장 낡은 건물의 4층 그것도 무허가 건물이었다.
30주년을 맞은 밥퍼 앞마당과 32주년이 된 설곡산다일공동체를 바라보니
일체가 은혜요 감사뿐이다.

하지만 어머니는 이런 '이별'로도 나의 목회 활동과 공동체 사역에 대해 생각이 달라진 건 없었다. 가끔씩 찾아뵙는 아들을 대할 때마다 이렇게 말씀하셨다.

"자네가 지금 친어머니조차도 봉양 못하면서 무슨 무의탁 노인들을 섬긴다고 하는가? 한 집안 가장이면 식구들을 벌어 먹여야 할 것 아닌가. 아내에게 모든 경제력을 맡겨놓은 채 거지들 밥만 먹이니 나도 며느리에게 할 말이 없어. 이 사람아! 언제나 자네가 벌어다 주는 용돈으로 좋은 세월 살아볼 건가. 이젠 다 틀렸네. 며느리 주는 용돈으로 난 더 이상 못 살아. 그래서 죽는 날까지 내가 일해서 먹으려고 이 나이에 다시 전도사직을 맡은 거라네."

그런 어머니의 말씀을 들을 때마다 나는 속으로 말했다.
'아들 도리를 못하고 있는 현실을 괴로워할 뿐, 성공한 목사님들과 비교해서 상대적인 박탈감을 느껴본 적은 없습니다.'
어머니 집을 나와 어두운 길을 걸을 때면 오히려 그런 의지가 더 뜨겁게 다져지는 것 같았다. 차 안에서 독백하듯 중얼거렸다.
"어머니, 알겠습니다. 어머니 마음 제가 읽고 있어요. 그렇지만 제발 이제는 제 걱정일랑 마세요. 평생 어머니 기도하시는 것처럼 좋은 목사가 될게요. 하나님 앞에서 거짓없이 정직하게 사는 목사가 될게요. 그렇지만 유명한 목사가 되란 주문은 더 이상 마세요. 큰 교회 유명한 목사 되는 거, 전 자신 없어요. 되고 싶지도 않구요. 작지만 아름다운 교회 목사 되고 싶어요. 그리고 유명하진 못해도 유익한 목사가 되고 싶구요. 어머니도 저를 위해 그렇게 기도해 주세요!"

## 06

# 사랑의 나눔 있는 곳에
# 하나님께서 계시도다

　쓰레기더미 위에서 밥을 나누는 모습을 현장에서 생생하게 본 청량리 야채 시장 상인들의 마음을 하나님께서 만져 주셨다. 배식이 끝나고 빌려 온 그릇을 돌려 드리기 위해 손수레를 끌고 시장을 지나가는 길이었는데 무, 배추를 팔던 아주머니가 손수레를 세웠다. 뭐라 말도 하기 전에 무와 배추 꾸러미를 내가 끄는 손수레에 올려놓더니 말했다. "이거 내일 아침에 설렁설렁 썰어서 무국 해드리면 좋겠어요." 조금 더 가니까 이번에는 생선 팔던 아저씨가 생선을 아예 궤짝으로 올렸다. "이거 팔다가 남은 거긴 하지만 상하진 않았소. 가져가서 저녁 때 조려 두었다가 내일 반찬으로 먹으면 좋을 거요." 그도 나도 소리 내지 않고 울고 있었다.

　그리고 나서 나눔의 집에 갔더니 누군가가 쌀을 가져다 놓았다. 내일도 밥을 지어 드리라고… 도저히 믿을 수 없는 일이 벌어진 것이었다. 어느 날 쌍굴다리 아래로 손수레를 밀고 나갔더니 누군가가 벽에다가 '사랑의 나눔 있는 곳에 하나님께서 계시도다!' 정성스럽게 글을 써 놓았다. 그때 글씨가 쓰인 벽 앞에서 얼마나 많이 울었는지 모른다.

단 한 끼라도 함께 나누기 원해 작은 것부터, 할 수 있는 것부터, 나부터 시작한 사랑의 나눔이었다. 당장 내일의 대책이라곤 아무것도 세우지 않고 시작한 일이었다. 그런데 이 소식을 들은 또 다른 사람들의 마음을 하나님께서 감동시켜 주셨다. 사랑이 나누어지는 곳엔 여전히 지금도 하나님이 함께 하시니 기적이 일어난다.

야채 시장 쓰레기더미 위에서 처음 무상 급식을 시작한 그날 이후, 33년이 되어가는 오늘까지 하루도 먹거리가 없거나 봉사자가 없어서 밥 나눔이 중단되는 일은 없었다. 많은 사람들이 현대판 오병이어의 기적이라 부른다. 물론 나도 기적을 믿는다. 하지만 어떤 사람이 나서서 짜자잔하고 한강을 두 쪽으로 가른다 해도 나는 그런 기적은 믿질 않는다. 쫓아가서 구경할 생각도 없다. 사랑에 근거하지 않은 기적엔 나는 아무 감동도 느껴보질 않았다.

다른 종교에도, 심지어는 이단 종파에서도 기적은 갖가지 형태로 다 일어난다. 인도에 가면 별별 희한한 사람이 다 있다. 나무 위에서 까치처럼 매달려서 100일을 살기도 하고, 물 속에서 50일씩 지내는 사람도 있다 들었다. 자기 몸을 상하게 하고 피를 쏟고도 멀쩡하고, 작두 위를 걷기도 하고 뛰기도 한다. 그게 뭐 어쨌다는 건가? 그 행위

안에 참사랑이 없다면 아무것도 아니다. 교회도, 천사의 말을 하는 사람도 사랑이 없으면 그저 울리는 꽹과리 같다고 주님께서 말씀하셨다.

2017년 12월 25일 오전 11시 밥퍼 앞마당에서는 서른 번째 거리에서 드리는 성탄 예배가 올려졌다. 88년 12월 25일 당시 노숙인 형제 세 사람, 넙죽이와 억만이와 이차술과 초 한 자루 켜들고 쌍굴다리 옆에서 언 손을 호호 불며 캐롤송을 부른 날이 서른 번째가 되는 날이었다. 그 세 사람 중 둘은 끝내 길에서 잠을 청하다가 얼어 죽고 말았다. 한 사람 이차술만 살아남아 봉사 받던 삶에서 봉사하는 사람으로 거듭나 17년을 살다 세상을 떠나 설곡산하늘정원에 묻혔다. 만우 할배로만 알려지고 머리와 수염이 하얗게 세어서 나이 많은 노인 대접을 받았다. 그런데, 주민등록증 없이 살아온 그에게 주민등록증을 찾아주는 과정에서 그의 이름 이차술과 그의 나이도 나왔는데 나와 동갑이었다.

다일의 거리 성탄 예배는 이제는 매년 방송사마다 성탄절의 스케치 풍경으로 이곳을 소개하다시피 진행되고 있다. 드러낸 일이 없는데 드러나고야 말았다. 성탄의 신비와 성탄의 정신은 드러내지 않아도 드러나게 돼 있다.

밥퍼는 역대 많은 대통령들과 대통령 후보들이라면 한 번 이상은 거의 다 다녀가는 곳이 되었다. 그럼에도 불구하고 작은 자라고 불리는 형제와 자매들에게 말씀이 육신이 되어 오신 예수님 사랑이 전해지는 거리의 성탄 축제가 되길 우리의 소원은 변함이 없다. 청량리의 무의탁 노인이나 청와대 대통령이나 목숨은 똑같이 소중하다. 생명 있는 곳이면 그곳이 어디든지 초막이든 궁궐이든 사랑의 나눔이 있는 곳에 하나님께서 함께 하시니….

차가운 벽에 누군가가 써 놓고 간
따뜻한 글씨에 그만 목을 놓고 울었다.

한 끼의 따뜻한 밥이 막 그리워,
밥 지어 주는 사랑이 너무 그리워,
새벽부터 나와 줄지어 선 가난한 사람들

하늘에는 영광이요 땅에서는 평화…
밥퍼에는 온정이요 모여든 가난한 이에겐 새 소망을…

# KBS, 쌍굴다리의 기적

　KBS 1993년 성탄 특집 프로그램 제작진은 오병이어의 기적을 영상에 담기 위해 588거리를 찾았다. 김덕기 PD의 촬영팀은 다섯 명으로 구성되어 있었고, 촬영 장비도 대단했다. 우리는 전에도 단편적이나마 방송 프로그램에 출연한 일이 있어 대개 이러 이러하게 진행되리라고 짐작하고는 있었지만 하루 이틀 촬영이 진행되는 동안 우리는 놀라고 또 놀랐다. 불과 50분짜리 프로그램 한 편을 제작하는데 그렇게 많은 시간을, 또 그렇게 많은 이들의 땀과 정성을 모아야 한다는 사실에 입만 벌어질 뿐이었다.

　나와 공동체 식구는 물론 자원봉사자와 밥상공동체의 할아버지 할머니 삼룡이 아저씨와 도현이, 또 청량리 채소 시장 상인과 588거리 등 인간 소외의 현장을 무려 스무 날이 넘도록 찍고 또 찍었다.

촬영팀은 이 기회에 도시 빈민의 비인간적 삶을 될 수 있는 한 적나라하게 조명하고, 복지 후진국인 우리나라의 뒷골목 실정을 고발하기 위해 일부러 야간을 기다려 며칠이고 촬영을 했다. 한겨울 매서운 밤기운 속에 일하면서도 제작진은 혼신을 다하는 모습이었다. 그들은 말로만 듣던 집없는 이들의 밤거리 노숙 현장을 목격할 때마다 처참해 했고 함께 가슴앓이를 했다. '설마'가 '정말'로 바뀐 데 대한 실망감과 안타까움이 큰 것 같았다.

늘 보아오던 모습이긴 했지만 저녁도 굶은 채 길 모퉁이에서 거적때기나 누더기를 둘러쓰고 잠을 청하는 형제자매들을 카메라에 담을 때는 민망하기도 하고, 죄책감도 들었다. 없어서 괴로운 사람들의 고통과 수치를 해결해 주지도 못하면서 많은 사람들의 눈 앞에 아프게 들추어내는 것은 아닐까, 저들을 위해 무언가 해보겠다고 시작한 이 일이 오히려 상처만 입히는 일이 되지나 않을까 하는 염려와 기우가 촬영 내내 머리를 떠나지 않았다.

드디어 1993년 12월 23일, 오후 8시 KBS 제1TV 성탄 특집 '다일공동체 쌍굴다리의 기적'이란 제목이 스크린 가득 클로즈업되었다. '오병이어의 기적'이라고 하면 기독교인이나 알아들을 용어라서 '쌍굴다리'로 바꾸었으니 양해해달라는 김 PD의 전화가 있었다.

우리는 숨을 죽이고 화면을 응시했다. 우리들의 생활이 TV 화면을 통해 연이어 나오는 것을 보고 있자니 참으로 묘한 기분이 들기도 했다. 지나간 시간이 카메라에 그대로 잡혀 재현되는 모습은 기억력을 통해 지나간 일을 회상하는 것과는 판이한 면이 있었다. 이런 느낌들을 뭐라고 꼭 집어내기는 힘들지만, 어쨌든 대단한 관심과 기대 속에 프로그램은 진행되고 있었다.

방송이 시작된지 한 10여분이 지났을까. 연이어 전화벨이 울렸다. TV에 나온 뒷모습이 비슷해 물어물어 전화 걸었다는 아내의 동창생, 그동안 고생 많았다고 격려하는 교우들 전화, 가슴이 하도 찡해 전화했다는 사람, 동참하고 싶어서 다일로 곧장 오겠다는 사람들, 갖가지 사연을 안고서 줄지어 걸려오는 전화, 전화, 또 전화… 우리는 전화를 받느라 TV를 제대로 보기가 힘들 지경이었다.

프로그램은 예상대로 성공적이었다. 전체 구성이나 화면, 그리고 스토리 전개 등 어디 하나 나무랄 데 없는 다큐멘터리였다. 특히 마지막 장면에 나오는 눈 오는 청량리 채소 시장 거리와 쌍굴다리의 모습은 압권이라 할 만 했다. 물론 때 맞추어 눈이 내린 덕도 컸지만, 그렇게 작품을 마무리한 김 PD의 안목은 사뭇 돋보였다. 또한 작품 전체에 소외된 이웃과 그들을 바라보는 아픈 눈빛이 절절히 담겨 있어 나마저도 눈물이 나올 정도였다.

하지만 작품이 끝났을 때 한 가지 당혹감에 사로잡혔다. 막상 하고 싶었던 이야기며 중요하게 여기던 것들, 현장에서 벌어지는 참담한 현실의 많은 부분들이 뜻밖에도 많이 잘려나갔기 때문이었다. 다일공동체의 내면적인 아픔과 미래의 소망, 그리고 다일의 영성과 정신 등 실체는 어디론가 사라져버리고 이게 뭔가 싶은 심정과는 상관도 없이 방영 바로 그날부터 우리집과 공동체 사무실에 전화가 빗발치기 시작했다. 하루에 수백 통의 전화가 두 달 가까이 이어졌다. 멀리 떨어져 있는 친척, 전부터 알고 지내던 교인, 친구, 스승, 일반 시청자들….

더욱 놀라운 것은 걸려온 전화의 99퍼센트가 우리가 전혀 알지 못하던 분들이라는 점이다. 전혀 생면부지의 많은 이들로부터 따뜻한 격려와 협조의 메시지가 수도 없이 전달되어 왔고, 또 많은 분들이 직접 성금을 들고 공동체 나눔의 집을 찾아왔다. 적게는 코흘리개의 1천원에서부터 많게는 천사후원 헌금인 1백만 원에 이르기까지 액수도 다양했다.

그뿐이 아니었다. 다음 날인 12월 24일 크리스마스 이브부터 계속해서 이듬해 정월 말까지 찾아온 사람 중에는 기독교 신자는 물론이고 천주교, 불교 신자들도 의외로 많았다. 또 휠체어를 타고 오거나 목발을 짚고 오는 사람도 있었다.

"배고픈 사람과 밥 나누어 먹자는데 어떤 종교든 무슨 상관 있겠어요? 우리의 정성도 꼭 받아주세요."

"이제라도 작은 성의를 다해 참여할 수 있는 좋은 곳이 있어 너무 기뻐요."

"다른 종교인들로부터 교회는 교세 확장에만 급급할 뿐이냐는 지적을 받을 때마다 쥐구멍에라도 들어가고 싶은 심정이었지요. 이제 우리도 뭔가 할 말이 생겨서 정말 다행입니다. 천만 교회 신자들의 긍지를 높여주셨다고 생각해요."

그런 말을 들을 때마다 공동체 가족들은 대답했다.
"주께서 하시는 일이지요. 어느 한 개인이 이런 일을 지속해갈 수 있겠어요? 우리는 다만 주님의 말씀에 순종하며 따라갈 뿐입니다."

사실 이 말은 결코 일회용 답변이 아니었다. 1988년 11월 11일 함경도 할아버지 한 분을 위해 밥을 해드린 이후 오늘까지 공동체 사역이 시작된 이래 수없이 반복해서 느끼며 체득해온 경험에서 우러나온 우리들의 신앙 고백이었다.

## 08

# 밥퍼 아저씨가 내게는
# 꿈퍼 목사님이에요!

　숙이가 이사 가던 날, 다일공동체 나눔의 집은 봉사자들로 북적댔다. 동선 자매는 숙이에게 줄 선물까지 예쁜 포장지로 싸서 준비했다. 근모 형제와 함께 숙이 방에 찾아가니 골목길에 세워둔 용달차가 꽤 오래 기다렸는지 왜 이제야 오느냐는 눈치다. 짐이 빠져나간 숙이의 방은 적어도 그녀에겐 붉은 방이 아니었다. 포주 아주머니가 한 마디 거들었다.

　"나도 쟤가 행복하게 살길 빌겠어요. 숙이처럼 착한 애는 어딜 가나 인정받지 뭐."

　이 동네에 정말 기적 같은 일이 생긴 것이다. 포주가 자신의 돈벌이를 위한 기계처럼 생각하는 직업여성의 새로운 삶을 위해 등을 떠밀며 부디 행복하게 살라고 축복해주다니! 믿어지지 않는 이 놀라운 현실 앞에서 그저 할 말을 잃고 숙이와 포주를 번갈아 보았다.

"아, 뭐해요! 목사가 기도나 할 일이지. 얘야, 넌 목사님 보고 가서 좋겠다. 그렇게 얼굴 한 번 더 보고 가면 좋겠다고 하더니."

난 너무 감격스러워 기도를 말로 할 수 없었다. 말없는 침묵의 소리로 기도드릴 수밖에 없었다. 588 주민이 되어 더불어 살다 보니 그네들은 생각보다 훨씬 마음이 약했고, 또 눈물이 많았다. 그래서 다른 사람들의 가슴 아픈 사연이나 딱한 처지를 그냥 지나치질 못했다. 그들의 영업에 방해가 되지 않는 한, 그런 그들에게 우리도 점점 호감을 갖게 됐고, 마침내 음식을 나누며 기쁨과 슬픔을 서로 들어주고 격려하는 사이가 되었다.

아내의 두 번째 시집 『아득한 별에 꽃씨 묻으며』가 출판되었다. 시집을 들고 588거리를 지나가던 날 한 펨푸 아주머니가 말했다.
"그 책 내게도 보여줄 수 있어요?"

나는 물론이라며 고개를 끄덕였다. 그리고는 나눔의 집 앞 길바닥 위에 책을 풀어놓고, 주변에 있던 언니들과 펨푸 아주머니와 포주들에게도 한 권씩 나누어주기 시작했다. 누이들은 책을 받아 든 순간 얼굴 가득 환한 웃음이 번졌다.

588 뒷골목이 삽시간에 시집 이백여 권과 내 서재에 꽂혀있던 책들이 동났다. 588에서 책 잔치가 벌어졌다. 음식이나 좋은 옷은 물론 기타 생활용품 등을 나눠주느라 행려자 노동자 무의탁 노인들로 인산인해를 이루었을 때도 눈 하나 깜빡하지 않던 현역 언니들이었다. 그

런데 뜻밖에도 시집을 나누자 저마다 나와서 받아가는 거였다. 이 모습은 우리에게 신선한 충격과 기쁨과 보람을 주었다. 그리고 그것은 새로운 문화 선교의 길을 우리 다일 가족들에게 가르쳐 주는 귀한 기회가 되었다.

가정과 가족과 친구들을 떠나 몸으로 세파를 헤쳐 가는 그들이 목말라 하는 것은 결코 물질적인 도움만이 아니었다. '예수 천당, 불신 지옥' 등의 상투적인 전도 구호는 더더욱 아니었다. 오전 내내 가사 상태에 빠진 듯 축 늘어지고 활기 없던 이 거리에 해가 기울고 붉은 등이 켜질 무렵, 반라의 몸으로 인간 진열대에 쭉 늘어앉아 몸을 파는 어린 누이들이 그리워하고 목말라하는 것은, 믿어지지 않는 일이겠지만 서정적인 시와 아름다운 사랑 이야기였다.

육체를 돈 주고 사고 파는 588 뒷골목에 아내의 시집과 내 책이 나누어지던 날 조금은 민망한 표정으로 다가섰지만 시집을 받은 그날부터 나를 꿈퍼 목사라고 부르는 희야 자매가 말했다.
"많은 사람들이 아저씨를 밥퍼목사님이라 부르지만요 내겐 꿈퍼 목사님이에요! 그동안 아무 희망 없이 살던 내게는…."

난 그때 사랑만이 능력이란 사실을 절감했다. 사랑하는 누이들의 찢어진 마음속에 간직한 못다 피운 아름다운 마음을 읽어낼 수가 있었다. 짓밟힐 대로 밟혀도 결코 죽지 않는 동심으로 다시 돌아가고픈 마음으로 살고 싶어 했던 희야는 숙이처럼 인간적인 포주를 만나진 못해서 여러 번 도주를 시도하다가 심한 구타를 당했다. 희야의 얼굴에 난 상처를 바라보고 아무 말 없이 고개를 떨구고 떨며 입술을 깨물고 있자 희야가 도리어 다가와 날 위로했다.

"괜찮아요, 꿈퍼 목사님! 이번에 또 얻어맞고 붙들려 왔지만요. 반드시 여길 빠져 나갈게요. 사람답게 살아보는 꿈 반드시 이루도록 계속 기도해줄꺼죠…."

그날 밤 '주여, 지난 밤 내 꿈에 뵈었으니 그 꿈 이루어 주옵소서!' 490장 찬송을 밤이 하얗게 새도록 불렀다. 감사해서 눈물로 불렀고 너무 마음 아파서 서럽게 울며 울며 불렀다.

아, 마음 아픈 나의 누이들이여!
여동생들이여!
청량리 588 골목을 통과해야만 공동체 나눔의 집이 나오기에 이 좁은 길을 걸을 때마다 기도했다.
키리에 키리에 엘레이손
"우리에게 자비를 베푸소서."

# 나그네의 주검 앞에서

92년 7월 8일 쌍굴다리 아래 노천 식당의 단골손님이었던 이종상 씨가 죽는 사건이 일어났다. 여름의 문턱에서 공기마저 음습하던 날, 잘 곳도 갈 곳도 없던 그는 우리집에서 점심 한 끼를 얻어먹고는 그날 밤 아무도 모르게 이 세상을 떠나고 만 것이다. 지난 봄날 "이제 한겨울 지냈으니 다시 또 일 년은 문제없이 살 겁니다."라던 그의 컬컬한 목소리는 여전히 쌍굴다리 아래를 쟁쟁 울리며 남아 있는데, 이제 그는 가고 없다.

"한여름에 죽는 놈도 다 있다냐. 그 추운 겨울 잘 넘기고서 죽긴 왜 죽어? 왜 죽어?"

동료를 잃은 나그네들의 서러운 목소리가 여기저기서 들려왔다.

"어쩔거나, 병원에서 하루를 못 넘기고서 죽고 말았다네. 어이, 최 목사. 당신이 빨리 가서 장례를 치러 주셔야 할 것 아닌가벼?"

아예 성화에 가까운 목소리에 귀를 막고 말았다.

"마지막 가는 길을 목사님께 부탁드립니다."라는 말을 남긴 이 씨의 유언을 지켜주어야 할 최소한의 의무감이 남아 있었지만, 그마저 잊고 싶어 이불을 머리까지 덮어 쓴 채 방구석에 돌아 누워버렸다.

"오늘 목사님이 너무 피곤하고 지쳐 누워 계시니까 걱정들 말고 가 보세요."

그들을 달래는 근모 형제와 은영 자매의 목소리가 어렴풋이 들려왔다. 나는 죽은 듯이 누워 근모 형제가 몇 번이고 조바심을 내며 방과 마루 사이를 왔다 갔다 하는 소리를 듣고만 있었다.

문짝도 없이 커튼 하나로 마루와 방의 경계를 삼고 있는 방구석이 그날따라 그렇게 싫을 수가 없었다. 얇은 천 한 장에 의지한 방 너머로 나의 일거수 일투족이 어떤 보호도 없이 그대로 노출되고 있었다.

웬일인지 그의 사망 소식을 듣고 난 후부터 온몸에 맥이 쭉 빠지면서 거의 탈진 상태가 되어 몸을 가누기조차 쉽지 않았다. 사나흘 계속된 설사와 이른 아침부터 찾아와서 시비를 거는 행려자들의 하소연을 받아내느라 이미 몸은 파김치가 되어 있었다. 이 지겨운 청량리를 오늘 하루만이라도 벗어나 새소리 들리고 숲이 우거진 미지의 세계로 떠나 몸을 던졌으면 좋겠다는 생각뿐이었다.

예민한 감정마저도 그들의 숱한 죽음 앞에서 마비 되는 걸까? 한여름에 이불을 덮어 쓰고 있자니 좁고 냄새나는 방 안 공기가 숨통을 더욱 죄는 것 같고 이불을 벗기면 죽은 이 씨의 모습이 다시 떠오르면서 알 수 없는 고통으로 나를 몰고갔다. 땡볕과 악취도 아랑곳하지 않고 쓰레기더미에서 식사를 하던 이 씨와 먼저 죽은 거장 윤 씨와 넙죽이 남 씨 등의 얼굴이 차례차례로 떠오르는데, 말 그대로 미칠 것만 같았다. 거장과 넙죽이가 애처로운 눈빛으로 나를 바라보는 모습이 오버랩될 때면 신음 소리까지 나오며 식은 땀을 줄줄 흘렸다. 그리고는 외쳤다.

"제발 혼자 있게 내버려 둬! 제발 날 혼자 있게 해줘!"
"어디 가서 푹 쉬어야 하질 않겠어요? 이러다가 큰 병 치르겠습니다."라는 소리조차 못하는 공동체 형제들이 섭섭할 만큼 나는 지쳤고 외로웠다. 나도 누군가에게 기대고 싶을 때가 있다는 걸 이 친구들은 도무지 모르는 것 같았다. 이 지역에서, 작게는 이 공동체 안에서 모든 사람이 나 한 사람에게 기대고 나만을 찾고 있는 현실이 그날따라 너무 버거웠다.

선풍기 바람에 땀이 마르는가 싶더니 어느덧 한기마저 느껴졌다. 푸른빛이 도는 온몸에 소름이 돋아나왔다. 팔뚝에 솟아난 소름을 보며 스스로를 비웃었다.
"가난한 사람들을 위해 네가 뭘 할 수 있다고, 병든 이들에게 네가 무슨 도움이 되고 있다고. 이렇게 손 하나 쓰지 못한 채 턱없이 죽어 나자빠지는데…."

정작 밥상공동체 가족들을 위해 할 수 있는 일이 너무도 미미하여 그저 하찮은 존재밖에 되지 않는 내 꼴이 역겹고 싫었다. 그 사이 잠깐 잠이 들었다가 꿈을 꾸었는지, 누군가가 절규하면서 기도하는 소리에 놀라서 눈을 떴다.

원주 IVF 박용덕 간사가 대학생들을 데리고 와 무릎을 꿇고 조용히 기도하고 있었다. 학생들에게 섬김이 무엇인지 말로 설명하고 싶지 않아 직접 섬김의 현장에 데리고 왔노라며 환한 얼굴로 인사를 하는 것이었다.

"목사님, 힘 내셔야지요. 저희가 이렇게 입으로만 살 때 몸으로 다 때우시니 얼마나 힘드셨겠어요. 섬김의 집 마련을 위한 자선음악회가 벌써 다음 주 토요일로 다가오는데 첫 번째 치르는 큰 행사에 아름다운 열매가 있도록 힘이 되어 드리기 위해서 이렇게 왔습니다."

나는 눈물을 보이고 싶지 않아서 커튼을 닫았다. 그리고 다시 돌아누워 숨을 죽인 채 소리없이 속으로만 속으로만 눈물을 삼켰다. 먼 데서 찾아와 준 녀석들이 고맙기도 하고, 무관심 속에서 죽어간 사람들을 생각하니 다시 서럽기도 하여….

행려자 전문 병동이 설치된 신설동 시립병원을 찾아갈 때마다 병원 영안실 직원들에겐 언제나 부드러운 얼굴일 수밖에 없었다. 노상에서 개처럼 서럽게 죽어간 사람의 마지막 얼굴이라도 보여달라고 허리 굽혀 애원했고, 그런 부탁에도 막무가내인 직원에게는 때로 돈을 찔러넣어주고야 냉동칸을 열어 밥상공동체 가족임을 확인했다.

하지만 그날은 사정이 달랐다. 예전처럼 '부드러운 남자'가 될 기분도 아니었고, 또 그렇게 해서도 안 된다는 생각이 들었다. 참으로 당당하게, 그리고 매우 마땅하고 옳은 일이니 당장 문을 열어달라고 청했을 때 그들은 의외로 순순히 시신을 확인하게 해주었다. 한데 장례 건에 대해서 만큼은 '조건'을 붙이면서 험악하게 나오는 것이었다. 장례식을 치르고 싶거든 80만 원을 내고서 인도해 가라고 고집을 부리기 시작했다. 국민이 내는 세금 안에는 무의탁 행려자들을 위한 장례비가 포함되어 있는 것으로 아는데, 정부는 그 돈을 어디에 쓰고 우리들한테 돈을 달라는 거냐며 따지고 들자 영안실이 잠시 어수선해졌다. 더 이상 그 꼴을 보기가 싫어 공동체에라도 있으면 당장 갖다 주고픈 마음도 있었지만, 당시 우리에겐 그만한 돈이 없었다.

"당신이 목사님이라니까, 지금 이 정도로 그나마 잘 봐주고 있는데."라는 그들의 말에 그만 열이 치밀어올라 분통을 터뜨리고 말았다. "목사라서 이만큼 봐주다니, 그렇다면 목사가 아니고 그도 저도 아닌, '사' 자가 안 붙은 평민이라면 영안실에서 벌레처럼 기란 말이냐 뭐냐?" 공동체 가족들 앞에서 더 큰 소리 내고 싶지 않아 울분을 삼키고 영정도 없는 이 씨의 영안실 마룻바닥에 꿇어 앉았다. 이미 앞서 죽은 행려자들의 영혼들을 무릎에 담아 머리를 숙이고 두 손을 모으자니 어디서부터인가 출처를 알 수 없는 서러움이 복받치며 마음을 뒤흔들어 놓았다. 그때 속울음을 울며 하나님에게 나 자신에게 다짐하고 결단했다. 반드시 소외된 이웃들을 위해 웰다잉하우스를 마련하리라. 인간의 존엄을 위해 마지막 떠나는 길을 인간답게 보내리라….

"어이, 밥짓는 시인, 최 씨 양반!" 억만이가 날 불렀다.
"밥을 더 드릴까요? 국을 더 퍼드릴까요?"
"그런데 최 씨, 시인이 뭐여?" 넙죽이도 물었다.
"아, 네…. 시시해서 시인이지요, 뭐."
그리자 설곡산에 묻힌 만우 형제 대답이 일품이있다.
"그러게 말야. 시시한 놈들이 인생에 대해 뭘 알고 매주 설교를 하는지 원…."

09. 나그네의 주검 앞에서

# 다일진료소의 이야기

굶주린 사람이 배불리 먹게 되면 그 다음엔 자신의 차림새를 돌아본다. 좋은 옷을 입고 나면 병든 몸을 고쳐 건강한 삶을 살고자 한다. 병까지 고친 사람은 이어 밑바닥 생활을 청산하고 봉사자가 되거나 '새사람'이 되어 살던 지역을 아주 떠나간다. 이런 과정은 내가 청량리에 33년째 살아오면서 누차 보아온 밥상공동체 사람들의 모습이다.

단골로 찾아오는 행려자들의 행색은 날로 말끔해져 간다. 하지만 거의가 환자였다. 결핵, 피부병, 무기력증, 정신 장애, 알코올 중독…. 그들의 병은 가벼운 감기나 몸살에서부터 회복 불능의 만성 질환까지 천차만별이다. 영세 좌판상, 달동네의 어린이들, 혼자 사는 무의탁 노인 등 가깝게는 동네 사람부터 멀리는 인천이나 성남과 의정부와 수원 등지에서 찾는 분들도 많다.

시립병원에서 무료 치료를 받으려면 동사무소에서 발급하는 생활 보호대상자라는 영세민 증명이 있어야 했고 만일 그 증명서가 없을 때는 경찰차에 실려 가야 치료가 가능했다.

그러나 주민등록 자체가 말소된 그들에게 영세민 증명서가 발급될 리 만무했다. 또 '백차'라면 의식이 끊기기 전에는 거부하는 것이 공통된 심정이었으니 간단한 치료만 받으면 금방 완쾌될 것도 때를 놓치고, 이래저래 시일이 흐르다보면 합병증으로까지 번지면서 손쓰기가 힘든 경우가 흔하다.

의료 봉사가 시작된 것은 로터리의 6층 건물에 다일공동체 '나눔의 집'을 열면서부터다. 그 무렵 갈릴리 의료 선교회가 우리의 뜻을 전해 듣고 맨 먼저 달려왔다. 당시 갈릴리 의료 선교회는 국내는 물론 해외에서도 많은 의료 선교를 하고 있었다. 처음 우리는 의료 봉사를 할 만한 마땅한 자리를 찾지 못해 우선 청량리 채소 시장 조합 건물 한 구석에 자리를 펴고 환자들을 맞았다. 매주 토요일 오후만 되면 채소 썩는 냄새, 온갖 폐기물 썩는 냄새로 머리가 지끈지끈한 구석이지만 환자들은 길게 줄을 섰다. 의료진은 부족한 손길이나마 정성을 다해 치료해주었다.

두 달 정도가 지나자 채소 시장 상인협회에서 연락이 왔다.

"좋은 일을 하시는데 저희가 큰 보탬은 못 되어도 저희 협회 사무실을 의료 장소로 빌려드리기로 결정했습니다. 그러니 어려워 마시고 사용하세요."

그네들은 전부터 우리의 한결같은 정성에 감탄했다며 팔다 남은 무, 시금치, 파 등 채소를 몇 단씩 나눔의 집에 보내오던 사람들이었다. 덕분에 매주 토요일이면 시장조합 사무실에서 의료 기구와 약을 펼쳐놓고 걷지 못하는 환자들을 업어다가 돌보며 치료해주었다. 학부 후배들이 이 일을 돕겠다고 나섰고, 환자들을 업어 나르는데 아주 날렵해서 여러 사람들을 흐뭇하게 해주었다.

매주 토요일이면 의대생과 의사가 직접 시장에 나와서 무료로 치료해 준다는 이야기가 인근에 퍼져 나갔는지 날이면 날마다 환자가 늘어났다. 날이 저물면 의료진과 함께 남은 약을 들고 588 거리를 한 차례씩 돌았다. 그러면 우리를 기다렸다가 불러들여 치료받는 노인도 있고, 그저 젊은 의학도와 이야기를 나누고 싶은 마음에 문 밖까지 나와서 건강 상담을 하는 588 언니들도 있었다.

이런 우여곡절 끝에 588 거리는 조금씩 따뜻해지기 시작했다. '인간다움'의 실천 현장에 선 우리는 더 이상 '재수 없는 예수쟁이'라고 박대 받지 않아도 되었다. 하지만 환자에 비해 치료의 손길이 너무나도 모자랐다. 때마침 경희대학교와 이화여자대학교 의과대학 CMF 모임, 잇따른 초청 강연, 그리고 일반 매스컴을 통해서 보도되면서 서울의 다섯 개 의과대학 학생들이 청량리에 자연스레 모이게 된 것이다.

진료와 관련하여 빼놓을 수 없는 사람이 있다. 당시 의대생이면서 설거지 봉사부터 참여한 최영아 부부 의사와 경희대 의대 한의학과

학생들, 그리고 침술 진료로 일약 '스타'가 된 대광고등학교의 김학복 목사님, 치대생들이 그 주인공이다. 특히 침술로 노인들의 온갖 질병을 계속 치료해오고 있는 김 목사님 인기는 단연 1위였다.

경희대 의대 한의학과 학생들의 한방 진료 역시 할아버지 할머니들에겐 최고의 인기를 누리는 종목으로, 감기약 한 봉지 마음 놓고 못 사먹던 사람들이 꽃보다 아름다운 젊은 의료인들에게 자신의 아픔을 하소연하고, 치료와 간호를 받는다는 사실 자체가 더 없는 기쁨이자 최고의 보약인 듯 보였다. 어느 누가 냄새나는 몸을 살펴주고 아픈 데를 어루만져 주었을까. 하루가 지나 다음 날이 되고 그 며칠이 흘러 토요일이 되면 노인들은 아침 일찍부터 의료진이 오기를 목을 빼고 기다렸다.

의료 봉사 참가 학생들은 없는 용돈을 털어 의약품을 준비하고 선배들을 찾아다니며 모금을 해서 노인들의 틀니도 직접 제작하는 등 매주일 오후를 가난한 형제자매들을 위해 금쪽같은 시간을 쪼개서 헌신했다.

하지만 그들의 큰 헌신에도 불구하고 다일공동체의 의료 봉사는 시설 및 지속적인 치료 면에서 부족하기 짝이 없었다. 그야말로 원시성을 벗어나지 못하고 있다. 공동체 가족들이 상설 무료 병원 다일천사병원이 세워지길 간절히 기도했던 것도 바로 이런 연유 때문이다. 그럼에도 불구하고 다일무료진료소는 인산인해를 이루었고, 밀물처럼 아픈 노인들이 밀려들어왔다. 일반 병원에 가봐야 1분도 이야길 들어주는 의사가 없는데 이곳에서는 10분도 20분도 자신의 이야길 들어주는 의료진이 있어 그 사실 하나만으로도 감동했기 때문이다.

"누구도 내 손 잡아주지 않았습니다. 내 말을 듣지도 않았어요. 그러나, 이곳은 내 손을 잡아주시고 내 이야기 끝까지 들어주어 또다시 찾아왔어요…"

# 나의 대책은 너 자신이다!

한국 기독교 최초로 세워진 무료 병원 '다일천사병원'은 세워진 것도 기적이지만 오늘까지 20년 이상을 무료 병원으로 운영하고 있다는 것이 더 큰 기적이다. 이 병원은 말 그대로 십시일반 정신으로 개미군단이 세웠고 운영하는 자선 병원이다. 10년 동안 천사데이 (1004DAY) 운동 끝에 설립된 것도 놀랍지만 지난 20년 동안 무의탁 노인, 노숙인, 외국인 근로자 및 절대 빈곤 지역에 사는 이웃 나라 어린이들까지 수많은 사람들이 찾아와 생명을 얻고, 치유와 회복을 경험하는 살림의 역사가 충만하다는 사실이 더욱더 놀랍다.

길바닥에 누워있는 노숙인 환자들을 음성 꽃동네나 미아리 성가복지병원에 입원시켜드리지 못하고 이분을 다시 봉고차에 태워서 청량리 사창가 한복판에 있는 다일공동체 나눔의 집으로 모시고 올 때마다 나는 거의 실의와 절망에 빠졌고 늘 속울음을 울었다.

"하나님, 어쩌란 말입니까? 하나님, 당신의 대책이 뭡니까? 하나님, 앞이 캄캄하네요. 대안이 안 보입니다!" 미아리 성가복지병원에 할머니 한 분을 입원시켜드리지 못하고 거절당한 채 돌아오던 날도 그랬다. "하나님, 어쩌면 좋습니까? 대책이 무엇입니까?" 감히 주님께 따져 묻던 그날 마음속에 들려온 세미한 음성이 있었다. "일도야, 나에게 대책을 묻느냐? 나의 대책은 너 자신이다!" 그분의 응답은 너무 막연하기만 했다. "아아, 도대체 천만 원에 20만 원 사글세 내기도 버거운 가난한 다일공동체가 어떻게 무슨 수로 이분들을 위한 하나님의 대책이 됩니까? 부디, 제가 할 일과 가야 할 길을 깨닫게 도와주세요! 제발이요 하나님!!"

청량리 588 뒷골목의 무료진료소에서 토요일마다 실시하는 의료봉사는 언제나 최선을 다했음에도 불구하고 늘 한계에 부딪혔다. 무엇보다 진료할 만한 마땅한 공간이 없어 너무 고생스러웠다. 처음에는 채소 썩는 냄새가 코를 찌르는 시장 한 모퉁이에서 진료를 해주다가 청량리 농수산물 조합 건물 한 켠을 빌리거나 공동체 나눔의 집 그 비좁은 방을 치워 아쉬운 대로 환자를 돌보았다.

환자는 나날이 늘어났고 그에 따라 의료진의 숫자도 늘어났다. 날씨는 무덥고 언제 목욕했는지 세수했는지 모를 환자들이 옹기종기 모여 앉아 고약한 냄새를 풍길 때면 차라리 시궁창에 코를 처박고 있는 편이 더 나을 것 같다고 고충을 토로하는 의사와 간호사도 있었다. 게다가 주말과 휴일에만 진료가 가능한 현실도 문제였다. 병마란 게 날을 잡아 생기는 것이 아니련만, 시도 때도 없이 닥치는 질병에 환자들은 항상 의사가 기다리고 있지 않다는 것을 뻔히 알면서도, 병이 나기만 하면 일주일 내내 다일공동체 나눔의 집을 들락거렸다.

그때마다 "진료는 토요일과 공휴일에만 하니 돌아가세요!"라고 궁색하게 말해보지만 그들은 아랑곳없이 아픔을 호소했다. 때로는 아무 약이라도 먹어야 살겠다며 약장 문을 여는 등 소란을 피우기도 했다. 토요일이 되면 무의탁 노인들과 노숙인들은 아침 일찍부터 의료진이 오기를 목을 빼고 기다렸다.

동전 100원에서 100만 원이 모여 만든 기적!
매월 1만 원의 정기후원으로 이어가는 현재 진행형 기적의 현장!
다일천사병원의 설립도 기적이지만 지금까지 20년간
무료 병원이 운영되는 것이 더 큰 기적.

"동전 100원부터 100만 원까지 헌금하는 소액 기부, 천사 운동으로 전액 무료 병원을 세우겠다고 하면 세상 사람들은 어쩌면 우리들을 미쳤다고 할지 모르겠습니다. 아예 우리 말을 믿지도 않을 것이고 우리들을 한낱 몽상가나 이상주의자라고 비난할 수도 있습니다. 비웃음거리가 되더라도 아랑곳하지 않고 오늘 우리 가슴을 눈물로 적셔놓은 주님의 약속을 굳게 믿고 열심히 뛰고 달리며 이 자리에 물고기 두 마리와 보리떡 다섯 개를 쌓아 봅시다! 우리 주님이 시작하신 일이니 주님께서 친히 이루실 것입니다!"

착한 다일공동체 가족들은 모두 한 목소리로 '아멘'을 합창했다. 한 달 후에 다일 가족들은 믿기 어려운 1천 1백만 원이란 돈을 모았다. 나와 아내도 어렵사리 100만 원씩 냈고, 어머니도 꽁꽁 모아놓은 100만 원을 선뜻 내놓았다. 당시 어머니와 밥퍼 공동 주방장을 하시던 이경자 권사는 허리디스크 수술비로 준비해 놓은 100만 원을 아낌없이 내놓았다. 그리고 588 동네의 아주머니들과 직업여성들이 모아준 47만 5천 원을 합해 1천 1백 47만 5천 원이란 성금을 병원 설립을 위한 밀알 헌금으로 드릴 수 있었다.

다일천사병원의 기적은 이때부터 시작되었다. 병원에서 거절당한 홀로 된 목사 사모의 이야기를 입에서 입으로 전해들은 신자마다 자신들도 이 일에 동참하겠다고 약속했다. 늘 다일공동체를 아끼고 사랑해주시는 김동호 목사님과 조성기 목사님 등 선배들과 모교인 장신대 교수들이 발 벗고 나서서 협력해 주었다.

한 주일 두 주일, 시간이 흐를수록 후원 회원들과 협력 교회들은 1구좌 1백만 원이란 큰 돈을 선뜻 맡겼고, 학생들과 가난한 이웃은 매달 5만 원씩 10만 원씩 적금을 부어서 반드시 분납하겠다는 약속을 해왔다. 거리의 천사들을 위하여 1구좌 1백만 원씩 드리는 천사 운동을 통해서 천사병원을 세우고 운영해 보자는 자선 병원, 개신교 최초의 무료 병원, '다일천사병원'은 마음 따뜻한 시민들 사이로 놀랍게 전파되더니 급기야는 KBS가 성탄 특집 방송으로 이 소식을 전하면서 전국에 확산되었다.

천사데이(1004 DAY)와 천사 운동을 시작한지 현재까지 일만 이천명 이상이 동참해 주셨고, 주님 다시 오실 때까지 이 아름다운 사랑의 나눔 운동은 끊어지지 않고 이어지리라는 믿음이야 말로 기적이란 단어 이외에 어떻게 달리 설명할 길이 없다.

## 12

# 다일천사병원이 드디어 문을 열었다.

    기독교 최초의 무료 병원 이름에 천사를 붙인데는 여러 가지 이유가 있다. 우선 천사후원금을 낸 천사들의 돈으로 지어진 병원이라 그렇고, 이곳에 온 사람들이 천사와 다름없이 소중한 영혼이기에 그렇다. 그러나 무엇보다 이 병원에서 일하는 자원봉사자들, 그리고 의사 간호사들 때문에 이 병원은 천사들의 병원이다.

    흔히 간호사를 백의의 천사라고 부른다. 아픈 사람을 간호하다 보면 누구나 긴 병에 효자가 없다는 말을 실감하게 된다. 그러니 아무리 직업이라지만, 정성을 다해 아픈 사람들을 돌보는 이들이 천사 같아 보이는 것은 당연하다. 하지만 나는 다일천사병원의 간호사들이야말로 진정한 천사들이라고 생각한다.

    다일천사병원에 오는 사람들은 가난하고 힘없는 사람, 외국인 노동자, 버려진 사람들이 대부분이다. 그러다 보니 그들의 행색이 깨끗할 리 없고, 그들의 말투와 행동이 점잖을 리 없다. 그러나 간호사들은 아픔과 버림받음에 험악해질 대로 험악해진 그들을 성심으로 대한다. 허다한 종합 병원을 마다하고 이 병원에 지원했을 때부터 그들은 이미 천사였고, 최종적으로 이 병원을 선택했다는 것은 그들이 자신의 일을 이 세상을 향한 봉사로 여긴다는 증거이기 때문이다.

다일천사병원에 지원한 간호사들은 합격 통지서를 받고 한 번쯤은 갈등하게 된다고 한다. 가장 큰 이유는 물론 터무니없이 적은 월급 때문이다. 집안 형편이 넉넉지 않아 생계를 책임져야 하는 간호사들은 그 갈등이 훨씬 심하다. 하지만 후원자들의 정성으로 겨우겨우 유지되는 병원인지라 달리 방법이 없다. 그래서 이 병원에서 일을 한다는 것은 월급을 받든 안 받든, 적든 많든 신념 없이는 불가능하다.

"목사님 이곳에서 일하고 싶지만 저희 부모님이 반대하시는데… 어떻게 할까요?"

간호사를 뽑을 때마다 이렇게 되묻는 사람들이 있다. 그러면 나는 두말없이 돌아가라고 했다. 이 병원은 자신이 무슨 일을 해야 할지 이미 결정한 사람이어야 일할 수 있는 곳이기 때문이다. 생각해 보면, 다일천사병원뿐만 아니라 그 두 배의 월급을 주는 병원이라도 스스로 결심이 서야 일을 할 수 있다. 어디 병원뿐이겠는가? 회사건 어디건 목표와 신념이 없는 사람은 원하지 않는다. 스스로 흔쾌히 선택할 수 없는 곳에서 성심을 다해 일한다는 건 불가능하기 때문이다.

누구나 무언가를 선택해야 하는 상황에 놓이면 갈등하게 된다. 특히 생과 사가 걸린 문제처럼 중차대한 문제일 때에는 더욱 갈등하고 불안해하기 마련이다. 사안이 심각할수록 불안을 해소하기 위해 기도가 아닌 다른 방법을 찾는 이도 많다.

믿기 싫은 통계지만 점집을 찾아간다는 사실보다 하나님을 믿는 사람들이 그토록 불안에 시달리고 있다는 것이 더욱 가슴 아프고 안타깝다.

점집에 가면 어디로 가야 하는지, 어떻게 해야 하는지 명쾌하게 답을 준다. 하지만 잘 생각해보자. 그 방법들이 전혀 새로운 어떤 것인가? 그렇지 않다. 대개 점집에 가기 전에 여러 가능성과 상황을 숙고해 보았을 테고, 점은 그 중의 하나를 선택해 주는 것이다. 그런데도 사람들은 그것이 자신의 마음에서 왔다는 것을 깨닫지 못한 채 그저 그것이 옳고 계시라고 생각한다. 때론 꿈이나 환상으로 계시를 보았다고 주장하는 이들도 있다. 하지만 대부분 그것은 자신의 생각과 느낌일 뿐이다.

계시는 점집이나 환상, 꿈을 통해 오는 것이 아니라 말씀과 묵상을 통한 기도에서 오는 것이다. 하나님께 내가 어떤 선택을 해야 하는지 물으면 된다. 자신을 제대로 볼 수 있도록 마음을 알아차리고 닦은 뒤 자신에게 평화를 줄 수 있는 선택을 하게 해달라고 기도하면 된다. 내가 원하는 것이 아니라 하나님이 원하는 것, 내가 기대하는 것이 아니라 하나님이 희망하는 것을 선택하게 해달라고 부탁드리는 것이다.

기대와 희망은 비슷한 말 같지만 전혀 다른 말이다. 기대가 크면 실망도 크다. 그 실망은 절망과 사망으로 이어지기도 한다. 내가 재물을 원하고, 내가 명성을 원한다면 희망이 아니라 기대일 뿐이다.

그러나 희망은 하나님이 기뻐하고 원하는 것이다. 하나님이 원하시는 것을 무엇일까? 그것은 참 평화와 기쁨이다. 평화와 기쁨은 온전히 내 안에 담기는 것이지 내가 소유하는 것이 아니다. 인간적인 기대를 모두 버려야 비로소 희망할 수 있다. 희망이 있는 사람은 이루어져도 이루어지지 않아도 실망과 절망이 없다. 불평과 불만이 없고 남 탓도 없다. 무언가를 선택해야 하는 상황에 놓일 때 마음이 산란하고 불안한 것은 그 안에 나를 불안하게 하는 무언가가 함께 있게 때문이다. 그러므로 우리는 먼저 마음의 기쁨과 평화가 있는 쪽으로 선택을 해야 한다. 내 마음 깊은 곳으로부터 솟아 나오는 평화와 기쁨을 고스란히 담을 수 있을 것. 그것을 좇아 선택하면 결과에 관계없이 후회가 없다.

오늘도 다일천사병원에는 세상에서 가장 아름다운 미소를 지닌 얼굴들이 심신이 지친 사람들을 치유하고 있다. 그들은 마음의 평화와 기쁨을 위해 이 병원을 선택했다. 처음 개원할 때부터 헌신하셔서 2대 병원장으로 섬기신 박혜란 원장님이 그랬고, 현재 의무원장인 이선영 박사는 큰 병원에서 좋은 대우를 받고 일하다가 지금은 거의 무보수로 일하고 있다. 교통비만 드리고 있다. 박희선 약국장님도 마찬가지요. 이곳에 오셔서 치료하고, 수술해 주시는 자원봉사 의사 선생님과 간호사님들은 대가와 보상을 바라지 않고 섬기는 의료인일 뿐이다. 다일천사병원의 김현자 부원장님과 다일작은천국의 이명현 원장님은 개원한 날부터 지금까지 성실하게 섬기고 있다.

### 다일천사병원 문을 열며...

1989년부터 무료급식소 운영과 함께 무료진료를 실시해 왔던
다일공동체는 병들어 죽어가지만 의지할 곳 없는 사람들을
등에 업고 병원에 갔다가 받아주지 않아서 되돌아오는
뼈아픈 경험을 자주 하였습니다.
돈 한푼 없고 아무 연고가 없다는 이유였습니다.

1993년 11월에 청량리 뒷골목의 직업여성과 주민들이 모아준
사십칠만오천원과 다일공동체 가족들이 모은 천 백만원이
병원건축을 위한 최초의 헌금으로 주님손에 바쳐졌고
전 국민들의 가슴을 뜨겁게 했던 천사(1004)운동이 확산되어
국내외의 뜻을 같이하는 천사후원회원이
2002년 2월 2일 이 병원을 완공하였으며
만사후원회원이 마음과 뜻과 정성을 모아 운영하게 되었습니다.

이 병원은 맨 처음의 바닥정신과
나사렛 예수의 영성생활을 본받아
주님 다시 오실 그 날까지
병원문턱이 높아서 진료와 수술을 받지 못하는
무의탁노인 노숙자 외국인 노동자 등
가장 소외된 그늘에서 눈물겹게 살아가시는 분들을 위한
무료 병원이 될 것입니다.

"오 주여!
이 병원을 세우고 운영하며 섬기는
다일공동체와 천사 만사후원회원들의 뜻과 정신이
항상 하나님 마음에 들게 하소서.
전능하신 하나님은 고치시고
사명받은 우리들은 봉사하겠습니다. 아엔"

주후 2002년 10월 04일 설립자 최일도 목사

## 13

# 웰다잉을 위한 다일작은천국

고독사하시는 분들이 우리 주변에 많이 늘어났다. 피붙이 하나 없이 홀로 죽음을 맞이해야 하는 무의탁 노인과 인간다움을 상실한 채 거리에서 죽음을 맞이하는 병든 노숙인들, 가족들이 있어도 서로 상처받고 지쳐서 외면해 버려 고독사하시는 분들을 친가족같이 섬기기 위해 웰다잉 하우스가 될 다일작은천국의 문을 2011년 5월 31일에 활짝 열었다.

작은천국은 천국 가시기 전에 눈물과 한숨과 고통을 깨끗이 씻고 지금 여기부터 천국을 살아가는 사명실현지가 되라고 한 하나님의 당부 시설이며 동시에 서울특별시의 수탁 시설이기도 하다. 이 땅에서 가장 외로운 천사들이 노상에서 죽음을 맞는 일이 없도록 하기 위하여 자발적으로 시작한 일, 지극히 작은 자를 예수님처럼 섬기기 위해 다일천사병원 부설 다일작은천국의 문을 연 것은 세상의 그 누구도 돌보아 줄 사람이 없는 외로운 노숙자들이 천국 가기 전까지 함께 울고, 함께 웃으며, 믿음과 소망과 사랑을 나누다가 영원한 집으로 함께 가도록 돕기 위해서다.

대한민국 사람들 거의 모두가 웰빙, 웰빙을 외칠 때, 다일공동체 가족들과 후원회원들은 웰다잉이 더 소중하고 바른 삶이라고 조용히 말하고 실천했을 뿐이다. 웰다잉 하우스인 다일작은천국 덕분에 영원한 쉼을 누리며 저 천국 시민으로 살아가시는 분들이 많아졌다.

다일작은천국을 시작하게 된 것은, 서울특별시가 노숙인 쉼터 41곳에서 더 이상 돌볼 수 없는 임종을 앞둔 분들 때문에 너무 걱정이 많다며 다일공동체가 맡아주면 좋겠다고 간청해와서 시작되었다. 다일 가족들이 이 제안을 놓고 기도한 후에, 이 땅에서 가장 외로운 분들, 지극히 작은 자 한 분 한 분을 가족으로 품어 안고 보람 있게 행복하게 더불어 함께 살아가자고 하나님 앞에서 다짐했고 결단했기에 가능한 일이었다.

"아무도 돌보는 이 없고 여전히 가까이 가기를 꺼려하고 돌보아 드리기가 너무 힘든 분들이 있다면 저희 다일천사병원에 보내주십시오! 지극히 작은 자 한 사람에게 하는 것을 곧 주님에게 하는 것처럼 섬겨 드리겠습니다." 그랬더니 서울특별시는 너무도 감동하였고 쉼터뿐만 아니라 노숙인들을 위한 영성수련 "다시 한 번 일어서기"까지도 우리에게 계속 보내어 우리들이 돌보아 드릴 것을 부탁했다.

다일천사병원과 다일작은천국이 우리 사회의 소금과 빛이 되며 어둠을 밝히는 작은 촛불로 계속 쓰임 받는 것은 첫째는 주님의 은혜요, 그리고 천사 후원회원과 만사 후원회원 덕분이다. 그러나 아직도 우리는 마음껏 환자들을 받아서 돌보아 드릴 수는 없다. 매월 만 원씩 후원하는 분들이 현재 만여 명에서 3만여 명으로 늘어나면 참 좋겠다. 입소하기 원하는 분들을 더 받아들여 인간의 존엄을 지켜드리고, 다일천사병원에서 행복한 임종을 할 수 있도록 섬길 수 있는데 안타깝기만 하다. 한 건물 안에 작은천국과 천사병원이 함께 있어 의료적인 접근이 용이함을 알고 입에서 입으로 소문이 퍼져 '작은천국'에 들어오고 싶다는 전화문의가 서울시 노숙인 쉼터뿐만 아니라 전국에서 하루에도 몇 통씩 걸려오고 있기 때문이다.

주한 미대사관 영사가 한국계 미국인 홈리스 한 분을 임종 때까지 돌보아 달라고, 꼭 인간 존엄을 지키게 해달라며 신신당부를 하고 간 일이 있다. 그 많고 큰 대학 병원과 종합 병원은 어디다 두고 이곳으로 모시고 왔느냐 물었더니 "이곳이야말로 한국인이나 미국인이나 아시안이나 아프리칸이나 가진 것 아무것도 없는 사람에겐 천국이라 해서요…"라고 말했다. 마크 리퍼트 주한 미대사는 진실로 감사하고 감동했다며 다일천사병원 스텝들을 대사관에 초대했고 총영사는 감사장을 보내왔다.

이름 없는 시민 한 사람 돌보아 준 것이 우리 미국을 돌보아 준 것이라며 감사장에서 시민 한 사람 한 사람을 귀하게 보는 미국의 고귀한 마음을 만난다.

작은천국에 대해서 관심을 가지고 보아온 사람들이 한결같이 감동 받는다. 그건 바로 대부분 말기 환자로 입소했다가 치유되고 회복해서 놀라운 변화 능력을 체험하는 분들이 언어와 피부색과 종교를 초월해 늘고 있다는 사실 때문이다. 또한 자립 자활의 의지와 잔존 가능성이 있는 입소자에겐 건강 관리에 주력하여서 사회적 재활의 초석을 마련하도록 직간접으로 적극 지원하고 있기 때문이다.

나는 이곳에서 작은 자를 섬기며 사랑을 실천하는 분들은 이 땅 위의 천사라고 믿어 의심치 않는다. 그 모든 궂은 일 어려움 다 이겨내고 날마다 웰다잉 하우스를 지상 천국으로 만들어 가고 있기 때문이다.

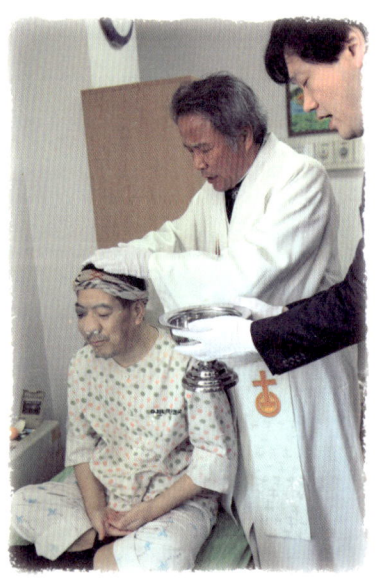

"나에겐 희망이 없어, 난 곧 죽을거야!"라는 절망과 고정 관념이 머리와 가슴을 지배하고 있던 분들이다. 그런데 정말 신기한 것은 짧게는 반년, 길면 3년 이상을 가족처럼 지내다가 천국으로 가시는데, 강요한 일 없고 부탁한 일도 없는데 90%가 세례 받고 신자가 되어 천국 시민으로 영원히 산다.

2017년 1월 1일 SBS TV는 특집 다큐멘터리 마지막날들(Last days in Heaven)을 내보냈다. 다일작은천국의 김휴식 씨와 김병엽 씨 두 사람의 동의를 받아 3년 이상 이분들의 긴긴 기록을 찍어서 보냈는데 김휴식 씨가 임종하는 모습이 마지막 장면인데 웃으며 하늘나라로 가는 모습이다.

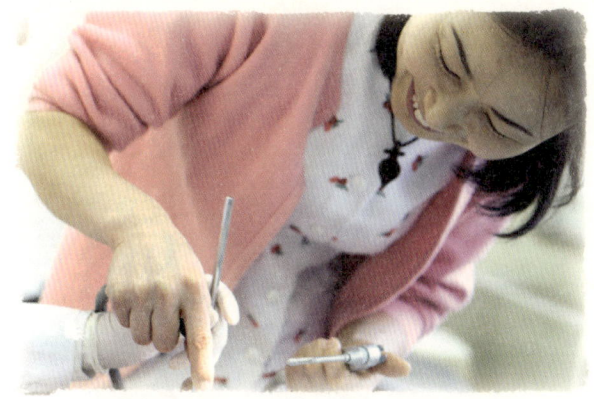

다일천사병원이 개원될 때 많은 의료인들이 자원봉사로 참여하여 환자들에게 큰 감동을 주었다. 하나같이 위의 장지숙 자매처럼 맑은 얼굴과 밝은 미소로 맞이하고 치료했기에 오늘까지 이어질 수 있었다.

정처 없이 떠돌다가 마지막 때에
다일작은천국에 머문 작은 자가 하나님 품에 안기는 날에
가족에게 버림 받고 사회는 거절 했어도
자비와 사랑이 많으신 하나님은 이를 받아 주시나니…

13. 웰다잉을 위한 다일작은천국

## 14
# 평생을 화해와 일치를 위해, 나눔과 섬김으로…

청량리 588 뒷골목에서 시작한 다일교회는 한경직 목사님의 배려로 대광고등학교 시청각실에서 교인 수가 급격하게 불어나면서 중강당에서 대강당으로 옮겨가면서 예배를 드리게 되었다. 이렇게 다일교회가 최초로 학교 강당을 예배당으로 사용하는 교회로 알려지면서 성도 1,000여 명이 모이는 교회로 급성장했다. 교인이 1,000명을 넘어서면서 나는 교인들의 이름과 얼굴을 맞추어 알 수 없게 되었고, 더욱이 교인들의 가정 형편이나 기도 제목들을 세세히 알지 못한 채 담임목사 자리를 지켜가고 있는 나 자신을 발견하게 되었다. 기도 끝에 교회의 본질에서 벗어나는 것 같아 몸집을 줄이기로 교우들과 약속했다. 주민과 함께하는 교회를 꿈꾸며 교회를 분립, 2007년 남양주에 자리 잡은 다일교회는 400~500명이 모이는 지역 교회가 됐다.

"저는 이제부터 다일공동체의 사회봉사 활동과 영성수련에만 전념하고 싶습니다. 일체가 은혜요 감사뿐입니다." 이 말을 남기고 난 55세에 교회의 담임 목사직 은퇴를 결심, 2010년 9월 10일 실행에 옮겼다. 담임 목회 20년 만의 일이었다. 재정 절반 이상을 사회로 환원하는 교회, 6년마다 재신임을 물어야 하는 교회라 교역자들이 많이 몰리진 않았다. 교단이 달랐지만 장로들의 간청으로 김유현 목사를 다일교회 2대 담임으로 모시게 됐다. 다일복지재단 사무국장이던 그가 후임자가 될 줄은 교인들도 김 목사 본인도, 나도 아무도 몰랐다.

"다일교회는 단 한 번도 하늘을 찌를 듯한 예배당과 사람이 구름떼처럼 모이는 것을 목표로 삼은 적이 없습니다. 하지만 서로 사랑하는 일에는 둘째가라면 맙시다. 우리 교회에서는 힘겨루기를 영원히 추방합시다. 형제의 허물을 덮어주고 서로 위로하고 서로 사랑합시다." 후임 목사와 교우들에게 건넨 마지막 부탁이다. 당회에서는 담임 전도사 2년, 담임 목사 20년의 퇴직금을 계산해보니 4,000만 원이 될 것 같다고 말했다. "얼마를 주더라도 전액 헌금해 장학재단을 만드는데 밑거름이 되면 좋겠다"고 했더니 "그러면 4억 원을 드렸다가 4억 원을 되돌려 받아 최일도장학재단을 만들자"고 답해 모두가 크게 웃었다.

퇴직금 전액을 사회봉사와 평화·인권 운동에 뜻을 둔 학생, 교회 갱신과 일치에 뜻을 둔 신학생, 가난한 학생 등에게 써달라며 기증했다. 그랬더니 "그동안 쌓아놓은 게 얼마나 많으면 큰 돈을 그렇게 선뜻 내놓느냐"며 비난과 중상모략하는 소리가 많았다. 억울했지만 난 아무 말도 하지 않았다. 초창기에 칼을 내 목에 들이대며 목숨을 위협

했던 포주와 깡패와 노숙인도 있었고 집단 폭행도 당해봤지만, 그때 보다도 따르던 교우에게 당하는 아픔이 더욱 쓰리고 아팠다. 그때마다 한경직 목사님께서 하신 말씀이 떠올랐다. "억울한 일을 당할 때면 거저 당연하다고! 당연하게 받으시길 바랍네다!"

내 주변에 헌금하는 분들은 부유한 분들도 있었지만, 대부분 넉넉하지 않은 형편에도 근검절약하여 모은 것을 헌금한다. 26년 전 펴낸 책 『밥 짓는 시인 퍼주는 사랑』의 인세가 3억 원이 넘었을 때, 나에겐 300만 원도 없었다. 당시 압구정동 현대아파트 한 채 시세는 1억 8,000만 원이었다. 융자를 좀 안고 사면 아파트 두 채가 생길 뻔했지만 그 인세도 전액 헌금했다. "고민하지 말고 1억 원은 하나님께, 1억 원은 가난한 사람에게, 1억 원은 마누라에게 돌리라"고 아내가 간청했지만, 아무리 생각해봐도 그 돈은 내 것이 아니라는 생각이 들었다.

인세와 퇴직금 전액을 헌금한 것은 결코 자랑이 될 수 없다. 이 땅의 선한 목사님들에게 이와 같이 결단하라 해서도 안 된다. 다만 후배 목회자들이 꼭 지켜줬으면 하는 것이 있다. 사임을 했으면 깨끗하게 사임하자는 것이다. 은퇴 후 6년 만에 7년째 되는 창립기념일에 처음으로 다일교회에 가서 주일 설교를 했다. 후임 목사와 성도들은 큰 행사나 절기 때마다 초청했지만 하나님과 나 자신의 약속이 더 중요했기에 일언지하 거절했다.

한국 교회의 신뢰도가 땅에 떨어진 것에 대한 책임은 누가 뭐래도 목사와 장로에게 있다. 그들부터 모든 기득권을 포기하고 맨 처음 신앙으로 돌아가야 한다. 순수하던 시절의 정신과 영성을 가지고 교회를 교회답게 하지 않으면 개혁을 밤낮 외쳐봐야 울리는 꽹과리에 지나지 않는다.

내세울 것 하나 없는, 참으로 부족한 목사지만 후임 목사와 서로 신뢰하고 존중하며 친밀하게 지내는 것만큼은 어느 누구보다도 앞서고 싶다.

다일교회 2대 담임, 김유현 목사는 신학교도 교단도 다르기에 서로가 후임이 될 것을 상상도 못했다. 당시 복지재단 국장으로 일하는 그를 시무 장로들이 발탁하고 선택하여 공동의회에서 추인 6년이 지난 후 재신임받아 금년까지 12년째 목회하고 약속대로 3대 담임 목사도 동일한 방법대로 모시며 깨끗한 은퇴를 약속했다.

남양주 다일교회

# 제2의 종교 개혁은 가능한가?
## (교회 개혁을 위한 95개 항목의 논제들)

**가) 신앙과 신학의 개혁을 위한 논제들:**

1. 믿음과 삶의 분리에서 통합적 신앙으로

2. 교리와 신조에서 영성적 깨우침으로

3. 반지성주의에서 지성과 신앙의 통합으로

4. 솔라 피데에서 솔라 디아코니아로

5. 위에 계시는 하나님에서 안에 계시는 하나님으로

6. 보수와 진보가 함께 평화로운 교회 개혁으로

7. 내세 신앙에서 현세 신앙으로

8. 단절적 생명론에서 온 생명론으로

9. 세대주의적 종말론에서 생태주의적 종말론으로

10. 영지주의적 이원론에서 창조론적 일원론으로

11. 이데올로기적, 이념적 편파성에 대한 영성적 대안을 위해

12. 신앙과 과학의 갈등이 아닌 통합의 관점에 대하여

13. 값싼 구원과 은혜에서 값비싼 은혜의 신앙으로

14. 십자가에 기대는 신앙에서 십자가를 짊어지는 신앙으로

15. 요새형 신앙에서 천막형 신앙으로

16. 하나님 사랑과 더불어 함께 이웃 사랑으로

17. 기복적 신앙에서 수도적 신앙으로

18. 전투적인 영성에서 피스메이커의 영성으로

19. 넓은 길의 신학에서 좁은 길의 신앙으로

20. 사적인 내면 신앙에서 공동체 신앙의 열린 지평으로

## 나) 교회 공동체와 목회의 개혁을 위한 논제들:

21. 거듭되는 분열에서 화해와 일치를 지향하는 교회로

22. 성직의 계급화에서 만인사제화로

23. 닫힌 수직적 구조에서 열린 수평적 구조로

24. 교회 재정의 바른 운영과 투명한 관리에 대하여

25. 성직자의 정년 연장에서 정년 단축으로

26. 목사와 장로의 세습에 대하여

27. 갈등과 대립을 넘어 소통과 참여를 통해 변혁하는 교회로

28. 모든 이의 모든 것이 되기 위한 공감과 경청하는 교회로

29. 교회 구성원 사이 경쟁과 대립이 상호 신뢰와 존중으로

30. 투명하고 정직한 교회 운영과 재정 구조를 위하여

31. 기도와 실천이 균형 잡힌 교회로

32. 교회 목회에서 마을 목회로

33. 해외의 생활 공동체와 국내의 공동체 간의 교류와 협력으로

34. 교회의 현실 야합에서 예언자적 자세 확립으로

35. 단독 작업에서 공동 작업으로

36. 변혁의 대상으로서 교회에서 변혁의 주체로서 교회로

37. 공동 식탁과 공동체성 회복을 위한 소그룹 활용에 대하여

38. 게토화된 교회에서 거리와 광장에 선 교회로

39. 동질 집단 교회에서 통합 집단 교회로

40. 자폐적 집단 공동체 교회가 아닌 열린 개방적 생활 공동체 교회로

41. 서방 교회 주도에서 동반자적 세계 교회 협력으로

42. 구심적 교회에서 원심적 교회로

43. 개인주의와 개교회주의와 개교단주의에서 공동체성 회복으로

44. 교단과 당파성을 극복한 진정한 에큐메니칼 연합으로

45. 그들만의 리그가 아닌 타자를 위한 교회로

46. 성인의 품성으로 시대의 변혁을 선도하는 프로테스탄트 교회로

47. 시대의 징표를 민감하게 분별하는 교회로

48. 성령의 임재와 활동을 섬세하게 분별하고 동역하는 교회로

49. '세상에서 힘 쎈 교회'에서 '하나님과 친밀한 교회'로

50. 성령의 은사와 함께 성령의 열매를 맺어가는 교회로

## 다) 그리스도인의 예배와 삶의 개혁을 위한 논제들:

51. 설교 중심 예배에서 성만찬과 고백 중심 예배로

52. 세속적 욕망에서 거룩한 비전으로

53. 한국개신교수도원연합회와 수도 운동에 대하여

54. 삶의 자리와 기독교 정체성 견지에 대하여

55. 비대면 시대에 예배 공동체로의 회복에 대하여

56. 거룩한 백성의 생활 규범에 대하여

57. 십일조와 주일 성수와 가정 예배 준수에 대하여

58. 그리스도인의 근검절약의 삶에 대해

59. 채움에서 비움으로

60. '저 높은 곳을 향하여'에서 '저 낮은 곳을 향하여'로

**라) 기독교 선교의 개혁을 위한 논제들:**

61. 기독전문인 기관과 교회연합기관, 그리고 파라 쳐치와의 연대를 향하여

62. 선교의 성취와 결과 지향에서 존재와 성숙 지향으로

63. 선교 단체의 자급, 자전, 자치의 원리 회복에 대하여

64. 해외 선교사의 자립과 사유화 문제에 대한 정화에 대하여

65. 개종을 위한 선교에서 사랑의 실현을 위한 선교로

66. 그리스도인의 소명으로서 직업과 직장생활에 대하여

67. 입술만이 아닌 삶과 행동으로 이어지는 복음과 문화의 통합 선교

68. 교리와 종교 중심 선교와 교육에서 인간관계 중심과 공동체 교육으로

69. 미션 스쿨과 교회 학교의 현실 진단과 대안에 대해서

70. 학교, 병원, 복지관, NGO 등 사회적 공공기관과 동반 성숙을 향하여

**마) 그리스도인의 사회 참여와 봉사의 개혁을 위한 논제들:**

71. 영성과 사회 정의를 함께 아우르는 교회로

72. 섬김과 나눔을 일상에서 실천하는 교회로

73. 배타주의에서 다양성 존중으로

74. 삼위일체 신앙의 사회적 실천을 향하여

75. 교회를 위한 봉사에서 지역 사회를 위한 봉사로

76. 국가 정책의 보조적 사회 복지에서 교회 주체적 사회 복지로

77. 직업 이동과 수평 이동이 심한 사회에서 신앙생활의 정주와 정립은

78. 노인을 배제하는 교회에서 노인을 공경하는 사회로

79. 기득권 수호에서 약자 중심 사회로

80. 환경 보호와 창조 보존 질서에 대하여

81. 인터넷과 스마트폰의 홍수에서 미디어의 올바른 사용에 대해

82. 국가의 억압과 시민의 자발적 질서 유지에 대하여

83. 사회 정의가 훼손되는 곳에서 교회와 성도의 역할에 대하여

84. 한반도의 평화와 통일에 대한 기독교인의 활동에 대하여

85. 직장과 교회의 문화적 일치와 통합을 위하여

86. 가부장적 남성 중심 문화에서 양성평등을 위한 교회의 역할에 대하여

87. 자살과 낙태, 안락사 등 죽음의 문화를 생명 문화로 전환하기 위하여

88. 돈보다 생명의 가치가 존중되는 문화 개혁을 위한 교회의 역할에 대하여

89. 집단이기주의의 경쟁의 경제에서 더불어 사는 공생의 경제로

90. 이윤의 극대화가 아닌 인간의 얼굴을 한 기술 사회로

91. 개인의 자유와 사회적 연대의 균형을 향하여

92. 세대 갈등에서 세대 통합의 사회를 향하여

93. 쾌락적 성 문화를 넘어서 언약에 근거한 성 문화로

94. 창조, 책임, 배려, 공의, 신뢰가 이끄는 살림 문화로

95. 다문화 가정과 문화적 다양성이 존중받는 창조적 열린 사회를 위하여

2017년 10월 31일 종교 개혁 500주년이 되는 날 제2의 종교 개혁 선언문 채택과 아흔 다섯 개의 토론 주제를 뽑아 보았다. 500주년을 기념하는 것만이 아닌 실제로 기성 교회와 교계를 향해 이 논제와 함께 어떤 희생이나 제명 처분을 각오하고서라도 혁명 같은 폭탄 발언을 하려 했으나 우리 자신부터 삶으로 묵묵히 실천해가자는 아내와 정회원들의 목숨을 건 반대로 일단 접고 지금부터 여기부터 작은 것부터 할 수 있는 것부터 나부터 살아가고 있다.

    하지만 내 목숨이 다하기 전 반드시 교회의 교회다움을 위한 위의 아흔 다섯 개 주제는 열린 마당에서 반드시 토론할 것이며 오고 올 다음 세대에게도 "제2의 종교 개혁 가능한가?"를 묻고 또 물어볼 것이다. 개혁 주제로 선정되어야 할 것을 위의 95개조 주제만이 아닌 그 어떤 주제를 가지고 그 누구하고도 토론하여 사회적 담론과 합의에 이르도록 지면과 SNS를 통해 특히 유튜브 최일도TV를 통해, 그리고 무엇보다 언행일치의 삶으로 다일 가족들은 끝없이 교회 갱신과 개혁을 위한 몸부림을 할 것이다.

    "제2의 종교 개혁 가능하다!"고 아내와 공동체 가족들 모두가 새롭게 결단하고 고백할 때 95개의 항목을 토론 후 구체적으로 대안을 제시할 것이다. 우리는 '이렇게 합시다'가 아닌 '나부터 살겠습니다'라는 구체적 실천으로 다음 세대를 위하여 과감히 버릴 것은 버리고 신앙의 본질을, 교회의 본래의 모습을 되찾아 내가 태어나고 자라난 한국 교회, 특히 장로교회부터 교회다운 교회로 거듭나기를 간절히 소원한다.

마르틴 루터가 95개조 반박문을 부치는 그 마음으로
21세기 교회 개혁을 위한 95개 항목의 논제들을 올린다.

교황의 권위보다는 성경의 권위를 더 중요하게 여기며 교회 개혁을 위해서 목숨을 걸었던 개혁가들은 대부분 예수님이라면 어떻게 하셨을까?를 묻고 또 물었을텐데 저마다 생각과 주장은 달랐다. 당시 종교 개혁가들 중에서 주류가 아닌 비주류였던 메노와 후터의 외침이 계속 가슴에 사무치게 들려온다. 그들은 가톨릭으로부터 박해를 받았지만 같은 개신교로부터도 엄청난 고난을 받았다. 500년 전이나 지금도 그들이나 그의 후예들이 우리에게 던지는 질문은 한결 같다. "교회란 무엇인가? 아직도 교회를 다니는 곳으로만 여기는가? 당신 자신이 교회가 될 수는 없는 일인가?"

아내는 내가 사회 운동가나 종교 개혁가의 눈빛을 띠거나 닮아가는 것을 조금도 원하지 않았다. 중보 기도할 때마다 자신은 영성수련 안내하며 꽃집 아줌마로 평생을 살아갈테니 맘씨 좋고 따뜻한 영성 가요 밥집 아저씨로 살아가기를 주님께 간구하였다.

15. 제2의 종교 개혁은 가능한가?

### 꽃의 말씀

더는 물러나지 않아도
더는 나아가지 않아도 좋을 곳에
앉았습니다
두고 온 마을들과
어렵사리 접어온 세월들은
이제 잠잠합니다
내 그윽한
밀실에서는
또 하나의
작은 세계가 태동하고
침묵은 완숙한 가슴으로
나를 감싸 안고 있습니다
무너져도 소리나지 않을 내가 오면
떠나기 위해
죽어서 사는 길로
떠나기 위해
어둠과 빛의 한가운데
앉았습니다
불안과 안정의 한가운데에
앉았습니다

# III부

## 밥이 평화다, 밥이 답이다

"기도하고 일하라  
Ora et Labora"

# 01

# 중국다일공동체와
# 훈춘 다일어린이집

1997년 1월 중국 연변에서 길 잃은 '한 아이'와의 만남으로 세워진 중국다일공동체와 두만강 옆 훈춘시의 '다일어린이집'은 다일의 첫 번째 해외 사역이지만 실제로는 북한 사역의 연장선이라 할 수 있다.

동아일보사에서 펴낸 졸저 '밥 짓는 시인 퍼주는 사랑'은 지금까지 100만부 이상이 팔렸다. 60만부가 팔렸을 때 인세로 받은 3억 원을 전액 헌금했다. 그 중에 1억 5천만 원은 경기도 가평군 설악면에 다일영성생활수련원을 세우는데 사용되었고, 1억 5천만 원은 유진벨 재단에 헌금하여 북한 동포들의 결핵 퇴치를 위해 이동결핵진료차량을 제작하여 북한에 보냈다. 자가발전기를 장착한 차량을 딸려서….

배고픔에 지쳐 먹을 것을 찾아 목숨을 걸고 두만강을 건너는 탈북 아이들을 위해 쌀과 기초물품 주머니 다일생명키트를 만들어 두만강 주변에 놓아두는 사역을 시작했다. 그러나 어떻게 알았는지 중국 훈춘시 민정국의 공식 요청으로 그 일을 계속할 수 없었다. 기도 끝에 우리는 사업 방법을 바꾸었다. 민정국과 합동하여 조선족과 한족의 고아를 돕기 위한 다일어린이집을 설립하기로 합의했다. 당시 훈춘시에서 태어난 고아들은 고아원이 없어 각 마을에 있는 경로당에서 자라고 있었다.

중국다일공동체의 가족이 된 아이들 한 명 한 명의 사연은 처절한 아픔 그 자체였다. 한 명 한 명 다 말할 수는 없지만 어린 나이에 견디기 힘든 상처들을 가슴에 안고 있던 아이들이 훈춘 다일어린이집 가족이 되어 너무도 맑고 밝게 잘 자라 주었다. 공동체 가족들은 지금까지 이 아이들의 가족이 되어 상처를 치유해주고 사랑과 정성으로 만 20년을 함께 살았다.

20년의 세월이 흐르는 동안 19세가 되어 고아원 생활을 마치고 사회로 나온 아이들은 다일 애심회를 기도하며 만들어 사단법인 중국다일공동체를 준비하고 있다. 아직도 대학에 재학 중인 사람도 있고, 성인이 되어 결혼해서 가정을 이루고, 직장을 다니면서 건강한 삶을 살아가고 있음이 너무도 감사하다.

중국다일공동체에서 자란 아들 딸들 중 몇 사람은 제빵사와 각종 자격증을 따서 한국과 캄보디아와 네팔의 다일공동체 일원으로 이제는 다일 가족들의 동역자가 되어 살아가고 있다. 다일의 울타리는 떠났어도 모두가 곳곳에서 각자의 역할을 성실하게 감당해 나가며 살아가고 있음이 주님의 놀라운 은총이다.

20년 넘게 홍보 대사로 활동하고 있는 탤런트 박상원 형제의 후원으로 훈춘 다일어린이집에 박상원도서관을 설립하여 아이들이 다양한 도서를 접하고 꿈도 키울 수 있었다. 계명대학교에서는 계명동산 음악원을 세워 아이들에게 악기를 가르쳐 주었으며, 지역 사회 청소년들에게도 문화, 예술 보급을 위해 최선을 다했다. 지금도 모든 중국의 아이들은 훈춘시 민정국이 월급을 주는 중국 측 원장은 원장님이라 부르지만 한국에서 파송되어 최선을 다해 섬겨온 김학용, 이희준 부부와 김지훈, 이순선 부부는 아이들 모두가 오늘도 엄마와 아버지라고 부르고 있다. 덕분에 나를 큰아버지라고 부르는 70명의 중국 국적의 자녀들은 지금은 대학생과 공무원으로 직장인으로 군인과 경찰로도 중국 대륙 구석구석에서 다일 정신을 실현하며 살아가고 있다.

2017년 8월 28일, 훈춘시 민정국에서 다일어린이집 창립 만 20년을 기념하며 이양식 자리를 마련했다. 훈춘시에서는 그동안의 다일의 수고와 희생에 감사한다며, 우리는 시 측의 협력에 감사하다며 감사패를 서로 주고받는 시간을 가졌다. 19세 미만의 아이들과 헤어지는 것은 눈물 나고 아쉬웠지만 중국 정부가 이제 자국의 고아들을 능동적으로 키워갈 수 있는 때가 되었음에는 감사하며 기쁘게 이양식을 거행했다.

많은 분들이 어떻게 그렇게 흐뭇하게 이양식을 하며 다 넘겨주고 빈손으로 올 수 있느냐 물었다. 그러나 우리는 처음부터 그럴 생각이었기에 마땅하고 옳은 일이라고 여긴다. 지금 여러 나라에 세워진 모든 해외 다일공동체 역시 20년이든지 30년이든지 반드시 50년이 되기 전에, 때가 되면 현지인을 책임자로 정하여 모든 권한을 깨끗이 이양하고 또 다른 사명 실현지로 떠나는 것이 우리들의 목적이고 하나님의 계획이라 믿고 실천하고 있다.

　19세 이상이 되어 이미 중국 사회 여러 곳에 흩어진 우리 자녀들은 한국에 오면 언제나 다일공동체와 큰아버지를 찾는다. 이 자녀들을 위해 여전히 한 가정이 중국에 조용히 남아서 사랑으로 믿음의 자녀들을 돌보고 있다. 천하보다 귀한 한 생명이 부디 아름답게 성장하여 중국인 국적을 가진 사람들에 의하여 다양성 안에서 일치와 일치 안에서 다양성이 존중되는 중국이 되기를 간절히 바라며…

중국 훈춘, 다일어린이집 설립식에서

조준영 교수와 김경호 목사와 함께 방문한 중국 조선족 교회에서

중국 훈춘시에 첫 번째 다일어린이집 개원식이 해외 선교의 첫 걸음이었다.

개원 10주년에는 다일어린이집 식구들이 많이 늘어났다.

설립 20주년을 맞아 중국 정부 시책에 따라 훈춘시 민정국에 다일어린이집을 이양했다. 서로 감사패를 주고 받으며, 이양식을 할 수 있어서 더욱 감사했다. 무엇보다 믿음과 사랑으로 키운 우리 아들들과 딸들이 잘 자라 주어서 눈물겹게 감사했다.

## 02

## 올해를 빛낸 한국인
## 상금 전액 헌금, 베다일 설립

    2002년 6월 30일, 알리안츠생명보험회사로부터 올 해를 빛낸 한국인으로 선정돼 상금 5000만 원을 받았다. 베트남다일공동체를 세우기 위해 전액 헌금했다. 그러자 뜻있는 분들이 베트남다일공동체 설립을 위해 한 마음으로 도와주셨다. 기근과 질병으로 고통받는 이웃들이 있는 곳이라면 어디든지 가겠다는 다짐과 결단으로 시작한 두 번째 해외 분원이 베트남다일공동체(베다일)이다. 사회주의 정부의 통제와 공무원들의 집요한 제재 때문에 말할 수 없이 많은 어려움을 겪어야 했다. 하지만 작은 것부터, 할 수 있는 것부터, 나부터 시작하는 다일의 정신에 따라 호치민의 시립원호병원인 야딘병원과 암병원에서 무상 급식 사업부터 시작했다.

    당시 베트남은 사회주의 체제의 우수성을 강조하기 위해 의료비가 무상이라고 주장했지만 대부분 병원의 시설은 열악했으며 환자들에게 약은 주지만 밥은 제공하지 않았다. 우리는 환자와 보호자를 위한 도시락을 나누는 것으로 주민들과 친밀해졌고, 그 일은 베다일이 시작되는 데 큰 도움이 됐다.

정신지체, 시각, 청각 장애인 등 가장 열악한 환경에서 살고 있는 아픈 영혼들에게 따뜻한 밥과 함께 사랑을 전하며 복음을 전하는 것이 베트남에서의 첫 번째 사역이었다. 2007년부터 빈흥화 지역에서 베트남 적십자사와 함께 장애인과 소외된 이웃을 대상으로 공식적인 밥퍼 사역을 시작했다. 2011년 3월 1일은 베트남 정부로부터 베다일이 국제 NGO로 허락받은 날이다. 많은 우여곡절 끝에 베다일 밥퍼센터가 공식적으로 개원한 그 감격은 잊을 수가 없다.

2013년 4월 12일, 오재학 호치민 총영사님과 교민들이 모두 한마음 한 뜻이 되어 '대·청·밥(대한민국 청소년 밥퍼)' 발대식을 가졌다. 대·청·밥은 교민 2세인 우리 청소년들이 지속적이고 안정적으로 봉사 활동을 통해 대한민국 국민들의 따뜻한 마음을 전하기 위해 결성되었다. 13년 동안 다일이 이 지역의 어려운 주민들을 돌보는 동안 빈흥화 지역은 베트남 적십자 회원들과 주민들의 힘으로 자립할 수 있는 역량을 가지게 되었다. 그래서 밥퍼센터는 더 열악한 도시 빈민촌인 '떤흥 마을'로 이전했다. 그곳에 세워진 다일비전센터 주변에는 온통 쓰레기 더미가 가득 차 있다. 주민 중 무상 급식이 절박한 독거노인, 고아, 시각 장애인, 고엽제 환자부터 섬기기 시작했다.

거리가 너무 멀어 찾아오기 어려운 주민에겐 도시락을 배달해 주고, 집이 없는 이웃에겐 집을 지어드리고, 가난한 아이들에게는 학비를 지원해 주는 등 그들의 급박한 필요를 조금이라도 채워주는데 최선을 다하고 있다.

현재는 현지 간사 바티상 간사와 뚜티남 간사가 섬기고 있다. 캐나다에서 목회를 하다 은퇴하신 이형식 선교사님 내외분이 협동 원장으로 도와주고 계시고 중국 다일어린이집에서 자란 믿음의 아들 리일이 한국의 선린대학에 유학을 와서 제빵학과를 졸업하고 훌륭한 제빵사가 된 후 베트남에서 '빵퍼 사역'을 돕기도 했다. 안타깝고 힘든 점은 베트남 법상 외국인이 자국민에게 먹을 것을 전달해 주는 것은 철저히 금지돼 있다. 그래서 정부와 적십자사와 협력해야만 사역을 진행할 수 있다.

까다로운 절차와 통제로 갈등도 있었지만, 밥퍼와 함께 빵퍼 사역을 진행하면서 장거리에 거주하는 빈민층과 열악한 학교에 간식을 지원하고 있다. 또 미혼모를 대상으로 빵을 만드는 기술을 알려줘 취업 알선을 연계할 계획이다. 이 또한 먹을거리에 관련된 일이니 정부 기관의 협력이 있어야 가능한 사업이다.

사업이 진행되는 중에는 정부 관계자가 반드시 함께 현장에 있어야 한다는 어려움이 있어 당장은 빵 공장에 대한 승인은 보류된 상태다. 때문에 현재 빵퍼 사역이 가능한 지역을 알아보는 것과 함께 우기에 말썽인 낡은 집들을 선정해 보수하거나 새로 짓는 것을 지원하고 있다.

알리안츠생명보험에서 '올해를 빛낸 한국인' 상금으로 받은 5천만 원을 전액 헌금하면서 한국이든지 어디든지 배고프고 아픈 사람들 곁에 함께 있어 참사랑의 나눔을 갖기 위해 베트남다일공동체가 시작되었다.

올해를 빛낸 한국인상 시상식 날 임권택 영화 감독님 부부와 함께

캐나다 다일공동체 원장이며 베트남 다일의 협동 원장인 이형식 목사 내외분과 이애리 자매가 떤흥 마을에 다일 비전 센터를 건립하고 개원식에서 베트남 당국자들과 함께

02. 올해를 빛낸 한국인 상금 전액 헌금, 베다일 설립

## 03

# 캄보디아 빈민촌에서
# 최초로 대학생 탄생

베트남에도 다일고아원을 설립하기 위해 신학교 동창 김덕규 선교사와 한국 음식점에 들어가 상의하다가 매우 헐벗고 굶주린 아이들을 보았다. 이 아이들이 누구냐고 물으니 배고픔을 이기지 못해 매콩강 물살을 타고 목숨을 걸고 내려와 구걸을 하는 캄보디아 빈민촌 아이들이라 했다. 기가 막혔다.

그 길로 무작정 육로를 통해 프놈펜까지 달려가서 베트남보다 훨씬 비참한 상황을 확인하고 왔다. 1975년부터 1979년까지 겪은 내전의 여파로 거리와 도시 곳곳엔 빈민들이 넘쳐났고 특히 매콩강 주변에 수많은 수상 빈민들이 살고 있었다. 한국으로 돌아오자마자 2004년 1월 프놈펜에 지부장을 파견했다. 캄보디아 정부에 캄보디아다일공동체 NGO 등록을 신청하고 프놈펜 빈민촌에서 나눔과 섬김의 사역을 시작했다. 배고픔과 질병으로 고통받는 이웃들을 보니 가슴이 아파 의료진도 파견하기로 결정하고 함께 협력할 의료진을 모집하여 이듬해인 2005년 3월에 의료진 파견 및 다일 치과 클리닉을 운영하였다.

캄보디아는 지금도 강제 철거 이주에 군인과 경찰들을 동원하기도 하고 불을 질러 쫓아내기도 한다. 철거하는 모습을 보면 지금도 울분이 마음속에 불같이 일어나지만, 이른바 킬링필드를 겪은 주민들은 별다른 반항도 못한 채 모두가 말없이 이주하고 만다. 그렇게 2006년 5월 정부의 빈민촌 주민들의 대대적 철거가 시작되었다. 국회의사당 가까이에 자리잡고 있던 빈민들은 시내에서 22km 떨어진 공항 뒤편 프놈펜 언동 마을로 강제 이주를 당했다. 여기 저기 프놈펜 시내에 거주하던 빈민들이 모여들어 금새 이전보다 훨씬 많은 빈민들이 모여사는 프놈펜 방대한 빈민촌이 형성되었다.

캄보디아다일공동체 프놈펜 지부도 철거당한 가난한 이웃들을 따라서 함께 이동했다. 마을에는 희망을 잃어버린 사람들로 가득했다. 매춘, 마약, 도박 등 범죄의 소굴임과 동시에 쓰레기를 뒤지고 구걸을 하지 않고는 살아갈 수 없는 빈민들이 넘쳐났다. 포장도 안 된 길가에 얼기설기 얽힌 집도 아닌 집에서 수백 가구가 살고 있었고, 거리에는 쓰레기가 함부로 널려 있고 고인 물이 썩어서 질퍽질퍽한 길들을 주민들과 아이들이 위험천만하게 돌아다녔다. 그 결과로 피부병과 온갖 상처들로 다일센터를 찾는 사람이 밥을 먹으러 오는 주민들 만큼이나 많았다.

이 빈민촌 마을엔 경찰들조차도 들어오길 꺼려 할 정도로 범죄자들이 많다고들 말했지만 캄보디아다일공동체 가족들은 다일의 녹색 유니폼 조끼 하나를 걸쳐 입고 마을을 누볐다. 마을에서 공동생활을 하면서 그들의 이웃으로 살았다.

몇 년이 지나자 우리들 외에도 다른 NGO들도 들어와 마을의 길 수리나 주거 개선, 교육 등 여러 분야에서 우리와 협력하여 이 비참한 마을을 도왔다. 이렇게 15년 세월을 지내다 보니, 이젠 주민들은 우리들을 '엉까다일'이라 부르며 누구나 곁에 친근하게 다가오는데 빈민들도 많이 줄었고, 길도 생기고 교육을 받는 아이들도 많이 늘어났다.

예전에는 마을 전체가 거대한 빈민촌이었다면 지금은 부익부 빈익빈의 양상을 보인다. 다소 잘 사는 사람들 사이사이에 빈민들이 거주한다. 그래도 5백 가구 정도는 여전히 처절하고 어렵게 살아가고 있다.

프놈펜 언동 마을에 다일공동체를 세운 이후 다일공동체의 구호활동에 감동한 공무원의 귀띔으로 수도 프놈펜에서 북쪽으로 300km 떨어진 씨엠립 톤레삽 호숫가에 언동 마을보다 더 많은 빈민들이 살고 있음을 알게 되었다. 몇 번의 답사와 기도 끝에 2006년 3월 17일, 새로운 분원 씨엠립다일공동체를 세웠다. 십년이 지난 지금은 프놈펜보다 더 커졌고 심지어는 여행사마다 한국인들이 캄보디아에 가면 꼭 보고 와야 할 10가지 중에 하나로 씨엠립다일공동체가 손꼽히고 있다. 프놈펜 언동 마을만큼이나 가난한 지역민들이 일 년의 절반 이상을 물 위에 떠 살아가고 있어서 주거지도 불안정했고 초등학생, 중학생 정도 나이의 학생들이 학교를 가나 싶을 정도로 외국인이 오면 몰려들어 '원 달라!'를 외치거나 관광객을 상대로 사진을 찍어 판매하려고 달려들었다.

그들에게도 밥이 필요했고 교육과 보건 사업이 필요했다. 다일공동체가 늘 그래왔듯이 사역을 할 건물도 없이 노상에서 천막치고 개원예배를 드리고 흙더미 위에 둘러앉아 밥을 나누었다. 이후 교민들과 앙코르 왓트 사찰 유적지를 보러 찾아온 관광객들이 찾아오셔서 지역민과 아동들을 불쌍히 여기는 마음에 이 아이들을 사람답게 키워달라며 캄다일의 후원자가 되었다. 그 중엔 기독교 신자들이 많지만 불교 신자들도 많고 비종교인들도 있다.

그렇게 매일같이 쉼 없이 밥을 나누고 이후에는 빵까지 나누다보니 이젠 밥퍼를 찾아온 많은 아이들이 건강하게 성장해 가는 모습을 눈에 띄게 찾아볼 수 있다. 제대로 먹지 못하던 아이들이 하루 한 끼지만 영양식을 먹고, 비타민 등 영양제까지 먹자 맨 먼저 나타난 것은 피부병이 현저히 줄어들었다는 점이다. 아이들의 피부가 고와지고 살이 오른 데는 깨끗한 식수 공급 또한 큰 몫을 했다. 씨엠립에 자리를 잡자마자 밥퍼와 함께 시작한 일이 바로 깨끗한 물 공급 사업이었다. 지표면에서 깊지 않은 지하수는 대부분 오염되어 있어서 수많은 수인성 질병을 일으켰다. 우리들은 지하 깊숙이 관정을 박아서 물을 끌어올리고 정수기까지 설치해서 양질의 식수와 생활수를 제공했다. 한편 그들에게 할 수 있는 대로 유치원, 도서관 방과 후 학교 등 교육 프로그램을 하나 둘씩 진행하였고 다일 클리닉을 통해 위생 교육과 각종 질병 치료를 통해 건강한 삶을 지켜주었다.

그렇게 10년이 지나니, 처음 밥을 먹던 10살 남짓한 어린이들이 10년 후엔 고등학교를 졸업하고 대학에 가서 꿈을 이루고 싶다고 찾아왔다. 즉시 후원하실 분들을 수소문해 8명의 학생들의 대학등록금을 납부하던 날 다일 가족뿐 아니라, 대학 등록하게 된 8명의 아이들까지 모두 울고 말았다. 그들을 기도하며 키워온 시간들이 주마등처럼 스쳐지나갔다. 대학 진학을 앞두고 꿈에 부푼 학생들은 그들의 찢어지게 가난한 삶 속에서 정말 대학에 진학하게 되었다는 사실이 믿겨지지 않았나 보다.

이후 씨엠립다일공동체는 밥퍼에 이어 빵퍼, 물퍼에 이어 배 지원 사업을 시작했다. 수상 빈민촌 사람들에게 배는 생계 수단이고, 교통 수단이고 등하교길 스쿨버스가 되기도 했다. 최소한의 경비로 보다 많은 배를 공급하기 위해 한 척에 600불이 드는 배를 제작하는 조선소를 우선 세우고, 후원을 받아 배 한 척을 만들 때마다 빈민촌의 가정에 나누어 주었다. 4년 넘게 진행된 배 지원 사업으로 400여 가정에 나뭇배를 보급하게 되었다. 그 결과 그 마을 주민들의 소득이 2배 이상 올라갔고, 많은 아이들이 학교에 다니게 되었다. 구걸하거나 길가에서 뒹굴던 아이들이 공부를 시작하며 또랑또랑해지는 모습을 보며 캄다일의 또 하나의 큰 사역으로 자리잡았다. 꿈퍼가 시작된 것이다. 지금은 이 꿈퍼가 더욱 커져서 주민들과 청소년들에게 큰 감동과 열매를 안겨 주고 있다. 아무 꿈 없이 간신히 끼니를 때우며 살아가는 청소년들에게 비전과 희망을 주는 NGO가 되도록 한다는 주님과의 약속과 주민들과 함께 다진 의지가 실현되고 있음이 너무도 감사하다.

길거리 밥퍼로 시작한 씨엠립다일공동체는 빵퍼와 꿈퍼가 함께 아름답게 진행되고 있다. 그래도 씨엠립의 수천 명, 인근 마을의 수만 명 빈민촌 아이들은 여전히 아직도 배고파 하며 배우고 싶어 한다. 우리가 가야 할 곳과 해야 할 일은 이렇게 많은데 '일자리가 없어서'라는 한국의 젊은이들의 말은 이해가 가면서도 어떤 면에서는 정말 이해하기가 어렵고 안타깝기만 하다.

현재 씨엠립에 있는 캄보디아다일공동체 본부는 석미자 원장 부부가, 프놈펜 지부는 중다일에서 자란 최원삼 지부장이 책임을 맡고 있다. 캄다일 두 분원은 아시아 다일비전센터가 있는 현장답게 훌륭하게 사역을 잘하고 있다. 경기도로부터 제빵기술교육센터 건립 기금을 지원받아 현재 다일기술전문대학이 설립되어 첫 번째 입학생을 받아 교육시키고 있다. 프놈펜엔 제빵사 최원삼이 제2의 '제빵왕 김탁구'를 꿈꾸며 날마다 빵을 굽고 나누고 있는데 조만간 완전 자립과 함께 수익을 남겨 네팔과 아프리카까지 수익금을 보낼 꿈을 꾸고 있다.

캄보디아 프놈펜다일공동체 최원삼 지부장은 중국 국적을 갖고 사는 조선족이지만 다일공동체가 있는 곳이면 어느 나라이건 부르면 가서 제빵사로 평화의 일꾼으로 섬기며 살아가겠다고 결단한 중국다일공동체가 키운 또 하나의 열매다.

캄보디아 씨엠립의 석미자 원장은 가슴으로 낳아 딸처럼 사랑하는 믿음의 자녀이다. 이태리 국적과 캄보디아 국적을 함께 갖고 있는 마틴 형제와 부부가 되어 캄보디아다일공동체를 국제적인 명소로 만들어가고 있다.

캄보디아다일공동체는 중국 훈춘 다일어린이집에서 자라난 믿음의 아들 리일과 최원삼에 이어서 세 번째로 명덕이도 훌륭한 제빵사가 되어 한국인들에게 받은 사랑을 캄보디아 사람들에게 갚고 있었다. 3년 이상 씨엠립에서 자원봉사자로 밀가루를 반죽하고 빵 굽는 봉사를 하고 돌아갔다.

"아가야! 꿈을 갖거라! 네 꿈의
날개를 마음껏 펼쳐 보렴…"

"이제는 슬퍼하지마,
걱정도 하지마.
너희 곁에 하나님이 함께하고
다일이 함께 할 테니까."

"너희들이 자라서 킬링필드를 힐링필
드로 만들며 캄보디아를 굳건히 세우는
인재들이 될거야."

## 04

# 캄보디아 소년 르은이와
# 담 안의 신창원

　씨엠립 다일비전센터 사무실에 한 어머니가 남자 아이를 데리고 찾아왔다. '다일공동체에 가면 살 길이 있어, 치료해 줄거야'라는 말을 듣고 무작정 찾아왔다. 씨엠립에서 한참 떨어진 먼 곳 바탐방에서 찾아온, 심장병 어린이 때문에 엄마도 사색이 되었고 입술이 파랗게 질린 어린이는 엄마 손에 매달려 있었다. 이름이 르은이라고 했다.

　우리는 기도하면서 다각도로 르은이의 치료 가능성을 알아보았다. 병명은 심장 판막증으로 심장 판막에 구멍이 있어서 동맥과 정맥의 피가 섞여서 생기는 증상이었다. 그대로 방치하면 생명을 지킬 수 없는 위험한 상황이었다.

　한국의 다일천사병원 의료진과 사회 복지사들이 나서서 여러 병원에 알아본 결과 서울삼성의료원에서 치료비의 반만 받고 수술해주겠다는 약속을 받아냈다. 소소한 외과 수술과 작은 수술은 다일천사병원에서 하지만 큰 수술은 종합 병원에 맡겨야 했다.

그러나 르은이를 한국에 데리고 와서 병원에 입원 시키는 일도 만만치 않았다. 우여곡절 끝에 르은이와 보호자의 여권을 만들고 비행기 표를 준비해 입국시켰는데 수술을 견뎌낼만한 기초 체력이 모자란다고 하여 보름 이상 체력을 보강시켜 다시 삼성서울병원에 수술을 의뢰했다. 수술 끝나고 마취에서 깨어나질 않았다. 중환자실에 옮기고 깨어나기를 기다리는데 애가 타서 숨도 못 쉴 것 같았다. 다일의 온 가족들과 연락 닿는 모든 후원회원들에게 연락하여 특별 기도를, 공동체 가족들은 화살 기도를 드렸다. 잠을 못자고 기다리는데 드디어 르은이가 깨어났다는 소식이 왔다. 얼마나 기쁘고 감사하던지 주르륵 눈물이 흘러 내렸다.

그 후로도 두 번이나 중환자실을 드나들며 애태우던 르은이가 드디어 퇴원하는 날 다일의 온 가족들이 다 환호했다. 르은이가 치유를 받고 퇴원하기까지 수많은 기도 후원과 치료비를 후원받았다. 그때 캄보디아 빈민촌 소년 르은이를 살린 사람들 중에 연극인 윤석화 홍보 대사와 감옥에 수감 중인 신창원 형제도 있었다.

르은이는 고난도 심장 수술을 다시 받아야 했고 그때 수술비가 너무 모자라 정기회보에 글을 썼는데 20여 년간 편지로만 사연을 주고 받던 담 안에 있던 신창원 형제가 글을 읽자마자 자신이 가지고 있던 영치금 및 모든 물질을 다 보내어 두 번째 수술도 무사히 끝나게 되었다.

수술 후 캄보디아로 돌아가기 전 생명의 은인인 고마운 분을 만나보고 싶다고 하여 특별 면회를 신청했고 그때 나와 윤석화 대사와 몇 사람이 함께 갔는데 둘의 만남이 너무 눈물이 나서 한참을 울고 또 울었다.

퇴원 후에 르은이는 다일천사병원의 한 입원실에서 누나인 킴리와 4개월여 동안 회복의 시간을 가졌다. 심장병에 오래 시달리느라 키도 자라지 못했고 체력도 약했던 르은이가 수술 후에 천사병원에서 지내는 동안 하루가 다르게 몸이 좋아지고 건강을 찾았다. 원기를 찾은 르은이는 병원 1층에서 6층까지 오르내리면서 장난도 치고 이 사람 저 사람을 만나 대화하면서 한국말을 잘도 배웠다. 제법 의사소통이 되자 르은이는 내 집무실까지 찾아와 무릎에 앉아서 재롱을 떨었다.

요양을 마치고 캄보디아로 돌아가기 전날 천사병원과 재단의 전직원들이 한 자리에 모여 기도하고 축복해 주는 시간을 가졌다 이 자리에서 르은이는 언제 배웠는지 겅중겅중 뛰며 싸이의 말춤을 추며 행복하다고 고백하고는 이 곳이 천국이라서 여기를 떠나기 싫다고 하며 끝내 왈칵 눈물을 쏟으며 "감사합니다! 감사합니다!"를 연발했다.

캄보디아로 돌아간 르은이는 병 때문에 지연되었던 공부를 하기 위해 초등학교에 들어갔다. 동급생보다 훨씬 키도 크고 나이도 많은 르은이는 그래도 좋다고 학교를 다녀서 지금은 중학교를 마치고 최원삼 원장 지도를 받으며 제빵 기술을 배우고 있다. 언젠가 창원 씨가 자유의 몸이 되어 나오게 되면 제일 먼저 르은이가 사는 캄보디아 빈민촌에 가서 르은이 사는 집을 직접 수리해주고 싶다고 했다. 살인을 한 사람도 20년 안 되어서 자유의 몸이 되는 사람이 많건만 구속된 지 20년이 지난 창원 씨는 아직도 담안에 갇혀 살고 있음이 마음 아프다. 사랑하는 믿음의 형제 창원 씨와 믿음으로 낳은 자식 르은이는 이제 서로 부자지간이 되어 서로 아버지와 아들로 부르며 아주 진한 부자간의 사랑을 나누고 있는데 창원 씨 석방 운동을 벌여서 이 두 사람이 캄보디아에서 아버지는 나무배와 책상과 걸상을 만들고 그가 가슴으로 낳은 아들 르은이는 빵을 만들어 행복하게 살았으면 소원이 없겠다.

르은이가 한국어 배우는 속도가 늦자 창원 씨가 크메르어를 배우고 있다고 했다. 담 안에 있는 창원 씨와 문화와 언어가 다른 르은이는 지금도 그 모든 벽을 허물고 진정한 사랑이 무엇인지 우리에게 잘 보여주고 있다.

신창원 형제를 면회하러 갈 때 윤석화 홍보 대사와 르은이와 함께

르은이가 창원 형제의 면회를 마치고 캄보디아로 가기 전에 따뜻한 밥을 사주신 국민배우 김혜자 권사님과 함께

## 05

# 첫 외국인 신자
# 네팔 형제가 이룬 꿈

　네팔다일공동체는 한국인에 의하여 세워진 공동체라기보다는 네팔인에 의해서 세워진 공동체라고 해도 지나친 말이 아니다. 현재 네다일 원장인 부번 팀시나 형제는 한국에 외국인 근로자로 와서 일하다가 예수님을 만났다. 청량리역 광장에서 친구를 기다리는데 친구는 약속을 저버리고 나타나지 않았다. 무료하게 길가에 서 있다가 배가 고프던 차에 그는 밥퍼에 단골로 오시는 할아버지 안내를 받아 청량리 무료급식소에서 밥을 얻어먹게 되었다.

　"저 같은 외국 사람도 밥을 주나요?" "당연하지, 이 사람아! 배고픈 사람은 누구든지 아무런 조건 없이 밥을 먹을 수 있는 곳이 밥퍼야!" 그 말에 울컥하여 도대체 이런 무료급식소를 운영하는 단체는 어디일까? 어떤 사람들일까? 궁금하여 물어물어 찾아온 곳이 대광고등학교 강당을 예배당으로 쓰는 다일공동체교회였다.

주일마다 설교를 통해 복음을 듣기 시작한 그는 다일공동체교회의 최초 외국인 신자가 되었다. 그러던 중 그는 근로 계약에 따라 본국으로 돌아갔다. 힌두교를 믿는 브라만 가문의 사람이 기독교 신자가 되었다는 이유로 가족과 친지들로부터 모진 박해를 받았다. 그러나 그는 신앙을 버리지 않고 도리어 예수님을 열심히 전하면서 선교사들을 도왔다. 네팔에서 사역하는 선교사가 한국에 돌아와 이곳 다일교회를 다니던 형제 하나가 이렇게 예수를 신실하게 잘 믿는다는 소식을 전해주었다. 그 즉시 팀시나 형제를 한국에 초청하여 묵안리 다일DTS 훈련원에서 철저한 제자도를 교육받게 했다.

그는 네팔에 있는 동안 결혼했다. 아내까지 전도하여 크리스천이 되게 하였고, 두 자식들까지 데리고 와 온 가족이 다일DTS훈련을 받고 다시 본국으로 파송된 첫 번째 네팔인 선교사가 되었다. 그 아름다운 헌신과 선교의 열매로 인하여 포카라다일공동체 꾸샬 지부장 부부가 두 번째로 다일DTS를 다녀갔고, 세 번째로 포카라다일공동체 원장인 꿀바드르 형제가 다녀갔다. 카트만두다일공동체 주방장 출신으로 신두팔촉 다일고아원 원장이 된 소남 형제와 꾸말 형제 역시 가정을 가진 가장이요, 네다일의 소중한 멤버들인데 훈련을 잘 받고 돌아가 네다일의 귀한 일꾼으로 살아가고 있다.

2008년 1월 11일 카트만두 도시 빈민촌인 마누하르 강변의 고수부지에 천막을 치고 창립 예배를 드린 이후로 오늘까지의 네다일이 걸어온 길은 영화처럼 드라마틱하다. 대나무로 얼기설기 엮어서 밥퍼나눔본부를 지었고, 다음 해 2009년에 외환은행의 후원으로 현재의 비전센터를 콘크리트로 튼튼하게 지었다. 이를 본 영화배우 유지태 형제가 나와 함께 현장을 찾아가 '지태다일유치원'을 건립해 주었다. 2012년부터 대한민국 정부의 코이카 지원 사업으로 대안 학교인 호프스쿨을 시작하여 너무도 가난해서 학교를 가지 못하는 천막촌의 빈민 자녀들과 인도 떠라이 지방에서 올라온 불가촉천민들에게 교복과 학용품을 지원하기 시작하여 기초 교육을 시키고 있다.

다일 대안 학교에 입학하면 3개월까지는 그림 그리기, 율동, 게임 등으로 공부와 거리가 멀었던 아이들에게 흥미를 가지게 했고, 그 이후부터는 위생 교육과 네팔어, 수학, 영어 등을 가르치며 1년 이후에는 정규 학교로 보내고 있는데 네팔 정부로부터 각 나라에서 온 NGO 중 가장 우수한 NGO로 칭찬받기도 했고 네팔국립대학교 사회복지학과 대학원생들의 현지 실습처가 되기도 했다. 또한 사랑의 열매 지원 사업으로 여성 직업 학교를 통하여 네팔 여성들에게 재봉 기술을 가르쳐 대안 생리대를 만들기 시작했다. 네팔의 여학생들과 주부들이 인식 개선 및 위생 교육을 철저히 시키며 대안 생리대 지원 사업이 활성화되어 이제는 캄보디아, 탄자니아, 우간다로 대안 생리대가 보내지고 있다.

2014년 4월 25일부터 두 번째 큰 도시 포카라 빈민촌에 있는 사하라 초등학교 안에 아침 식사를 못하고 굶고 학교에 오는 학생들을 대상으로 빵퍼를 시작했다. 지금까지 평균 매일 300명 아이들에게 날마다 빵을 나누고 있다. 그 외에도 배고픈 사람들이 많은 빈민촌마다 빵을 배달하기 위해 빵 공장을 설치하는 것을 준비하고 있다. 이를 준비하고 있는 쿠샬 형제는 2015년 4월 8일 포카라 다일교회를 헌당하고 어린아이를 포함한 교인 200여 명을 섬기고 있는데 마을 주민 90%가 힌두교 신자인데 매주 감격 속에 예배를 드리는 모습은 지켜보는 것만으로도 은혜가 넘친다.

2015년 4월 25일 네팔의 대지진으로 9000명 이상의 사망자가 발생했다. 그 소식을 들은 우리들은 긴급 구조대를 급히 구성했다. 지진 발생 후 네팔에 들어가는 첫 비행기 KAL을 타고 입국하자마자 우리들은 최대 진앙지인 신두팔촉으로 들어갔다. 대한민국에서 제일 처음 현장에 도착한 구조대로 맨 처음 텐트를 치고 밥부터 시작했다. 이 모습을 본 세계의 많은 NGO들이 깜짝 놀랐다. 다일의 구조대가 카트만두 공항에 도착했을 때 세계 여러 나라에서 온 구조대들이 군인과 경찰들의 안내를 받기 위해 대기 중이었다. 다일공동체는 차량을 준비해온 최홍 원장과 현지인 스텝들과 함께 대기 시간 없이 최대 진앙지인 신두팔촉으로 곧바로 들어갔다. 그래서 지진 현장에 제일 먼저 도착한 NGO는 다일공동체가 되었다.

다일의 긴급 구조대는 더욱이 신실한 현지 스텝들의 안내를 받고 현지인들과의 원활한 소통을 통해 효과적으로 지진 피해 복구를 할 수 있었다. 마을마다 공동 화장실과 무너진 학교를 복원하고 쌀 나누기와 방역 활동, 의료 캠프를 진행하였다. 그 중에서도 우리 NGO만이 할 수 있는 일이라며 무너진 교회를 복원시켜 달라고 눈물로 간구하는 네팔 목사님들을 많이 만났다. 주님의 은혜로 열심히 하다 보니 열 교회의 예배당을 신축 봉헌할 수 있었다. 신두팔촉에만 8개의 무너진 교회를 다시 세웠고, 카트만두와 포카라에 각각 한 교회를 다시 일으켜 세우는 놀라운 역사는 현지 스텝들과 당시 원장인 최홍 목사님이 한마음 한 뜻이 되어 목숨을 걸고 헌신하고 한국과 뉴욕 뉴저지 지역의 한인 교회들과 미 전역의 후원자들의 후원이 있었기에 가능한 일이었다. 몇몇 교회 헌당식은 CBS 현장 취재로 방영되기도 했다.

너빈따러 목사, 우쿠바리 마라나타 교회의 시따람 아짜레 목사, 꼴라띠 마라나타 교회의 평신도 지도자 서리따 자매, 마라나타 교회의 어준 목사, 산믿음 상가촉 교회의 꾸말 목사, 산믿음 꼬다리 교회 조나단 목사, 더두와 마라나타 교회의 평신도 지도자 비놋 형제, 포카라 다일교회 꾸샬 아트레야 목사, 마누하르 다일교회 꿀 따망 목사의 그 맑은 영혼과 순전한 기쁨으로 가득한 눈빛을 영원히 잊을 수 없다.

너빈교회의 거네스 버하드르 커트리 목사, 조띠 니바스 교회의 따러 목사, 이분들과 이분들이 섬기는 교회를 위하여 뜨겁게 기도해 주시고 아낌없이 후원해주신 당시 예장 통합 총회장 정영택 목사와 경주제일교회, K장로, S집사, K집사, K+L부부, 뉴저지 하크네시아 교회, 양자 선교회, 서울 모자이크 교회, 뉴욕 목양교회와 익명의 성도들에게 진심으로 감사, 감사드린다.

2019년 우리들은 한 동네에서만 부모를 잃은 60명의 아이들을 위해 다일고아원을 세워 운영하고 있다. 그 해 4월 2일부터 4월 12일까지 네팔 다일비전트립 중 신두팔촉 강가에 터가 잘 닦여져 있는 곳에 '다일서퍼나 호스텔(다일고아원)'을 완공하여 하나님께 올려 드리는 개원 감사 예배가 감격스럽게 봉헌되었다. 다일서퍼나 호스텔(다일고아원)이 완공되기까지 소망교회 장기수 장로, 시카고의 서병인 장로, 산호세 뉴비젼 교회의 큰 도움을 받았다. 그 외에 여러 교회들과 개인들의 후원이 모아져서 3층짜리 빨간 벽돌 건물을 완공하여 고아들을 돌볼 수 있게 되었기에 도움을 주신 모든 분들과 모든 교회에 감사드린다.

2018년부터 2019년 사이에 2팀의 네팔 목사와 평신도 지도자들이 다일DTS훈련원에서 영성훈련과 제자도 훈련을 받고 돌아갔다. 그 소문이 네팔 전역에 퍼지면서 지금도 영성훈련과 DTS훈련 대기자들이 코로나19가 끝나기만 기다리고 있다.

네팔 대지진 긴급 구호

외국인 노동자로 한국에 왔다가 다일을 만나면서 하나님을 만나고 네팔다일공동체 최초의 원장이 된 부먼 팀시나 목사

카투만두 마누하르 강변에 세워진 다일비전센터는 아이들의 꿈을 키워가는 집.
학교 못 가는 아이들을 위한 호프스쿨은 빈민촌 자녀들을 위한 최고의 대안 학교.

자이머시!
한 끼 밥을 먹기 위해 다일비전센터를 찾아온 어린이들과 먼저 눈높이를 맞추고…

영화배우 유지태 형제가 세워 준 네팔의 지태다일유치원

카투만두 시내 외곽에 있는 다일비전센터는 당시 한국 외환은행의 후원으로 건립되었다.

포카라다일공동체 교회 앞에서 현 쿠샬 원장과 직전 원장 팀시나 목사와 최홍 원장과 함께

## 06

# 자존심 유지비로 세운
# 필리핀다일공동체

　필리핀다일공동체(필다일)는 청량리 밥퍼에서 날마다 식사하는 노숙인들과 무의탁 어르신들이 자존심 유지비로 낸 동전이 모여서 세워진 해외 분원이다. 100원 짜리 동전이 수만 개, 수십만 개, 수백만 개가 모이고 또 모아질 때마다 우리보다 더 어려운 곳에 보내서 보람있게 쓰라고 밥퍼나눔운동본부가 헌금한 동전으로 세운 최초의 해외 분원이라 생각할 때마다 마음이 뭉클해진다.

　아시아 최대 빈민촌 중에 하나인 마닐라 바세코 톤도에서 시작되어 까비떼와 세부에서 빈민 선교 사역을 해왔는데 가는 곳마다 쓰레기더미 옆에서 비참한 삶을 이어가는 빈민촌 아동들과 주민들에게 매일 밥부터 제공하고 의료와 보건 교육과 호프스쿨을 통한 대안 학교 교육을 하고 있다. 특별히 입술과 입천장이 갈라진 채 봉합 수술도 받지 못하고 모두에게 외면당한 채 살아가는 구순 구개열 아동들을 수술하여 인상의 변화가 인생의 변화로 이어지는 Beautiful Change Project가 필리핀 분원에서 시작되어 아시아와 아프리카까지 확산되었다.

필리핀 정부는 도시 정비란 미명하에 부랑자, 마약 중독자, 빈민 등을 강제로 집단 이주시켰다. 이주된 마을 중에 하나인 까비떼에서도 그 끝자락 E. Malia 마을에 다일비전센터를 건립하고 다일유치원과 밥퍼를 통해 아이들에게 매일의 양식과 주민들을 위해 기초 교육을 제공해왔다. 8년간의 사역을 통해 마을 전체가 변하고 아이들이 희망을 가질 원동력을 가지게 된 2017년, 유치원과 밥퍼의 전반적인 운영을 필리핀 현지인 스텝들과 마을에서 자발적으로 구성된 봉사단에게 인계하였다.

그리고 필리핀 내에서 관광지로 유명하지만 또한 전체 섬 중에서 빈민 인구가 가장 많은 섬이기도 한 세부의 수상 빈민촌 까만씨 마을에 또 하나의 분원을 설립하게 되었다.

조금 충격을 주어도 무너져 내릴 듯한 수상 가옥들 사이에 빈민들의 교회요, 원주민들의 부족 회관이요, 배고픈 이들을 위한 밥퍼요, 꿈을 잃은 아이들을 위한 학교로 이용될 까만씨 다일커뮤니티센터를 마을 공동체 구성원들과 우리들이 힘을 모아 증개축했다.

까비떼 필다일도 현지인들의 힘으로 자발적으로 운영되는 것처럼 물질적인 지원으로 운영되기보단 마을 주민들과 특별히 매일 와서 빵을 먹는 아이들의 자원봉사로 매일의 사역이 유지되도록 노력한 결과 실제로도 거의 모든 활동이 빈민촌 주민들과 아이들의 봉사 활동으로 이루어지고 있다.

가장 힘들게 살고 있는 열악한 빈민촌 현장을 찾아다니며 조사하던 중 수상 빈민촌인 까만씨 마을은 말 그대로 너무도 열악한 주거 환경이었다.

마약과 도박에 빠져 지내는 빈민들과 그 속에서 아무 희망 없이 살아가는 어린이들이 많음을 발견하고 가난 중에 가난을 경험하며 필리핀 사람들 사이에서도 소외당한 채 살아가는 필리핀 원주민(LUMAD) 부족과 힘을 합하여 서로가 서로를 살리며 사람답게 살아가도록 노력한 결과 새로운 공동체 마을이 형성되었다. 원주민 부족장과 부족들에게 한국인 중엔 최초로 원주민 부족원 가족으로 받아들여진 류주형 형제는 덕분에 그들 속으로 깊이 들어가게 되었다.

김혜경, 이명현, 한성희 원장에 이어서 류주형, 박설희 젊은 부부가 현지 스텝들 5명과 함께 필다일을 섬겨주던 중 부족 지도자와 부족민들의 힘으로 운영하는 편이 좋을 듯 하여 까만씨다일공동체는 문을 닫았다. 현재는 오랜 세월 우리와 함께 한 까비떼의 현지인 로이다 간사와 자원봉사자들이 그 역할을 충실히 감당하고 있다. 현장에 갈 때 마다 할 일은 이렇게 너무 많은데 정작 일꾼이 부족함을 절실히 통감하고 있다.

마닐라 빈민촌 톤도 바세코에서

필리핀 다일공동체
**마리셀 토레스 시장** **로이다 간사**
(Maricel E. Torres) (Loida Llanes)

세부의 빈민촌 까만씨 마을에서

# 07

# 뷰티풀 체인지 프로젝트(B.C.P)

　마닐라 톤도 바세코 지역, 필리핀 최대의 쓰레기 매립장에도 사람들은 살고 있었다. 어느 나라 그렇듯이 먹고살길 막막한 사람들이 쓰레기 더미 옆에 얼기설기 움막 집을 짓고 하루 종일 쓰레기를 뒤지며 돈이 될만한 무언가를 찾고 있었다. 그 지역 선교사의 안내를 받아 들어선 아시아 최대의 빈민촌이 형성된 열악한 환경 속에서도 뛰어 노는 아이들이 있었다. 꾀죄죄한 옷차림과는 상관 없는 해맑은 웃음을 날리며….

　그런데 쓰레기 더미 위에 올라서자 저 멀리 윗 옷도 걸치지 못한 한 여자 어린이가 쓰레기를 뒤지고 있는 모습이 눈에 들어왔다. 다가가서 왜 아이들과 놀지 않느냐고 묻자 말없이 고개를 돌렸다. 그 순간 나는 그만 놀라서 더 말을 잇지 못했다. 그 여자 아이의 윗입술 가운데가 코까지 갈라진 이른바 언청이, 구순 구개열 장애가 있는 소녀였기 때문이다.

그 아이의 집을 찾아갔다. 앞이빨이 빠진 할머니가 부모 역할을 대신하고 있었다. 아버지는 죽고 아버지가 죽은지 1년도 안 되어 엄마가 그 아이를 버리고 도망가서 할머니가 돌보고 있다고 했다.

얼굴이 저러니 아이들이 놀려대서 애들 축에 끼어 놀지도 못한다며 눈물 흘리는 할머니의 그 야윈 손을 잡고 우리가 고쳐 줄테니 걱정 말라고 했다. 그런데 놀라운 건 그 말을 건네고 불과 한 시간도 안 되었는데 구순 구개열 장애아 3명이 엄마의 손에 잡혀 찾아왔다.
"우리 아이도 고쳐 주세요." "우리 아이도 수술해 주세요!"
엄마들의 눈빛은 애절했다. 나는 물론 그러마 약속하고, 그 지역만 해도 그런 아이들이 많다는 말을 되새기며 하나님께 무릎을 꿇었다.

그날부터 BCP(beautiful change project)가 가동되었다. 우선 그 아이들을 우리 나라에 데리고 오기 위해 여권 만들기가 시작되었다. 그런데 하나같이 호적도 없어서 한국의 다일천사병원에 데리고 와서 수술하기보다 호적 만들고 여권 만들기가 몇 배나 어려웠다. 여권이 다 만들어져 한국으로 데리고 간다는 말에 처음 만난 아이린의 할머니는 막상 겁을 먹고 못 보내겠다고 우겨서 다른 3명과 보호자 한 사람의 비행기 표 준비에 들어갔다.

비행기 값 준비를 위해 기도하던 중 문득 번뜩 좋은 생각이 나서 기도가 끝나자 마자 아시아나 비행기 본사로 전화를 걸었다. 아무도 아는 사람이 없지만 용감하게 사장님을 바꾸어 달라고 했다. 부사장이 전화를 받았다. 통성명 후에 곧바로 "비성수기에 오가는 비행기에 빈 좌석이 더러 있던데, 그 자리에 이토록 처절하게 사는 어린이 몇 명만 태워 주시면 아이들의 인상을 바꾸는 것만이 아닌 인생을 바꾸는 일이 됩니다!"

부사장은 망설임없이 놀랍게도 뜻밖의 대답을 했다.

"대한항공도 있는데 우리에게 먼저 좋은 기회를 주셔서 감사합니다. 당연히 그렇게 하겠습니다. 회사가 안 하면 제 개인 비용으로 꼭 실천하겠습니다."

그 순간 얼마나 감사한지 내 두 눈에서, 그리고 모든 스텝들의 눈에서 눈물이 흘러 내렸다.

일행이 김포공항에 입국하던 날, 우리들은 꽃다발과 두꺼운 겉옷을 준비해 가지고 마중을 나갔다. 그런데 입국 심사장을 통과한 아이들이 모두 카트 뒤에 숨어서 눈치만 보는 주눅 든 모습이 너무도 애처로웠다.

천사병원에 입원시키고 체력 보강을 위해 영양식을 먹이며 수술 날짜를 기다리는데 매일 목욕하고 옷 속에 내복을 입고, 선물 받은 장난감을 가지고 놀며 모든 것을 너무도 신기해 하는 모습에 가슴이 짠했다.

첫 수술은 당시 서울대 치대 학장이던 정필훈 박사 팀이 맡았다. 주중에는 서울대 치과대와 대학 병원에서 근무하고 주로 주말에 천사병원에 와서 수술을 집도했다. 정 박사 팀은 그동안 동남아 일대의 여러 나라를 돌며 수많은 구순 구개열 어린이들을 수술해 주고 있었다. 수술대에 올라 흘리던 아이들의 눈물을 나는 잊을 수 없다. 부모를 떠나 외국에 와서 수술받는 마음이 얼마나 무섭고 힘들었을까!

수술은 대성공이었다. 경험이 많은 정 박사님과 그 팀이 워낙 정성을 다했고 우리들 모두가 간절히 기도했으니까.

수술을 마치고 회복을 기다리는 알미라, 죠엘, 다니엘은 나날이 밝아졌다. 입술이 갈라진 채 밥을 먹을 때도 물을 마실 때도 튀어 나오고 흘러 내리던 것이 멈추고 수술 부위가 점점 회복되어 갔다. 실밥을 떼어 내고 웃는 얼굴 모습이 예뻐지자 아이들은 신바람이 났다. 천사병원 복도를 뛰어 다니다가 거울 앞에 서서 이리 저리 비추어 보고 웃어도 보고 신이 났다.

여러 자원봉사자들이 팀을 짜서 데리고 다니며 아이들에게 맛있는 음식도 사 먹이고 롯데월드 등을 구경시키기도 하고, 옷도 사 입혔다. 아이들은 언제 쓰레기 더미에서 딩굴었냐 싶게 멀끔해졌다. 하루가 다르게 이뻐지고 멋있어지는 아이들이 필리핀으로 돌아갈 날이 가까워오자 자원봉사자들은 그들의 식구마다 따로따로 선물 꾸러미를 준비해서 안겨 주었다.

그들이 돌아가자 수술해 달라고 찾아오는 아이들이 줄을 섰다. 이 소식은 캄보디아에도 퍼져 나갔다. 두번째 팀은 캄보디아 어린이 4명과 겁먹고 첫 수술을 놓친 필리핀의 아이린이 여기까지 와서 받았다.

그들도 치료를 잘 받고 돌아갔다.

그리고 한동안 세월이 흐른 어느 날 우리나라 외교부에서 전화가 왔다. 필리핀 주재 한국 대사관에서 소식이 왔다고 했다. 관광을 마친 한국 관광객이 비행을 기다리던 중에 공항의 출입국 관리가 갑자기 한국 관광객을 향해 "때한민꾹(대한민국)"을 연발해서 눈치 채고 "짜자자 자작" 월드컵 박수로 응수하고는 사연을 물었다고 했다. 그 관리는 본래 반한파였는데, 한국에서 수술을 마치고 귀국한 어린이들이 그의 입국 관리대로 여러 번 통과했는데 얼굴이 여권 사진과 달라서 사연을 물었더니 한결같이 "코리아가 고쳐줬다"고 대답하더란다. 그것도 천사들이 사는 엔젤 호스피텔에서… 그 다음 팀도, 그그 다음 팀도….

아시아에서 수술 받기 위해 다일천사병원으로 온 어린 천사들과 자국에서 수술받은 어린이들이 120명이 넘는다. 그래서 한국에 대한 본인의 생각이 바뀌었다며 "때한민꾹"을 연창했다는 필리핀 반한파 출입국 관리소 직원이 친한파가 되었다는 반가운 소식이 주필리핀 한국 대사관에까지 알려졌다. 외교부 차관이 알고 장관까지 알게 되어 두 분 모두에게 민간 외교를 잘해주어서 고맙다는 인사를 들었다.
그 후로 지금까지 외교부 임직원들은 팀을 나누어서 밥퍼 봉사와 다일천사병원에 자원봉사를 자주 오고 있다.

현재, 까비떼 마을에서

세부의 까만씨 마을에서    바세코 톤도 마을에서

한국의 다일천사병원에 와서 구순 구개열 어린이들이 수술을 받거나 자신의 고국에서 수술받은 아시아 어린이들만 120명이 넘는다. 그리고 우리 천사병원 의료진이 아닌 한국의 의료진에 의해 현지에서 수술받은 어린이들의 숫자는 너무 많아서 알 수가 없다.

## 08

## 텐트 아래에서 시작한 탄자니아다일공동체

오랜 세월 아프리카 대륙에서 나눔을 실천하겠다는 비전을 마음에 품고 기도했다. 적도 아래 땡볕에서 주민들이 하루 종일 돌을 깨는 빈민촌 채석장 마을이 있다는 소식을 접하고 찾아간 곳이 탄자니아의 쿤두치 마을이다.

변창재 선교사 부부를 탄자니아에 파송했다. 내가 그들의 결혼 주례를 맡았는데 결혼식이 파송식을 겸해 진행됐다. '둘이 하나 되는 뜻을 온전히 이루기 위해 어디든지 가오리다'라고 약속했기 때문이다. 2013년 1월 11일 탄자니아다일공동체(탄다일)의 개원 예배를 드리기 위해 갔을 때, 한국 대사님과 코이카 관계자 모두가 똑같이 물었다. "건물은 어디 있나요?" "이 텐트 아래 그늘이 다일의 오피스이고 밥퍼의 주방이며 예배당입니다"라고 망설임 없이 답했다.

캄보디아와 네팔처럼 탄자니아에서도 텐트 하나로 시작했다. 초대 원장에게 최소 3년을 걸어서 빈민 지역을 다니도록 부탁했다. 철저히 낮은 자세로 섬기는 태도를 갖는 것이 먼저이기 때문이다. 탄자니아 정부에 정식으로 NGO 등록을 하고 공식적인 밥퍼나눔운동을 시작하기 전에 500여 명이 밥을 먹었다. 인원이 갈수록 늘어 지금은 800여 명이 탄다일을 통해 밥을 먹고 있다.

쿤두치 마을 주민 70~80%는 무슬림이다. 5인 가족 기준으로 한 달에 미화 50달러에도 못 미치는 수입으로 사는 이들이 대부분이다. 학교에 가지 못하고 돌을 깨거나 남의 집일을 돕는 어린이들이 많다. 이들을 위해 2014년 대안 학교인 '다일호프클래스'를 시작했다. 매년 약 40~50명의 미취학 아동들을 선발해 무상 교육을 하고 있다. 일대일 아동 결연을 맺어 1년 동안 공부시킨 후 이듬해 일반 초등학교로 편입시킨다. 그리고 고등학교 졸업 때까지 지원해준다. 호프클래스를 졸업한 150여 명의 어린이들이 정규적인 학교로 편입해서 꿈을 실현하기 위해 열심히 공부하고 있다. 이 외에도 말라리아 퇴치 사업과 우기에 무너진 흙집을 새로 지어주는 사업 등도 하고 있다.

한미은행과 마이다스아이티 주식회사의 후원으로 청소년들을 위한 직업기술교실, 여성들을 위한 재봉기술교실, 도서관과 방과후교실을 운영하기 위한 다일비전센터를 건립 중이다. 비전센터 건립을 위해 해마다 탄다일을 방문하는 박상원 홍보 대사의 물심양면의 헌신이 큰 힘이 되고 있다. 박 홍보 대사는 다일의 모든 사역지를 다 방문하고 홍보 활동을 벌이고 있다. 그 중에서도 박 홍보 대사는 탄다일을 사랑하여 특별한 헌신을 하고 있어서 감사하다.

탄다일에는 7명의 현지인 스태프가 있다. 켈빈(19세)은 탄다일을 통해 일대일 아동 결연을 맺었던 친구다. 현재 탄다일에서 근로 장학생으로 봉사하고 있다. 이브라(28세)는 축구를 매우 잘해 탄자니아 축구 국가 대표 팀 선수까지 됐으나 벤치만 지켰다. 어린 시절 너무 먹지 못해 덩치가 작아서이다. 탄다일의 초창기 멤버인 그는 이제 없어서는 안 되는 기둥같은 존재다.

아부(19세) 역시 근로 장학생으로 공부하고 있다. 무슬림이었으나 탄다일을 통해 신실한 그리스도인이 됐다. 성경 읽기와 찬양을 생활화한 친구다. 다일공동체 전통에 따라 지난해 사순절에 마태복음 5~7장 산상 수훈을 암송하도록 했는데 아부가 전체 1등을 했다. 오마리(21세)도 탄다일의 아동 결연으로 시작해 지금은 다일호프클래스 보조 교사와 센터의 야간 경비 등으로 봉사하고 있다. 다우디(18세)는 이번 달부터 견습·자원봉사자로 열심히 봉사하고 있다.

호텔의 요리사 출신인 오마리 주방장과 공립 학교 취업을 포기하고 다일호프스쿨에서 아이들의 교육을 맡고 있는 은데시 선생님은 탄다일에 없어서는 안 되는 중요한 스텝이다. 네다일처럼 다섯 명 이상의 현지인과 의사소통이 원활하고 무엇에나 준비된 주님의 일꾼이 되면 탄자니아도 그들에게 맡기고 우리는 그 곳을 떠나 또다시 새로운 곳을 개척하는 것이 목표이다.

한국 청량리에서 시작된 토종 NGO 다일공동체로 하여금 적도 아래 아프리카 쿤두치 마을까지 인도하신 뜻과 섭리를 하나님께 열심히 묻고 말씀에 순명하여 그곳에 다일의 홍보 대사 박상원 형제와 함께 벌써 여섯 번을 다녀왔다. 2020년은 코로나19로 방문하지 못했다.

　코로나가 잠잠해지는대로 일곱 번째 방문 때 쿤두치 채석장 공터에 다일비전센터와 더불어 '다일서번트리더십훈련학교'를 헌당할 계획이다. 지금 내 몸은 청량리에 있지만 마음은 쿤두치에 가 있음을 알아차린다!!^^

"쥬디, 네가 바로 천사야!"

"켈빈, 너는 참으로 귀하고 소중한 아이야! 너를 축복해!"

"요하나, 난 너의 미소와 친절을 평생 잊지않고 널 위해 기도할꺼야, 사랑해!"

하쿠나 마타타! 탄자니아!

20년 넘는 세월 다일을 사랑하는 박상원 홍보 대사는 특별히 탄자니아를 사랑해서 빈민촌 아이들에게 해마다 방문하여 밥을 퍼주고 꿈을 심어주고 있다.

"맛있게 먹고 건강하게 자라서 훌륭한 사람이 되렴."

# 09

# 밥이 평화다, 밥이 답이다, 우간다에서도

 2014년 7월 31일 우간다에 하나밖에 없는 한인교회에서 아프리카 대륙 두 번째 다일공동체 설립 예배 및 개원식이 열렸다.

 다일공동체는 전 세계 어디나 건물 구입은 나중에 한다. 우간다도 자체 건물 없이 시작했다. 박종대 대사와 조장주 한인회 회장, 박영웅 선교사 협의회 회장과 이계안 협력 대사 등 많은 동역자들, 교민들이 축하해주었다.

 개원식의 순서를 맡은 분들이 하나 같이 감동적인 말씀을 하셨다. 개원식부터 감사와 은혜로 차고 넘쳤다. 박상원 홍보 대사는 참석해주신 모든 분들에게 직접 디자인한 티셔츠 한 벌씩을 선물로 나누어 드렸다. 카모챠 빈민촌 아이들에게 그 티셔츠를 선물로 나누고 함께 마당에서 예배를 올려 드리는 것으로 우간다다일공동체(우다일)는 시작되었다.

우간다는 중고등학교까지 무상 의무 교육 정책이 실시되고 있다. 그러나 실제 재정 지원은 등록금 면제에 제한돼 결과적으로 초등 교육 수료율과 중등 교육 진학 비율이 높지 않다. 2013년 초등 교육의 등록율은 91.5%에 달했지만 중등 교육의 등록률은 22.7%에 그쳤다. 초등학교 수료율이 54.2%, 중등학교 수료율은 28.6%였다.

부모의 수입은 한정되어 있는데, 자녀들의 수가 많기 때문에 공립학교에 아이들을 보낼 수밖에 없다. 이마저도 지속적인 교육을 시키지 못하는 상황이다. 우다일은 먼저 음푸무떼 초등학교에서 급식을 시작해 현재는 키티코 초등학교, 키고 초등학교 학생들에게 일용할 양식을 나누고 있다.

이른 등교로 인해 빈 속에 두세 시간을 걸어서 등교하는 아이들. 돈이 없어 밥을 먹지 못하는 아이들에게는 참 힘이 되는 일용할 양식이 된다. 이 급식을 먹이기 위해서라도 부모들은 아이들을 학교에 보낸다. 그래서 다일의 급식은 등교율 상승과 수료율 상승을 크게 끌어올리고 있다. 학생들 중 특히 가정 형편이 어렵거나 에이즈로 부모를 잃고 친척집에서 살아가는 이들을 대상으로 일대일 아동 결연을 실시해 학비와 교복, 식량 지원 등을 하고 있다.

무상 교육인 초등학교조차 다니지 못해 소외되고 방치된 어린이들을 밥퍼센터에서 교육시켜 다시 학교로 보내기 위한 호프클래스를 열었다.

우다일의 2대 원장은 탄자니아다일공동체 원장이던 변창재 선교사가 맡았다. 김혜경 초대 원장의 아들이기도 하다. 모자 세습이지만 이를 비판하는 이는 단 한 사람도 없다. 처절한 아픔의 땅 아프리카, 그중 가난한 나라에서 가난한 마을을 찾아다니던 어머니 선교사의 대를 이어 아들이 헌신하는 모습은 현지 한국 대사와 교민들에게도 큰 감동과 울림이 되었다.

지금부터 18년 전 유엔에서 전 세계 지도자들이 채택한 의제인 '밀레니엄 개발 목표(MDGs)'는 여덟 가지다. 절대 빈곤 및 기아 근절, 보편적 초등 교육 실현, 양성평등 및 여성 능력의 고양, 아동 사망률 감소, 모성 보건 증진, 에이즈 말라리아 등 질병 예방, 지속가능한 환경 확보, 개발을 위한 글로벌 파트너십 구축 등이다.

국내외 다일 가족들이 해외 빈민촌마다 찾아가서 절대 빈곤 퇴치와 기아 근절, 초등 교육 실현을 위해 집중하는 것은 그곳의 아이들이 우리의 희망이라 여기기 때문이다. 그들을 긍휼히 여기시는 하나님 아버지의 마음에 온 마음으로 공감하기 때문이다. 한 영혼이 천하보다 귀하기 때문에 한 사람 한 사람을 인격적으로 돌보고 만나고 있다. 지극히 작은 자 하나에게 하는 일을 주님께 하듯 하면서 언제나 어디서나 한 영혼에게 이 땅에 밥으로 오신 예수님을 밥부터 전하고 있다.

밥 속에 사랑을 담아 나누는 굶주림 퇴치와 교육이 언제나 다일의 시작이다. 현장에 가보면 깨닫게 된다. 밥이 평화다, 밥이 답이다!

어려움 이기고
푸른 꿈 키우며
쑥쑥쑥 크거라

윤석화 홍보 대사가 최고야!

우간다다일공동체 설립 감사 예배에서

아유~ 예뻐라 소중한 아가야!

너를 사랑해, 너를 축복해!

사랑해요, 변용수 선교사님…

오랜 세월 후원하고 있는 아프리카 가족들 그들의 흙집을 새집으로 바꾸어 놓은 윤석화 권사

09. 밥이 평화다, 밥이 답이다, 우간다에서도

2대 원장 변창재, 이현신 부부

하나님, 이 어린이를 축복하소서.

탤런트 박상원 홍보 대사가 직접 디자인하고 준비한 옷을 함께 나누며

# 10

## 미주다일공동체, 애틀랜타 3C를 아시나요?

애틀랜타의 3C를 아시나요?

Coca-Cola, CNN, Community of Dail

물론 우리가 만든 말이다. 나의 라이프 스토리 『밥 짓는 시인 퍼 주는 사랑』이 국내는 물론 미국 글로소리에서까지 절찬리에 팔려 나갈 무렵 애틀랜타의 작은 교회에서 집회 요청이 왔다. 너무 열렬한 요청이어서 바쁜 스케줄을 쪼개어 간신히 애틀랜타 늘푸른장로교회에 집회를 갔다. 전교인 40명인 교회에 800명 가까운 사람들이 모여들어 집회는 대성황리에 마쳤다.

다음 해에는 지난 집회에 손님 접대 때문에 봉사만 하다 집회에 제대로 참석하지 못한 교인들을 위해 또 집회를 요청해서 갔다. 첫 번째 집회 후 40명의 교인이 120명으로 늘었다고 했다. 그 두 집회에 참석

했던 애틀랜타 지역의 평신도 리더들이 모여 미주다일 이사회가 만들어졌고, 이사님들의 뜻과 자발적인 후원이 모아져서 미주다일공동체가 세워졌다.

막상 미국에 NGO를 세우려 하니 뉴욕과 뉴저지에서, LA에서도 도와주며 적극 참여하겠다고 연락이 왔지만 애틀랜타를 선택했다. 애틀랜타는 우리 나라 선교 초창기에 선교사를 파송한 미국 남장로교회의 중심지이며 인권 운동의 대명사가 된 마틴 루터 킹 목사가 활동하던 곳으로 그의 기념교회가 있는 곳이다. 또한 코카콜라 본부와 CNN 본부와 델타(Delta) 본부가 있는 도시이기도 했는데 그때 우리가 모여 애틀랜타의 3대 명물이 되자고 부친 것이 3C였다. 그리고 애틀랜타에서 파송받은 선교사들은 우리 나라의 남부 지역 선교를 맡아 선교의 기초를 튼튼히 다져서 오늘날 한국 교회의 기초를 세우신 분들이다.

남장로교회 파송 선교 팀이 수도권 중심의 선교가 아니라 일부러 지방 선교부터 했듯이 다일공동체도 미국의 수도 워싱톤이나 LA, 뉴욕 같은 대도시가 아니라 남부 지빙 애틀랜타에서 선교의 빚을 갚는 마음으로 미주다일의 첫 발을 애틀랜타 지역에 내디뎠다.

2002년 3월에 조지아주 스와니 시티에 다일홈을 처음 열었다. 개원 예배에 그 지역 후원자들과 늘푸른장로교회 교역자들이 함께 했다. 예배 후에 우리는 라면을 끓여서 카펫 바닥에 신문지를 깔고 나누어 먹었다. "다일은 역시 라면으로 시작하는 공동첸가 봐~ㅎㅎ" 아무런 가재 도구도 준비되지 않을 집에서 시작한 안타까움을 한방에 날리고 초심을 기억하게 돕는 조크였다.

박종원 목사 가족이 초대 원장으로 파송되었고, 이어 김도한 간사가 파송되고 당시 대학 재학 중이던 최산, 이준 형제가 공동체 가족으로 사역을 도왔다.

2006년 김연수 상임이사가 출장 근무를 떠날 때 문서영 주임도 함께 파송되었고 이들은 부임하자마자 고문 변호사로 이강철 변호사를, 비영리 단체 전문 회계사인 웨슬리 윤을 담당 회계사로 지정하고 1:1 아동 결연, 평생 천사(1004만원 후원), 천사 교회, 천사 기업 운동 등을 시작하여 다각적인 후원의 길을 열었다. 이 새로운 후원 방법들을 한국본부로 들어왔고 지금도 주요 후원 활동이 되고 있다.

한국에서 다일영성생활수련을 받고 돌아간 벗님들과 미주다일 이사들과 후원자들의 요청으로 조지아에서 첫 번째 다일영성훈련이 2007년 3월 1일에 열렸다. 2005년부터 프랑스 파리에서 유럽 다일영성수련이 시작되었는데, 미국에서는 왜 영성수련을 하지 않느냐는 질문이 빗발쳤기 때문이었다. 미주 지역 영성수련에는 미국에 살고 있는 교포들과 미국 방문 중인 한국인들, 캐나다 거주 교민들이 참여했고 그 열기가 해가 거듭될수록 뜨거워졌다.

그런데, 미주다일공동체는 NGO, NPO 재단이라서 영성수련 일들은 회계 관리나 담당자 비자 관리 등으로 종교 재단 설립이 필요하게 되었다. 2007년 애틀랜타에 Dail Reteat Center 이름으로 종교 법인도 문을 열었다. 그해 한국의 다일공동체에서 전액 출연하여 종교 재단 원장 사택을 마련했고, P 회장과 조용근 장로, 김성환 장로의 후원금으로 미주다일영성수련원 부지를 매입했지만 2008년 몰아닥친 세계적

경제 위기인 서브프라임 사태로 수련원 건축은 계속 미루어지고 있다.

이렇게 미주 지역 한인 교포들을 위해 시작한 미국다일영성수련은 2018년 5월에 캘리포니아주 북쪽 몬트레이 영락교회에서 산호세, 샌프란시스코 참가자 중심으로 진행된 영성수련까지 17회차 진행되었다. 2020년에 기획한 수련회는 코비드19 여파로 이루어지지 못했다.

현재 조지아주 뉴저지에 본부와 지부가 있고 LA, 시카고, 뉴욕 등 분원이 있어 이곳을 통해 전 세계 다일의 구제 긍휼 사역을 후원하고 있다. 지역 사회 봉사로는 초기에는 애틀랜타 다운타운에 위치한 유니온 미션을 매 주말에 찾아가 점심 식사를 제공했고 이 미주 밥퍼 사역을 애틀랜타 지역 여러 교회의 협력으로 진행되다가 이젠 각 교회들이 독립적으로 수행하게 되었다. 또한 미국 교회인 Cross point Church와 협력하여 추수감사절과 성탄절 부활절에 특식과 선물을 나누고, 한국인 교포 자녀들의 장학 사업과 지역 사회의 어려운 단체들을 자원봉사자들과 돕고 있다. 2019년부터 Cross point Church와 협력하여 Hurt park에서 200여 명의 홈리스들에게 샌드위치 등의 점심을 대접하고 있다. 또한 노숙자들의 취침용 비닐 매트를 짜서 주거나 지역 사회 어려운 사람들을 위해 후원 물품을 받아서 야드 세일도 하고 독거 한인들에게 음식을 배달하기도 한다. 미주다일공동체의 활동이 주정부와 연방 정부에 알려지면서 다일에서 봉사한 소정의 시간에 따라 미국 대통령상도 받을 수 있게 되었다.

미주다일공동체는 북미의 캐나다다일공동체로 확산되었고 토론토에 본부가 있으며 2020년 성탄절에 과테말라다일공동체까지 확장되었다. 미주다일공동체는 특별히 과테말라다일공동체를 책임지고 필요를 공급하고 육성해 나가고 있다.

뷰포드 시청 가까이에 위치한 다일공동체 사무실 건물은 15년 동안 다일 사역의 중심이 되었다.

다일영성수련원 부지의 가건물 (Danielsville)

1단계 영성수련 아름다운 세상 찾기를 진행하며

시카고에서 영성수련을 마치고 김성원 장로, 박종원 목사, 정선희 목사, 최일인 목사, 이숙의 권사, 유 그레이스 원장 등과 함께

10. 미주다일공동체, 애틀랜타 3C를 아시나요?

미국인들과 협력하여 애틀랜타 유니온 미션에서 성탄절 선물을 나누고 있다.

후원 물품을 모아 야드 세일을 하며
어려운 이웃들에게 생필품을 공급한다.

미주다일공동체는 마틴 루터 킹 목사의 인권 운동이 불붙은
애틀랜타에 본부를 두고 LA와 뉴저지와 시카고에 지부가 있는데
언젠가 때가 차면 뉴욕과 워싱턴에서도 다일공동체 모임이
활성화 되리라 믿는다.

미주다일공동체 이사회를 마치고

애틀랜타 CMBC 임원들과 미주다일공동체 이사들과 함께

10. 미주다일공동체, 애틀랜타 3C를 아시나요?

## 11

# 중남미 첫 번째 삶의 자리, 과테말라

    2002년부터 미주 교민들을 중심으로 화해와 일치를 위한 나눔과 섬김을 실천하자고 설립된 미주다일공동체는 설립 20주년을 맞이하기 전에 중·남미에도 다일공동체를 설립하여 주님의 은혜와 하나님의 사랑과 성령의 교통하심을 미주 교민들이 주도적으로, 그리고 본격적으로 실천하기로 하면서 과테말라다일공동체를 시작하기로 결정하였다.

    2019년 미주다일공동체 이사회는 중남미의 첫 번째 사명실현지를 과테말라로 확정했다. 5세 미만 어린이의 절반이 영양실조이며 5세 미만 사망률이 한국에 비해 8배나 높은 나라, 소득 불균형이 심하고 인구의 56%가 빈곤층에 속한 나라가 중앙아메리카 중부에 있는 과테말라이기 때문에 중남미 최초의 사명실현지로 선택한 것이다. 2019년 10월 나와 아내와 미주다일공동체의 뉴저지 지부장 정선희 자매와 과테말라 초대 원장으로 내정된 유성재 자매, 김성권 장로 등이 11번째 다일공동체가 세워질 나라 과테말라를 찾았다. 기도와 고심 끝에 많은 교민들과 선교사들이 모인 수도보다도 변두리를 선택했다. 위성 도시 '치말떼낭고'부터 시작하는 것이 다일의 정신에 부합한다고 여겼다.

이곳의 빈민 선교 사역을 위해 오래 전부터 기도해 오신 분들이 있었음을 현장에 와서야 알게 되었다. 현지인 마놀로 목사님과 안진찬 선교사님과 계용완 선교사님이 동역하고 계신 치말떼낭고 은혜교회가 바로 다일의 첫 번째 동역자가 되었다. 지역 주민 아이들을 위한 방과 후 교실을 운영하며 복음과 빵을 전하고 있는데 거리에서 구두닦이와 좌판상을 하거나 지독히 가난하여 구걸하며 좌절과 탄식 속에 살아가는 청소년들에게 꿈을 주고 싶어 어려운 환경이지만 꾸준히 기도해 온 하나님의 백성들이다. 치말떼낭고 시청 주변에서 하루 5달러도 안 되는 돈을 벌기 위해 변변한 식사도 못하고 공부할 기회도 얻지 못한 빈민촌 청소년들에게 희망의 씨앗이 되기로 마음을 모았다.

새 분원 개원을 위한 비전트립 중에 치말떼낭고 시청 앞 공원에서 땅콩을 파는 소년 에드가를 만났다. 현재 열 살이라는데 새벽부터 오후까지 손수레를 직접 끌고 다니며 땅콩과 견과류를 한 봉지에 1깨찰(약 200원)에 팔고 있었다.

가족에 대해 물었더니 친형제가 10명인데 홀 어머니가 벌어들이는 수입만으론 끼니를 이어갈 수 없어 3년 전인 일곱살 때부터 여기서 손수레를 밀었다며 환하게 웃는다. 3년째 학교 다니고 싶은 꿈만 꾸는 소년이 다일공동체를 만나 이젠 그 꿈을 실현하게 되었다. 이 한 영혼을 위해서라도 과테말라와의 만남을 허락하신 것 같아서 꼬옥 안아 주었다. 이곳에서 구두닦이 소년과 행상하는 소년들이 70~80여 명이고, 학교를 포기한 아이들은 더 많은데 대부분 이 일을 반복하다가 거친 불만을 표출하는 갱단이 되기 싫다고 이야기들을 한다.

이 아이들을 위한 다일공동체를 열어 굶주린 아이들에게 밥도 주고 공부도 가르쳐 주고 꿈을 키우는 일을 기도해오던 중 과테말라다일공동체 초대 원장 유성재 자매가 2020년 12월 19일 과테말라로 다시 들어가 성탄절부터 '치말떼낭고' 시청 홀을 빌려 300명의 아이들과 성탄 축하 예배를 드린 후 복음과 빵을 나누고 있다. 먼저는 치말떼낭고 밥퍼를 통해 거리의 아이들에게 매일 영양가 있고 든든한 식사부터 제공해주고 건강한 삶과 꿈을 키울 수 있도록 검정고시 과정을 준비하는 다일호프스쿨을 열기 위해 기도하며 준비하고 있다.

요즘 이 지역에는 거리마다 흰 깃발이 유난히 많이 나부끼고 있다. 다름이 아니라 배고픔을 호소하며 먹을 것을 구걸하는 신호라고 한다. 코로나19와 자연재해로 고통받고 있는 빈민촌 아이들이 흰 깃발을 흔들거나 집 앞에 걸어 놓고 있는 모습을 보면 저절로 두 손 모아 기도하게 된다.

오, 하나님! 배고픈 아이들이 생존을 위해 걸어 놓은 치말떼낭고의 흰 깃발을 기억해 주세요! 그들에게 사랑이 듬뿍 담긴 밥과 희망이 가득한 꿈을 심어 줄 일꾼들과 후원자가 필요합니다! 미주에 살고 있는 교민들과 우리 주위에 선한 사람들 마음을 움직여주셔서 과테말라 빈민촌 치말떼낭고에 생명의 역사가 샘물처럼 솟아나며 꽃처럼 피어나게 도와주세요! 예수님 이름으로 기도합니다! 아멘!

"내가 너희를 사랑한 것처럼 너희도 서로 사랑하라"는 예수님 말씀으로 과테말라다일공동체를 오픈하며…

치말떼낭고 교회에서 마을의 아이들과 성도들과 함께 과테말라다일공동체의 첫 예배를 드리고…

11. 중남미 첫 번째 삶의 자리, 과테말라

과테말라 첫 번째 선교 정탐에 나선 우리 부부와 김성권, 박운, 김지훈 형제, 그리고 뉴저지다일공동체 지부장 정선희 자매와 과테말라다일공동체 초대 원장 유성재 자매

치말떼낭고 시청 앞에서 만난 구두닦이 소년들과

2021년 성탄절에 첫 번째 밥퍼 후 기쁨을 나누며

# 12

# 꽃심과 밥심

성격이 극과 극인 우리 부부에게도 공통점은 있다. 그 중 대표적인 것이 둘 다 글쓰는 사람이고 글 중에서도 시를 많이 써서 둘 다 학생 시절에 문단에 시인으로 등단한 부부라는 점이다.

아내는 일찍이 대학 졸업하던 해인 1977부터 이듬해 1978년까지 시 전문지인 〈시문학〉에 문덕수 교수와 함동선 교수의 첫 추천과 마지막 추천을 차례로 받아서 어린 나이에 시인으로 공인되었다.

나 역시 결혼 후 장로회신학대학교 신학대학원 졸업반 시절 한국외국어대학교 학장을 지내시며 같이 공부한 영문학자 예영수 박사와 그 당시 학우회장이었던 친구 정성진 목사 덕분에 시집을 출간했다. 그 후 미당 서정주 교수와 함동선 교수의 추천으로 〈한국시〉를 통해 시인으로 등단했다.

이렇게 둘 다 시나 수필 등 이런저런 글들을 쓰다 보니까 자연스럽게 글쟁이 부부로 알려졌는데 서로가 창작에 몰두하여 문장과 어휘와 행간에 빠져있을 때는 각자 방에서 밤을 지새울 때가 많았다. 그때 하도 출출하여 부엌에 나가보면 라면을 끓이기가 일쑤였는데 어떻게 이 새벽까지 글을 쓰냐고 아내가 물으면 늘 나는 "응, 밥심으로"였고 아내는 "난 꽃심으로"라고 대답했다. 꽃향기를 맡으면 힘이 나는 꼬마자동차 붕붕처럼 아내는 화분 하나에 한 송이 꽃에도 코를 킁킁거렸고 꽃집 아줌마가 평생 소원이라 했다. 언젠가는 꽃심이란 제목의 시집을 낼 것이라고 하더니 말대로 이루어졌다.

1995년 하반기에 나의 자전적 에세이 '밥 짓는 시인 퍼주는 사랑'이 초베스트셀러가 되자 독자들은 아내인 김연수 시인의 입장이 담긴 글이 읽고 싶다며 동아일보사에 많은 편지를 보냈다.

자전적 에세이는 적어도 나이 70은 넘어서야 쓸 수 있는 글이라며 좀체로 펜을 들지 않던 아내도 독자들의 빗발치는 독촉에 등 떠밀려 드디어 쓰고야 말았다.

『사랑이 있어도 때로는 눈물겹다』가 밥퍼에 이어 동아일보사에서 나온 아내의 자전적 에세이다. 이 책도 독자들의 열광적인 사랑을 받아서 종로서적과 광화문의 교보문고에서 종합베스트 3위와 4위까지 올라갔다. 그런데 안타깝게도 출간 몇 개월 후 1998년에 IMF가 터졌다. 이 와중에 도서 시장이 교란되고 경제의 흐름이 경색되면서 베스트셀러 행진은 거기서 딱 멈추고 말았다.

그 후 책 잘 만들기로 소문난 도서출판 '마음의 숲'에서 아내의 시선집 『꽃심』과 나의 책 『밥심』이 동시에 출간되었다. 광화문 교보문고에서 부부가 공동 사인회를 열었는데 이렇게 동시에 낸 책 제목이 우리 두 사람의 생애의 상징이자 다일의 큰 축을 이루는 두 사역이기도 하다는 사실을 당시는 몰랐었다.

'밥심'이야 누구나 다일하면 떠올리는 다일의 밥퍼 사역에 닿아 있다는 사실을 금방 알아차릴 터이다. '꽃심'이란 제목은 꽃을 좋아해서 가는 곳마다 꽃을 심고 가꾸는 아내의 시 중에서 꽃을 소재로 쓴 시가 많다보니 저절로 붙여졌다.

그런데 세월이 흐르고 흐르다 보니, 어느새 밥심은 다일공동체의 농업 법인 '시인과 농부'를 세우는데 일조했고, 꽃심은 다일공동체의 꽃차, 꽃식초 생산 업체인 '설곡애'를 만들게 했다.

경기도 가평군 설악면 묵안리의 다일평화의마을이 농촌에 자리 잡고 있어서 농사를 짓다 보니 농업 법인으로 자라나 네팔과 캄보디아와 몽골에서 다일DTS훈련을 받으러 온 외국인 형제자매들은 영성훈련만이 아닌 왠만한 농업 기술 교육을 제대로 이수하고 되돌아가고 있다.

설곡산과 묵안리의 1급 청정 지역의 산과 계곡에서 자라나 피고 지는 꽃들과 우리의 농토에서 무농약으로 재배한 꽃들을 따서 차를 만들어 먹다가 꽃차와 꽃식초를 생산하기까지 이른 셈이다.

'시인과 농부'에서 농약을 사용하지 않고 유기농 거름으로 기른 꽃과 허브, 도라지 등의 뿌리들을 생산하는데 이 재료들로 '설곡애'에서는 꽃차, 잎차, 뿌리차들을 만들고 꽃식초들을 무방부제 무색소, 무농약 원칙으로 정직하게 정성스럽게 만들어 내는 모습을 볼 때마다 감사가 절로 나온다.

이제는 육신의 배고픔 뿐만 아닌 코비드19로 지칠대로 지친 영혼의 허기를 달래줄 하늘 같은 밥심과 한없이 부드럽고 따뜻한 꽃차가 필요한 우리 시대에 우리 부부를 밥심과 꽃심으로 한마음 한 뜻이 되어 일하게 하셨다.

밥심으로 밥을 짓고 설거지하고 일하면서 기도하고, 기도하며 일하고 꽃심으로 아픈 사연 가슴으로 듣고 상처를 싸매주고 함께 웃으며 함께 울면서 마음뿐만 아닌 사상과 영혼의 울림까지도 나눌 수 있는 기회가 주어지길 간구한다.

아내의 꽃심으로 꽃밭을 이룬 묵안리 다일평화의마을

꽃심과 밥심이 만나서 평화를 만들어가는 묵안리다일공동체는
다일제자훈련학교(Disciple Training School)로 쓰이며,
꽃차를 생산하고 교육하는 농업 법인 '시인과 농부'의 노동 기도가 있는 현장이다.

## 13

## 밥 피스메이커 운동

　굶주린 한 사람을 위해 한 그릇의 밥을 퍼드렸던 작은 나눔과 섬김이 올해로 33년이 되었고, 그동안 자원봉사자들과 함께 퍼드린 밥그릇 수만도 5년 전에 1000만 그릇이 넘었다. 하지만 그 숫자보다도 더 놀라운 사실이 있다. 밥 안에 담긴 따뜻한 밥심(心)이 다양성 안에서 일치를, 또 일치 안에서 다양성을 이뤄냈다는 것이다.

　꾸준히 하다 보니 시간이 흐름에 따라 중국, 베트남, 캄보디아, 필리핀, 네팔, 탄자니아, 우간다, 과테말라 등에 이르기까지 널리 밥퍼 나눔운동이 퍼지게 되었다. 미국과 캐나다는 한국과 함께하기 위한 후원 NGO가 생겨났고, 그들은 남미의 과테말라 빈민촌에서 밥을 함께 나누며 예수님이 기뻐하시는 더불어 상생하는 식탁 공동체를 세웠다. 인간이 머리 짜서 계획한 것이 아니다. 하나님께서 계획하시고 친히 이끌어 가시는 일이기에 마땅히 해야 될 일을 했을 뿐 나 스스로는 참으로 무익한 종이라는 고백뿐이다.

많은 분들이 말하길 작은 불꽃 하나가 큰 불을 일으키어 국내외에서 종교와 신념, 언어와 피부색을 뛰어넘어 화해와 일치가 있는 잔칫집을 이루게 했다고 한다지만 난 아직은 잔칫집의 여흥을 즐길 때가 아님을 안다. 지금은 초심으로 한결같이 밥을 지을 때다. 이 글을 읽는 분들을 위해서도 정성껏 밥을 짓고 싶다. 오늘은 5000만 국민들의 마음을 모아 외국의 빈민들은 물론 굶주린 북녘땅 우리 동포들을 살리고, 내일은 통일 조국의 밥심을 모아 기근과 질병으로 고통당하는 지구촌 빈민들을 위해 더 큰 사랑의 물결로 세계로 나아가길 간절히 희망하며 기도한다.

많은 사람들이 전쟁만은 피해야 하고 평화 통일을 염원한다지만 대부분이 체제와 이념의 통일을 먼저 생각한다. 물론 중요하다. 그러나 그보다 먼저 마음의 통일, 영적인 통일이 돼야 한다. 그래야 진정한 화해와 일치가 이뤄진다. 지금 당장 나의 형제가 굶어 죽어가는 판에 먹을 것과 입을 것을 주지 않으면 통일은 헛된 구호에 불과하다.

평화 통일의 원리는 결코 복잡하지 않다. 북한은 오래 전부터 '쌀이 사회주의'라고 외쳤다. '밥이 민주주의다'라고 선언한 우리나라 정치인도 있었다. 남과 북의 공통분모가 바로 '밥'이다. 우리는 어머니가 해주신 따뜻한 밥을 먹고 희망과 용기를 가지게 됐고 사랑을 나누며 실천할 수 있었다. 밥심의 원리는 바로 이것이다.

밥이 평화요, 답이다! 밥부터 나눠야 한다. 이것이 평화 통일로 가는 밥심이요 민심이다. 무모하고 이상주의적인 시도라며 비웃는 사람들도 물론 있지만, 언젠가는 눈물을 흘리며 뿌린 씨앗으로 열매를 거두는 날이 오리라고 나는 믿는다. 남북한의 병사들과 최고 지도자가 함께 밥상에 둘러 앉아 '밥이 평화다'라고 온 세계에 외치며 밥부터 나누자는 것이 밥 피스메이커 운동이다. 휴전선 곳곳에서 밥상 나눔이 이뤄지는 눈물겹게 아름다운 꿈을 나는 포기할 수 없어 2015년 광복절에 판문점에서 제1차 밥 피스메이커 행사를 진행했다. 매년 광복절과 명절이 되면 이 행사를 아무 힘이 없는 사람들, 민초들과 함께 남이 알아주든지 말든지 진행할 예정이다.

서해 바다에서부터 한반도 동쪽 비무장지대 철책선까지 남북한 우리 어머님들이 행주치마 입고 밥상 들고 다니며 "얘들아, 밥부터 같이 나누어 먹자. 밥이 평화다"라고 눈물로 외치며 통일의 바닥을 다지는 운동을 시작해야 한다는 것이 나의 소견이다.

역경의 열매를 통해 만난 국민일보 독자들도 SNS로 만난 친구들과 영성수련 벗님들, 이 글을 읽는 독자분들께서 모두 각자 삶의 자리에서 평화 통일을 위해 간절히 기도하며 이 운동에 동참하기를 희망한다. 후에 한반도에 평화 통일이 이뤄졌을 때 작은 공동체와 이에 동참한 한국 교회가 밥 피스메이커 운동으로 작은 기여를 했다고 하나님이 인정하고 국민들이 기뻐하는 날이 어서 오기를 바라며 오늘도 두 손을 모은다.

밥 피스메이커 고문 및 공동 대표

## "밥이 평화다! 밥부터 나누세!"

`고문`　　박종삼 님　　　　이만열 님　　　　한완상 님

`공동대표`　　조용근 님　　　　장순흥 님　　　　정영택 님

　　김동호 님　　　　임성빈 님　　　　곽수광 님

밥이 평화나! 밥이 답이다!
밥부터 나누세! 밥으로 만드는 평화, 지금부터 여기부터 나부터!
밥 피스메이커 상임대표, 최일도

밥이 평화다. 밥이 답이다. 밥부터 나누세!

평화 통일 그날까지 밥부터 나누세! 리본을 달며…

# 14

# 다일수도원스테이(다.수.스)가 대안이다!

내가 아차산 중턱에 있는 장로회신학대학교에서 공부할 때 아내는 산 아래 있는 광장중학교에서 국어 교사로 근무하고 있었다. 그런데 어느 날 저녁 식탁에서 아내가 다소 비장한 표정으로 중얼거렸다.

"꼭 해내고 말거야!"

"무얼 하고야 말겠다는 겁니까?"

궁금해서 내가 끼어들었다. 그러자 아내는 일사천리로 그날 학교에서 있었던 일을 설명했다.

"글쎄 교감 선생님이 나에게 묻더라고요. '김 선생은 꿈이 뭔가요?'라고요. 그래서 내가 대답했지요. '산 좋고 물 좋고 경관이 수려한 곳에 영성수련센터를 만들고 기도하고 명상하는 사람들을 안내하며 도와주는 겁니다'라고요. 그랬더니 교감 선생님이 갑자기 비아냥거리는 거예요. '하이고, 그야말로 꿈이네! 산 좋고 물 좋은 곳이라?'

그 날 이후 아내는 특별한 기도를 하기 시작했다.

"산 좋고 물 좋고 경관이 수려한 곳에 영성수련원을 세우게 해 주세요."

영성수련원을 위한 아내의 기도는 다일공동체를 시작하기 훨씬 이전부터 자나 깨나 앉으나 서나 한결같았다.

마음에 새겨 두고 하나님께 미리 제출한 아내의 주문서는 하나님의 위대한 결재로 돌아왔다. 그 놀라운 결재는 산 좋고, 물 좋고, 경관이 수려한 경기도 설악면 설곡리의 봉미산 양지 바른 산자락에 자리 잡은 설곡산다일공동체로 응답되었다. 그뿐 아니다. 다일영성수련원과 자연치유센터 뒤로 응답봉에서 능력봉, 그리고 화해봉과 일치봉으로 이어지는 수려한 산이 감싸고 있고 양쪽으로 청정수가 흐르는 계곡이 흐르는 아름다운 산을 주셨는데 이 산을 등지고 앞을 내다보면 유명산과 용문산이 정면으로 바라보이고 구비구비 산등성이 사이 정겨운 산천의 풍경이 펼쳐진다. 그 위로 펼쳐진 하늘에 때론 흰 구름이 피어오르고 때론 안개가 피어오르는 높푸른 하늘이 펼쳐지기도 한다. 이 계곡에 안개라도 피어오르는 날은 저마다 채색 산수화 속의 주인공이 되기도 한다. 1급 청정 지역의 맑은 물과 공기를 보너스로 더 주셔서 하나님은 다일공동체 가족들에게 아낌없이 넉넉하게 선결재해 주셨으니 일체 은혜 감사가 넘친다.

꿈은 하나님을 믿지 않는 사람에게는 그야말로 꿈이고 헛된 야망은 일장춘몽일 수 있지만, 하나님이 주신 꿈은 시간이 지날수록 영롱해지고 선명하게 다가오며 구체적이다. IMF 시절에 하나님은 그 산지를 다일공동체에 맡기셨다. 우리가 들어가서 기존의 건물들을 사용하려고 보니, 물이 새고 난방에 문제가 있어서 보수 공사를 하려고 뜯어보니 골조가 다 싱해서 모두 뜯어내고 새로 지을 수밖에 없었다. 건축비가 부족한 형편에 울며 겨자먹기식으로 지은 건물이라서 반지하 1층 지상 4층 건물을 엘리베이터도 없이 수리 보수하여 어렵사리 지내왔다.

1999년 가평군 설악면 묵안리 자갈만 우굴거리던 콩밭에 알뜰하게 처음 세웠던 다일영성수련원이 화재로 다 소실된 후 다일영성수련을 묵안리에서 설곡산으로 옮겨와 진행했다. 영성수련을 통해 하나님께서 다일에 부어주신 은혜는 참으로 크고도 놀랍기만 했다. 영성수련에서 큰 은혜를 받고 인생의 터닝 포인트를 찾은 벗님들이 다일의 장기 비전 헌금인 평생천사헌금(1004만원)을 300명 이상이 하면서 경내에 아름답게 다일자연치유센터도 세웠다. 이 새 건물에서는 여러 행사도 진행하고, 4층 갈보리 채플에서는 디일공동체 가족들과 다일을 사랑하는 사람들이 주일이면 공동 예배를 드리며 자주 시문학 모임과 각종 세미나와 결혼 예식장으로도 사용되고 있다.

설곡산다일공동체에 하나님께서 특별한 은혜를 부어주신 것은 무엇보다도 다일형제수도원이며 다일수도원스테이(다.수.스)이다. 영성수련원 건물 뒤에 설곡산을 구입할 때부터 있었던 고가 아주 높은 건물을 3층으로 완벽에 가깝게 리모델링해서 형제수도원을 만들었는데, 공동체 전 가족들이 매달려 우리 손으로 직접 1인 1실의 방마다 세면실과 화장실을 따로 만들었고, 식당과 휴게실도 침묵과 사색을 하기에 좋도록 한적하게 거리를 두었다.

형제, 자매 독신수도회는 다일공동체 초창기부터 계획되었고 여러 번 시도했었지만 형제수도회도 자매수도회도 마음과 뜻대로 이루어지질 않았다. 독신수도회의 역사와 전통이 깊지 않은 개신교의 삶의 자리에서 항상 이루지 못한 숙제처럼 남아 있었다.

그런데 2020년 11월 11일에 나를 포함한 4명의 형제들이 다일형제수도회를 재건하고 입회하면서 1년간 매해 유기 서원을 하기로 했다. 하나님 앞에서 역사 앞에서 부끄러움이 없이 철저한 헌신의 삶의 살기 위해 죽는 날까지 이 걸음으로 영성의 길을 걷고 있어 감사할 뿐이다. 코로나19로 많은 사람이 모일 수 없는 이 기막힌 현실에 홀로, 따로 한적한 곳에서 예수님을 깊이 생각하며 수도 생활에 전념할 수 있는 다수스는 우리 시대의 교회 갱신과 내면 치유와 회복을 위한 확실한 대안이다.

형제수도회가 깊은 기도의 삶을 살아가는 가운데 함께 기도하기 위해 찾아오는 형제자매들을 위해 다일수도원스테이를 마련했는데 그 누구도 방해받지 않을 만큼의 소수의 벗님만 받아서 1인 1실, 1인 1식탁의 침묵과 깊은 묵상이 보장된 시간과 공간에서 내가 나를 만나고 자연과 하나님을 만나는 깊은 기도를 할 수 있는 기회를 드리길 소원하고 있다.

아내를 가톨릭 수도원에서 11년간의 수도 생활을 경험하게 하신 하나님의 섭리가 신묘막측하기 그지없다. 다수스를 위해 또한 다일영성수련과 한국개신교수도원연합회를 위해 영적 지도자로 귀하게 쓰임받는 현재의 아내와 다일형제수도회에 헌신된 박종범 안드레아 형제를 바라볼 때마다 그저 감사하고 감탄할 뿐이다.

이미 잘 준비된 아내와 지금 탄자니아 다일에서 원장으로 섬기며 이를 위하여 함께 준비하고 있는 김혜경 목사님이 귀국하여 설곡산에 입산하게 되면 독신 여성들과 재가수도회를 원하는 여성 수도자들을 다일자매수도회 이름으로 받아들여 본격적으로 설곡산다일공동체는 다수스와 함께 새로운 시작을 하게 될 것 같다. 다일수도원스테이, 다.수.스가 확실한 대안이다!

다일형제수도회

아름다운 자연 속에서 전인 치유가 이루어지는 침묵의 성지, 설곡산다일공동체의 사계절

14. 다일수도원스테이(다. 수. 스)가 대안이다!

# 15

# 수직적 영성과
# 수평적 영성의 균형으로

다일(多一)이란 다양성 안에서 일치를 추구하는 영성과 정신을 말한다. 다양한 사람들이 교단과 종교와 문화와 피부색을 초월하여 나사렛 예수의 영성생활과 봉사생활을 추구함으로써 그리스도 안에서 한 몸을 이루고자 하는 신앙의 아름다운 몸부림이다.

다일의 영성수련은 기독교의 전통적 영성수련에 한국적인 신학이 접목이 되었다. 우리 기독교는 2천년의 역사를 갖고 있으며 그 오랜 세월동안 축적된 수련 전통의 맥을 이어나가야 할 의무를 갖고 있다. 다일공동체는 이 뿌리 깊은 기독교 영성의 수련 전통과 한국인과 아시안을 위한 동양 사상이 삶 속에서 자연스럽게 만나서 하나가 됨으로 기독교 영성의 그 풍성하고 아름다운 영적인 유산을 찾아내어 고달픈 현대인의 지친 삶을 위로하고 더 나아가 풍요로운 삶으로 새 출발하도록 돕는 것을 목표로 하였다.

기독교 영성이란 하나님과 끊임없는 교제의 삶을 살아가는 것이며 그리스도를 본받아 닮아가는 것이고, 성령 안에서 끊임없이 열매를 맺어나가는 삶을 말한다. 다일의 영성수련은 삼위일체 하나님을 인격적으로 만나고 일치되어, 그 하나님과 교제하는 삶을 살아갈 뿐만 아니라 삼위일체 하나님을 닮아 삼위일체적 삶을 살아가고자 훈련하는 과정이다.

다일의 영성수련은 내가 1단계 '아름다운 세상 찾기'와 2단계 '작은 예수 살아가기'를, 그리고 아내가 3단계 '하나님과 동행하기'라는 기독교 전통의 영성수련을 인도하고 있다. 1단계 아세찾기는 205기까지 진행되었는데 이와 별도로 유럽에서 7회를, 미국에서 17회를, 동남아에서 2회를 실시하였다. 지금까지 2만여 명에 이르는 사람들이 이 프로그램을 통하여 안아주고, 감싸주고, 닦아주는 아름다운 세상을 향하여 찾아가게 되었고 2단계는 60기, 3단계는 31기로써 영성수련 지도자들을 배출하였다.

### 1) 다일영성수련 1단계 : 아름다운 세상 찾기

1단계 아름다운 세상 찾기 수련 과정은 21개 중요한 테마를 가지고 질문을 던지며 자신을 성찰하는 깊은 영적 우주 여행을 떠난다. 때로는 강사와 참여자가 함께 치열하게 토론함으로써 인간의 내부와 외부를 두껍게 둘러싸고 있는 편견과 오해의 단단한 껍질을 깨고 결국 하나님이 창조하신 진정한 본질적 세계를 발견함으로써 '아하'라고 감탄하고 감격하게 된다. 이 단계에 이르면 오랫동안 가라앉아 있던 마음속의 앙금을 제거하고 깊은 상처까지 치유하며 새로운 세계를 향해 출발할 수 있게 된다.

이 영적 우주 여행은 참여자들로 하여금 모든 생명 있는 것들을 사랑할 수 있는 깨달음과 힘을 얻게 한다. 몸도 마음도 이미 지쳐서 마음 둘 곳을 찾지 못하고 어디든 갈 곳이 떠오르지 않는다면 이 영적 우주 여행부터 참여할 것을 권한다. 아직까지도 나 자신이 누구인가? 깨달을 수 없었고 내가 어디 있는지 어디로 가는지 모른다면 일단 하던 일을 멈추고 이 침묵의 세계로 들어와 도움을 받아야 할 필요가 있다.

이 영적 우주 여행을 하는 동안 참가자들은 자신의 내면으로부터 하나님의 세미한 음성을 듣게 될 것인데 단단히 걸어둔 마음의 빗장을 열고 나와 준비된 여러 인도자를 따라 자신의 마음 깊은 곳으로 한걸음씩 걸어나가다 보면 그 길은 일곱 가지 영롱한 무지개 빛을 반사하는 프리즘처럼 자신을 향한 하나님의 언약의 말씀을 듣게 될 것이다.

우리 각 개인을 향한 하나님의 말씀과 4박 5일간의 침묵으로 말미암아 참가자들은 마침내 변화된 세계에 이르게 된다. 이 영적 우주 여행을 통해 참가자들의 몸과 마음은 옛 사람을 벗어나서 "이전 것은 지나갔으니 보라! 새것이 되었도다"(고전 5:17)라고 선언하게 된다. 과연 이 세상은 아름다운 세상이라고 온몸으로 고백하며 춤추며 노래하게 될 것이다.

이 아세찾기는 20년 이상을 한 달에 한 번 정도 실시되었으며 현재 205기까지 진행되었는데 기독교인 여부에 관계없이 타 종교인이나 무종교라고 밝힌 분들도 심지어는 남녀노소, 빈부귀천 가릴 것 없이 19세 이상은 누구나 아무런 자격 없이 참여할 수 있는 것이 특징이다. 진지하게 영적 세계를 모색하는 사람들은 누구나 참여할 수 있는데, 4박 5일의 일정이 바쁜 직장인들에게 무리가 되는 경우 주말에 '주말아세찾기'라는 이름으로 수련을 갖도록 하고 있다.

주말아세찾기는 주말을 이용하여 2박 3일의 영성수련 과정을 두 차례에 걸쳐 진행한다. '주말아세찾기Ⅰ'에서는 "나는 누구인가"를 중심으로 자신의 정체성을 찾는 테마 여행을 갖는다. '주말아세찾기Ⅱ'에서는 "화가 날 일입니까"를 테마로 나의 내면의 문제를 해결함으로써 새로운 세계로의 여행을 떠나게 된다. 현재 코로나19로 이 모든 수련이 일단 멈춤하고 있는데 다일수도원스테이는 특별한 소수에게만 허락되어 미리 허락받고 참여할 수 있다.

### 2) 다일영성수련 2단계 : 작은 예수 살기

2단계의 영성수련은 1단계에서 아름다운 세상을 찾은 사람들, 하나님이 창조하신 은혜의 세계, 그래서 정죄가 없는 삶을 받아들인 사람들이 참여할 수 있다.

1단계의 아세찾기에서 생각과 느낌의 변화를 경험했다면, 2단계의 작은 예수 살기에서는 행동과 습관의 변화를 구체적으로 훈련하게 된다. 참여자 자신이 예수님처럼 생각하고, 예수님처럼 느끼며, 예수님처럼 행동함으로써 스스로 작은 예수가 되어 온전히 그리스도를 본받아 성령의 열매 맺는 삶을 살아가는 것이 2단계의 목표이다.

2단계의 영성수련 작은 예수 살기는 십자가의 길과 제자도를 예수 '안에서' 예수를 '통해' 예수와 '함께' 추구하는 수련이다. 그래서 이 과정에 참여한 사람들이 서로에게 함께 걸어가는 도반(道伴)이 되도록 돕는다.

이 훈련의 과정은 5박 6일 동안 진행되다가 분주한 현대인들을 위해 역시 4박 5일로 1년에 네 번 정도 진행되고 있다. 주일 저녁에 시작해서 목요일 오전에 마치게 된다.

### 3) 다일영성수련 3단계 : 하나님과 동행하기

**- 기도수련 -**

다일영성수련 1단계, 2단계 참가자들이나 깊은 기도를 원하지만 다일수련에 처음 오는 사람, 다일의 주말 기도수련(2박 3일)을 수료한 사람들이 참가하는 과정이다. 수련자들은 최소 5박 6일의 대침묵 속에서 구약 시대부터 이어져 내려와 기독교 2000년 역사를 관통하는 중요한 기도수련들을 김연수 원장의 안내를 받고 수행한다. 기독교 영성사를 통해 검증되고 영성가들을 통해 전승되어온 다양한 기도수련을 통해 하나님과 만나고 친밀하게 사귀며, 성령 하나님과의 연합으로 나아가는 수련이다.

인도자들은 대침묵과 영적 광야인 독방, 영혼의 지성소에서 하나님과 대화하고 하나님을 친밀하게 만나도록 사랑과 정성으로 안내한다.

예로부터 깊은 영성생활을 하는 사람들은 1년에 주일을 포함하여 최소한 9박 10일 정도 따로 떼어 성별하였다.

이 기간 동안 영성 지도자들을 찾아가 영성생활의 진보와 성숙을 위해 기도 생활을 돌아보고 하나님과 일대 일로 만나는 특별한 시간으로 봉헌하였던 것이다. 이 수련은 본인이 원하면 5박 6일을 9박 10일 이상으로 연장하여 받을 수 있다.

따라서 이 기도수련은 한 번 참가한 사람도 더 깊은 기도로 나아가기 위해 해마다 재수련(재경험)하며 점점 심화시켜 나갈 수 있는데 5박 6일의 시간을 내기 힘든 사람들을 위해 2박 3일 주말 기도수련(I), 주말 기도수련(II)를 나누어 특별히 개인 상담 후 진행하기도 한다.

3단계 수련을 마치고 나면 최소 3개월 과정에서 1년 과정의 다일 DTS훈련을 거쳐 다일공동체 정회원과 영성 지도자로 살아가게 되는데 언제나 어디서나 무엇을 하든지 한 축은 수직적 영성생활로 종말론적 영성을 추구하며 깊은 고독과 침묵 속에서 관상 기도에 힘쓰며, 또 다른 한 축은 수평적 영성생활로 세상 한복판에 소금과 빛이 되어 살아가는 성육화 영성생활이다. 그동안 참으로 감사한 것은 어느 쪽으로 치우침이 없이 두 바퀴의 수레로 여기까지 온 것이며 균형잡힌 영성생활을 추구해온 덕분에 좌로도 우로도 치우침이 없는 바른 믿음 바른 삶을 나름대로 살아갈 수 있었기에 감사드릴 뿐이다.

### 지금 여기에

눈 감고
돌아서도
나 이제
그대 모습을 환히 볼 수 있습니다

말 없이
바라보아도
나 이제
그대 마음의 소리 들을 수 있습니다

아물지 못한 슬픔
가로 막아도
나 이제
애틋한 사랑의 노래 부를 수 있습니다

시련과 아픔
몰려와도
나 이제
눈부신 자유의 노래 부를 수 있습니다

나 이제
그런 사람입니다
지금 여기에 있으면서
여기 아닌데 있는 사람

그래서 여기 아닌데 있지만
언제나 어디서나
지금 여기에 있는
나 이제 그런 사람입니다

# IV부

## 내가 만난 최일도와 다일

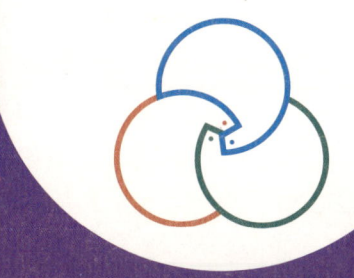

"말씀대로 이루어지이다
Fiat Voluntas Tua"

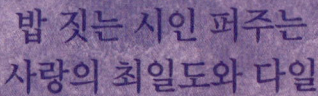

> "밥 짓는 시인 퍼주는
> 사랑의 최일도와 다일"

**강원용 목사**(경동교회 원로 목사, 크리스찬아카데미 설립자)

다시 세상에 태어나 목사가 된다면 나는 최일도 목사처럼 살고 싶고, 밥 짓는 시인처럼 일하고 싶다. 다일공동체는 한국이란 흙탕물 속에 샘물을 공급하는 샘터요, 극도로 오염된 대기 속에 산소를 공급하는 21세기 한국 교회를 새롭게 하는 생활 공동체이기 때문이다.

**옥한흠 목사**(사랑의교회 원로 목사, 한국목회자협의회 대표 회장)

그는 시인으로서 순수한 영혼을 소유한 사람입니다. 뿐만 아니라 언제나 지칠줄 모르는 사람으로 활활 불타고 있는 사람이며, 온 몸으로 사랑을 이야기하는 '광야의 소리'입니다. 이 시대에 예수의 참 제자로서 살아가는 사람을 한 사람 꼽으라면 최일도 목사를 빼놓을 수 없을 것입니다. 『밥 짓는 시인 퍼주는 사랑』이 섬김을 뒷전으로 밀어놓은 한국 교회에 더 많이 읽혀졌으면 좋겠습니다. 탐욕으로 얼룩진 영혼들마다 '밥퍼'를 읽고 말갛게 씻겨지기를…

**정철범 대주교**(대한성공회)

최일도 목사를 생각할 때면 문득 노벨 평화상 수상자인 인도의 테레사 수녀님이 생각난다. 그분은 세상에서 버려진 사람들을 데려다가

씻어주고 먹여주고 돌보아 줌으로써 사람으로서의 존엄성을 되찾아 주는 일에 헌신하였다. 그것이 세상의 많은 사람들의 마음을 크게 움직여 주었고, 하느님의 형상을 되찾아 주는 고귀한 일이 된 것이다. 최 목사가 섬기는 다일공동체는 어쩌면 새 시대를 향한 새로운 모델의 진정한 기독교 교회이다. 다시 말해서 기독교 가르침의 핵심인 하느님의 사랑을 자신을 불사르는 희생과 봉사로 실천하는 예수 공동체이기 때문이다.

### 윤석화(홍보 대사, 연극배우)

이 책을 읽으면서 흘렸던 눈물은 지금까지 그 어떤 눈물보다 값진 것이었습니다. 최일도 목사님과 김연수 사모님이 섬김과 나눔의 삶으로 만들어낸 보석 같은 화해와 일치의 이야기는 또 다른 누군가의 인생에, 그리고 다음 세대에도 아름다운 도전과 희망이 될 것입니다.

### 박상원(홍보 대사, 탤런트)

어느 누구를 만나도 꼭 한 번쯤은 권해주고 싶은 책입니다. 시인 목사의 진솔한 사랑 이야기와 그리스도의 향기로 가득 채워진 한편의 감동 넘치는 인생 드라마보다도 더욱 감동적인 사랑 이야기를 통해 이 세상이 더욱 밥 맛이 나고 살 맛이 나며 따뜻해지기를 바랍니다.

### 박노해 시인(나눔문화연구소)

다일공동체의 밥퍼주는 손길에는 참사랑의 나눔과 눈물어린 정성이 있다. 하심(下心)과 눈물이 담겨 있기에 진정한 생명의 역사가 계속 이어지고 있는 것이다. 저 춥고 낮은 자리에서 함께 기도하고 나누는 영성체의 밥퍼이기에 그 밥상 공동체는 하나가 되고자 하는 우리의 희망인 것이다.

- 밀리언 셀러, '밥퍼' 추천사에서 -

"
밥심으로 만난
최일도와 다일
"

**경향신문**

누군가는 앞치마를 다리고 택시 기사는 남은 음식들을 다른 복지 단체에 운반하고 미용사는 머리를 다듬어주고 있다. 신혼여행을 가는 대신 봉사 활동을 했던 교사 부부는 세 명의 자녀 생일 때도 이곳에 온다.

**국민일보**

모두가 밥이 된 유쾌한 현장이었다. 이날, 사랑이란 말은 공허하지 않았다.

**동아일보**

1988년 청량리역 광장에서 밥 짓는 시인은 "퍼 주는 것이 사랑"이라고 했다. '밥퍼' 봉사의 첫날은 최일도 목사 자신도 기억하지 못하지만 밥 짓는 시인의 밥퍼나눔운동은 이렇게 '밥퍼'라는 이름을 달고 꾸준히 이어져 23년 만인 2011년에 500만 그릇을 넘겼다.

조선일보

다섯 개의 빵과 물고기 두 마리로 5천 명을 먹였다는 성경의 '오병이어' 기적을 되새기게 된다.

중앙일보

"청량리 588 사창가에서 목사 한 명이 주변 부랑인과 가난한 사람들에게 밥을 퍼주고 있다"는 말에 "목사가 밥을 퍼줘? 몇 번 하다 관두는 거 아냐?" 하고 농담처럼 말했다. 그로부터 20여 년이 훨씬 지났다. 최 목사가 퍼 드린 밥그릇이 수백만 개를 넘었다는 얘길 듣고 있다. '밥이 하늘'이라고 하지 않는가. 그는 수백만 개의 하늘을 만든 사람이다.

KBS

"비가 오나 눈이 오나 하루도 거르지 않고 나눈 따뜻한 밥 한 끼는 소외된 이웃들에게 큰 힘이 되어주었습니다. 이렇게 아주 작은 것부터 시작하기만 하면 이처럼 나눔은 어디서든 꽃을 피울 수 있습니다."

MBC

"밥 굶는 사람이 단 한 명이라도 있다면 밥을 짓겠다는 사람들, 작은 것을 드리지만 큰 행복을 가지고 돌아온다는 자원봉사자들에게 500만 그릇은 아직 작은 시작에 불과해 보입니다."

SBS

"밥퍼나눔운동이 500만 그릇 기록을 세운 이면에는 보이지 않은 소중한 기록이 하나 숨어 있습니다. 계층과 직업과 종교를 가리지 않고 밥 짓고 설거지 하는 데 참여한 25만여 명의 자원봉사자들입니다."

- 스테디셀러, '밥심' 추천사에서 -

15대 김대중 대통령과 함께

16대 노무현 대통령과 함께

17대 이명박 대통령과 함께

18대 박근혜 대통령괴 함께

19대 문재인 대통령과 함께

밥퍼나눔운동은
좌로도 우로도 치우치지 않았다.
좌도 우도 더불어 하나되어
실천해야 할 참사랑의 나눔이기에
이 땅에 밥 굶는 이 없을 때까지
함께 할 섬김이기에…

# 01

## 책을 추천하기보다
## 삶을 추천하고 싶어서

- **주선애 박사**(최일도 목사의 스승, 장신대 명예 교수, 전 YWCA회장) -

내 나이가 구십팔 세인데 무슨 글을 쓸 수 있겠습니까? 그러나 사랑하는 믿음의 아들 최 목사에 대해서는 할 말이 참으로 많아서 몇 날 계속해도 다 못할 것입니다만 기억나는대로 이야길 해보겠습니다.

1980년대 어느 날 청량리 588 사창가를 제자인 최일도 목사님과 함께 거닐고 있었습니다. 갑자기 우리 앞에 소금을 뿌리는 아주머니가 나타났습니다. 나는 처음 보고 놀랐습니다만 최 목사는 자주 당한 일이라며 당연하게 받아들이고 있었습니다. 갑작스러운 소금 세례를 받게되어 무슨 영문인지 알지 못했는데 최 목사가 설명하기를 포주와 펨푸 아주머니가 다 그렇지는 않지만 예수쟁이가 지나가면 재수가 없다고 액을 막으려고 하는 수단이라고 했습니다.

숱한 윤락 여성들의 방을 아들 같은 최 목사와 함께 찾아갔고 마음속 깊은 이야기도 나누었습니다. 몸과 마음이 아프다고 호소하는 여인들의 고통을 외면하지 않고 눈물로 기도했던 지난 날들이 스쳐 지나갑니다. 최 목사가 용기있게 헌신적으로 무의탁 노인들과 노숙인들과 직업 여성 등 소외된 이웃들을 보살피는 일을 곁에서 오랜 세월 지켜보며 하나님이 보호해주기만을 30년이 넘도록 지금도 간절히 기도하고 있습니다. 추운 긴긴 겨울에 건물도 없어서 쌍굴다리에서만 만 14년을, 임시 가건물에서 8년을, 오늘까지 33년을 무상 급식에 힘쓰며 500만 그릇이 이미 1000만 그릇이 넘도록 달려왔는데 중단하는 일 없이 한 생명이라도 더 살려 보겠다고 항상 애쓰는 최 목사를 제자지만 친자식처럼 사랑할 수밖에 없었습니다. 몸은 덜덜 떨리고 손도 발도 시렵지만 뜨겁게 나의 마음은 감동이 되었습니다.

1990년대부터 밀어닥친 북한 동포들을 돕고 있을 때에 탈북자들을 아주 낯선 서울에 정착시키기 위해서, 그리고 기독교 성도들의 삶을 먼저 경험하게 하기 위해서 가장 적당한 기독교인의 삶은 어디일까를 찾다가 우리 밥퍼목사님을 소개할 수밖에 없었습니다. 그래서 한 달에 한 번씩은 꼭 청량리 밥퍼나눔운동본부 현장에 20~30명씩 그룹으로 체험 학습을 하기로 프로그램을 짜고 거기에서 밥 못 먹는 사람들 수백 명이, 많을 때는 천 명 이상이 줄을 서서 같이 배급하는 밥을 같이 먹으며 설거지와 청소를 봉사자들과 함께 깨끗이 끝내고는 했습니다.

뿐만 아니라 기독교 최초의 무료 병원인 다일천사병원을 설립할 소액 헌금으로 개미 군단을 모집하는 캠페인을 벌여서 길에서 죽어가는 사람들과 오갈 곳이 없는 외국인 노동자들과 아시아 빈민촌에서 쓰레기 줍던 아이들, 구순 구개열 언청이 아이들을 한국까지 데려와서 수술해주는 의료인들을 모집하여 그들에게 하나님의 사랑을 보여주는 모습은 눈물 아니면 볼 수 없는 아름다운 광경이었습니다.

목사님들을 위시한 직원들과 의료인들 모두가 하나님의 사랑을 체험하게 하고 때로는 거기서 임종을 맞는 사람들을 위해 인간 존엄을 지켜주기 위해 장례 절차를 끝까지 정성다해 집례해주는 구체적인 헌신이 얼마나 고맙고 감사한지 갈때마다 눈물이 났습니다. 우리 탈북 형제자매들에게 직접 하나님의 사랑을 체험하게 하는 은혜의 통로가 되어 주어서 자주 데리고 갈 수밖에 없었습니다. 기독교 최초의 무료 병원인 다일천사병원 강당에서 탈북 형제자매들은 하염없이 눈물을 흘리는 일이 많았습니다. 왜냐하면 두고 온 자식들, 부모들 중에 아픈 환자를 그대로 두고 왔다며 눈물 짓는 것입니다.

최일도 목사와 저는 하나님께로부터 받은 소명이 같아서 그가 하는 일은 모두 내가 하고 싶었던 일이요 제가 할 일을 제자가 대신 해주어서 항상 기도 제목 1호였습니다. 사회적인 약자들 특히 윤락 여성과 소외된 이웃들을 위한 사회봉사의 소명이 같았던 까닭에 늘 함께하기를 원하면서도 그의 바다 현장에 갈 때마다 최 목사의 장신대 선배인 이상양 전도사처럼 너무 과로하다가 일찍 쓰러져 죽을까 봐 노심초사 울며불며 기도한 날들이 참으로 많았습니다.

직접 같이 해외에 있는 다일공동체 분원에는 못가보다가 최일도 목사의 어머니와 내가 한 그룹이 되어 캄보디아와 네팔까지 다녀오는 은총을 입었습니다. 수백 명의 굶주린 빈민촌 아이들을 직접 점심 차려주며 아이들과 눈높이를 같이 하기 위해 무릎을 꿇고 안아주고 나서야 일용할 양식을 나누는 모습을 보고 그의 어머니 현순옥 권사님과 함께 펑펑 울면서 감동하고 감격한 일도 생각이 납니다.

저 역시 최 목사가 하라는 대로 순종했습니다. 땅에 무릎을 꿇고 앉아서 아이들을 섬기는 자세로 무상 배식을 해보았습니다. 무척 땀이 나서 도저히 끝낼 수가 없었습니다. 이렇게 어려운 일을 세계 곳곳에 다니며 선교사들과 봉사자들을 훈련하며 그 더위에 피 같은 땀을 흘리며 고생을 사서 하는 모습에 '정말 주님의 십자가를 지는 것이다'라고 여기며 주님의 사랑을 온몸으로 다시 느꼈고 이런 제자가 있어 선생된 저는 너무도 기뻤고 행복했습니다.

저는 여러분들에게 최 목사의 책을 추천을 하기보다는 최 목사의 삶을 추천합니다. 이 책을 읽더라도 현장에서 그의 삶을 직접 보길 원합니다. 함께 현장에서 듣고 보셔야만 더 세밀하고 은혜로운 하나님 체험을 읽고 볼 수가 있을 것입니다. 그는 남이 하지 못하는 하나님 사랑을 삶으로 전하는 남다른 은사를 받았습니다. 또한 그는 시인이며 동시에 사회 운동가로서 사람을 끌어안고 살리는 일에 동참하도록 하는 매우 선하고 아름다운 능력을 받았습니다. 그의 인품에서 풍기는 온화함과 열정적인 사랑의 실천 현장에 직접 가서 만나본 이들이 감동하는 이유가 분명 있습니다.

하나님께서 이 시대에 꼭 필요한 사명자로 쓰시면서 청량리 588의 골방에서 열방을 향해 나아가게 하시어 한국 이 외에 열나라 스물한 곳의 분원에 이렇게 밥퍼와 꿈퍼를 이루게 하시니 감사할 뿐입니다. 코로나19로 한국 교회가 어렵고 힘든 때에 다일공동체를 소금과 빛이 되게 하신 것도 감사합니다. 장신대가 개교 100주년에 한국 교회를 빛낼 인물 1위로 선정한 이유가 바로 이 때문일 것입니다.

최 목사가 늘 얘기하는 대로 이 땅에 밥 굶는 이 없을 때까지 매번 식사를 나눌 때마다 그의 뜨거운 진지 기도로 믿지 않는 사람까지 변화시키는 하나님의 역사가 지속적으로 이어지길 간구합니다. 교회가 교회답지 못하여 사회까지 실망시키는 현대 교회를 위해서 계획하여 보냄을 받은 최일도 목사이기에 바라기는 믿지 않는 이들까지도 계속 신뢰하고 존경하는 우리 최 목사가 되며 모든 기독교의 지도자들이 섬김과 나눔의 모델로 여길 수 있도록 끝까지 겸손히 사명 잘 감당하기만을 바라며 두 손 모아 기도합니다.

## 02

# 그의 러브 스토리가
# 가장 확실한 백신이 되어

**- 박종삼 박사**(전 월드비전 회장, 현 데일리다일 이사) **-**

　소외되고 굶주린 가난한 이웃들의 갈 길을 밝혀줄 마지막 촛불마저도 꺼져가고 있는 사랑이 메마른 이때에, 밥짓는 시인 최일도 목사는 자신의 온 몸과 마음을 다바쳐 가난한 형제들의 밥이 되었고 사회적 책임을 지고 싶어 하는 시민들의 마중물이 되고 촛불이 되었습니다. 온 세상이 코로나19로 힘겨워하고 있는데 그의 러브 스토리가 가장 확실한 백신이 되어 좌절과 절망을 극복하는 위로와 힘이 되길 빕니다.

　33년이 지난 오늘도 지극히 작은 자들의 생명을 지켜 주고 있는데 누구든지 자신의 작은 밥그릇으로, 텅 비어 있는 가난한 이웃의 생명을 이어주는 밥그릇을 채워주길 원한다면 최일도 목사의 밥그릇과 만날 수 있다고 봅니다. 그렇다면 이 책『밥퍼목사 최일도의 러브 스토리』부터 먼저 만나시길 바랍니다.

이 책에는 대한민국에서 무상 급식의 대명사요 자랑스러운 나눔의 현장이요 사회봉사 활동의 아름다운 모델이 된 밥퍼나눔운동본부의 지극히 작은 씨앗부터 아낌없이 주는 나무가 된 과정을 다 만나볼 수 있습니다. 길바닥에 주저앉아 작은 냄비 하나에 라면을 끓이던 작은 불씨 하나가 큰 불을 일으키어 오래전 이미 1000만 그릇을 돌파하더니 이제는 국제적인 NGO가 되어 놀라운 사랑의 기적과 나눔의 열매들을 맺고 있습니다. 그리고 기독교가 이 땅에 세운 최초의 무료 병원, 다일천사병원의 문도 꼭 열어보시길 바랍니다. 책을 보신 분마다 가난한 이웃과 작은 자를 사랑하는 그의 러브 스토리에 또다시 감동될 것이며 그의 나눔 현장에도 가보시게 되리라고 믿습니다.

오랜 세월 제가 몸담고 일했던 월드비전은 한국 전쟁 직후 미국인들이 중심이 되어 한국의 고아들과 소외된 이웃을 도왔던 단체요 지금은 유엔이 자랑할만한 국제적인 구호 기관이 되었습니다. 하지만 다일공동체는 한국인에 의하여 원조받던 한국에서 시작하여 세계의 빈민촌으로 흩어진 자랑스런 한국의 토종 NGO입니다. 골방에서 열방으로 나아가는 다일과 최일도 목사에게 힘찬 응원의 박수를 보냅니다. 다일이 아무리 하는 일이 많고 커져도 그 시작의 바닥 정신과 추구하는 영성만은 변함없이 작은 자를 사랑하고 작은 것이 아름답다는 진리를 온몸으로 실천하는 NGO가 되길 바랍니다.

# 03

# 생명 존중과 생명 사랑에
# 목숨을 건 사람

- **오성춘 박사**(최일도 목사의 스승, 전 장신대 목회상담학 교수) -

본 훼퍼는 예수님을 '이웃을 위한 존재'라고 했습니다. 예수님은 생명 존중, 생명 사랑을 위해서 생명을 거신 분이었다는 말입니다. 예수님의 탄생, 예수님의 일생, 예수님의 사역, 그리고 예수님의 죽음, 어느 하나도 자신을 위한 것이 없었습니다. 예수님은 오직 양들이 생명을 얻고 더 얻게 하시려고 자기 목숨을 대속물로 주셨습니다. 영으로 우리 안에 오신 예수님을 믿음으로 사는 것은 예수님과 함께 생명 존중, 생명 사랑에 목숨을 거는 것입니다.

최일도 목사는 생명 존중, 생명 사랑에 목숨을 바치신 예수님의 영을 받은 사람입니다. 예수 그리스도의 영이 최 목사 안에서 도구로 사용하여 생명을 존중하고 생명을 사랑하는 일에 예수님과 함께 목숨을 바치게 하였습니다. 그는 영의 눈이 열려 지극히 작은 자 한 사람과 함께 계신 예수님을 보았고, 그의 몸은 예수님의 손과 발이 되어 소자

한 사람을 예수님처럼 섬겼으며, 그의 가슴은 예수님의 사랑으로 가득하여 하나님의 사랑으로 지극히 작은 자 한 사람까지 온 맘 다해 사람을 돌보며 섬기며 사랑하였습니다.

이것은 하나님의 신비입니다. 내가 그를 처음 만난 것은 그가 장로회신학대학교 학부 1학년 신입생 시절부터입니다. 그때 그는 하나님을 사랑하는 열정은 있었으나 겉모습만 그럴 듯 하였습니다. 그는 자기의 열정을 믿었으며 자기의 지혜와 능력을 믿는 세속인이었습니다. 말로는 예수님을 닮은 영성을 추구한다고 하면서도 몸으로는 아닌 것으로 보였습니다. 그런 모습은 학부를 졸업하고 신학대학원을 다니면서도 비슷했습니다.

그런데 어느 날 그는 졸업반 시절에 청량리와 처절한 바닥 현장에서 죽어가는 소자 한 사람을 만났습니다. 그 순간 소자 한 사람을 위해 십자가를 지신 예수 그리스도의 영이 그에게 임하기 시작했습니다. 그리고 그는 세상에서 멸시를 받으며 차별과 천대의 대상인 청량리 사창가의 여인들, 늙고 약하고 아무것도 할 수 없는 무의탁 노인들과 노숙인들을 만나면서 그들에게서 솟아나는 괴로움과 무수한 상처와 역경을 보았습니다. 그들을 보고 함께 아픔을 나누는 동안에 영의 눈이 열리기 시작했습니다.

지극히 작은 자 하나를 천하보다 귀하게 여기시는 예수님의 영, 곧 성령님이 그에게 임하였습니다. 그는 자기의 눈으로 작은 자를 보지 않고 주님의 사랑의 눈으로 그들을 보았습니다. 그는 자기가 무엇을 하는 사람에서 예수님과 함께 성령님의 능력으로 하나님의 사랑을 베푸는 사람으로 변화되기 시작했습니다.

그때부터 최 목사는 독일 유학은 물론 자기의 포부와 미래와 자랑을 다 버렸습니다. 그는 오직 예수님과 함께 소외된 이웃을 위한 존재로 예수님의 지체가 되어 생명 존중과 생명 사랑을 실천하는 그리스도의 종이 되었습니다. 나는 이런 최 목사를 신학교 입학생부터 오늘까지 지켜보면서 '예수 그리스도의 영을 받은 사람이 세상을 아름답게 만드는 주역이 되는구나!'라는 믿음을 재확인했습니다.

성령님이 비둘기 같이 임하여 그 위에 머물 때 가난한 사람들에게 기쁜 소식을 전하고 상한 마음을 싸매어주고, 포로에게 자유를 선포하고, 갇힌 사람에게 석방을 선언하고 주의 은혜의 해를 선포하고 모든 슬퍼하는 사람들을 위로하신 것처럼 최 목사님에게 주 예수 그리스도의 영, 곧 성령님이 임할 때 그는 자기를 뛰어넘어 예수님의 생명 존중, 생명 사랑에 목숨을 건 사람이 되었습니다.

그 이후 최 목사의 삶은 단순히 최 목사의 삶만이 아니라 그에게 임하신 예수 그리스도의 영의 인도를 받는 예수님의 삶이었습니다. 나는 최 목사가 걸어온 고뇌와 시련의 삶을 존중하지만, 거기에 머물지 않고 그를 인도하여 놀라운 생명 존중, 생명 사랑을 이 땅에서 실천하게 하신 성 삼위 하나님을 높이 찬양합니다. 나의 기도는 '최일도 목사가 앞으로도 자기의 열정, 자기의 지혜, 자기 헌신의 삶이 아니라 성령님이 충만하여 성령님의 인도를 받는 예수님의 종으로서의 겸손

하고 온유한 삶을 평생 살게 하소서!'입니다.

    최 목사가 가는 곳에 성령님이 함께하시고, 최 목사가 하는 일이 하나님의 일이 되고 최 목사의 섬김이 예수님의 종으로서의 섬김이 되기를 간절히 기도합니다.

## 04

# 오래 참음으로 여기까지
# 달려온 걸음걸음

- 홍정길 목사(신동아학원 이사장, 남서울은혜교회 원로 목사) -

　제가 대학을 졸업할 때 은사님이신 안병욱 교수님께서 이런 삶의 지침을 주셨습니다. "어떤 일을 붙잡으면 10년을 정진하게, 그러면 그 분야의 전문가가 될 것이네. 신생 대한민국은 전문가가 없는데 이것이 가장 긴요하다고 나는 생각하네. 무슨 일이든지 전문성이 확보되면 귀하게 쓰임받는 인생이 될 것임을 믿네."

　이 말씀이 귀한 지침이 되었습니다. 그래서 무슨 일이든지 하나를 하면, 세월 속에서 커져가는 기적들을 보면서 일하는 특권과 축복을 누렸습니다. 좋은 생각, 좋은 뜻, 그것을 계승하고 똑같은 일을 반복하면서도 지루함을 느끼지 않고 나갈 수 있으려면 일 자체에 대한 낭만적인 생각뿐만 아니라 끊임없는 헌신과 노력, 그리고 눈물이 필요합니다.

최일도 형제가 했던 '밥퍼' 역사는 한국 기독교에 있어서 매우 특별한 모습을 갖추고 있습니다. 어느 한 교회가 한 것도 아니고, 필요에 의해 심긴 작은 씨앗 하나가 한국의 뜻있는 사람들의 마음을 무려 33년간을 모으고 모아서 여기까지 인도해 왔습니다.

  이 일을 행하면서 유명세와 칭찬과 인정과 함께 구설수와 여러 비난과 모함도 있었습니다. 좋은 일인 것만큼 비례해서 시기와 오해도 커졌을 것입니다. 그 모든 어려움은 '네가 그 일을 하는데, 정말 주님을 향한 사심 없는 헌신이냐?'는 질문이었을 것입니다.

  오래 참음으로 여기까지 달려온 그 걸음걸음을 담은 이 책 『밥퍼목사 최일도의 러브 스토리』는 마음에 큰 감동을 주는 사건들로 충만히 채워졌습니다. 그리고 그 사건 속에 담긴 감사와 감격은 깊이가 있는 감동을 더합니다.

  이 책을 많은 사람이 읽고 나누어서 사막처럼 삭막한 이기주의로 변해버린 이 시대 사람들의 마음 밭에 참사랑을 실천하는 생수가 되어 마음을 기름지게 하는 축복의 자양분이 되기를 간절히 기대합니다. 그리고 최일도 형제의 노고에 진심으로 감사를 드립니다.

# 05

# 우리 사회에 보기드문
# 예언자의 그림자

- **이동원 목사**(지구촌교회 원로 목사, 지구촌목회리더십센터 섬김이) -

프랑스의 떼제 공동체를 다녀온 때가 있었습니다. 유럽에 그토록 영적으로 목마른 사람들이 많을 줄 몰랐습니다. 교파를 초월하여 말씀과 기도 안에 하나 됨이 신기했습니다. 다양한 군상 속에 어떤 일치의 신비와 능력이 있었는데 여전히 예수 그리스도는 왕으로 임재하고 계셨습니다.

저는 최일도 목사를 청년 시절부터 지켜보았습니다. 그리하여 그의 연애와 그의 꿈과 그의 사역과 그의 좌절과 그의 희망을 곁에서 훔쳐보았습니다. 그리고 저는 그의 초창기 시절인 삶의 광야에서도 떼제를 보았습니다. 신학적 근본주의자들은 다른 견해를 말할 수도 있습니다. 그러나 마음을 넓힌 사람들 중에 그는 분명히 선구자의 모델입니다.

약한 자들 곁에서 그는 위로하는 친구, 예수님 사랑을 속삭였고 배고픈 빈자들 곁에서 그는 밥 짓는 예수님을 보여 주었으며 광야의 방황자들 곁에서 그는 선한 목자로 다가섰습니다. 그래서 최일도 목사는 신비하게도 얼굴이 헷갈립니다. 시인의 얼굴로, 노동자의 얼굴로, 또 어떤 때는 영성가의 얼굴로, 방송인의 얼굴로, 사회 운동가의 얼굴로….

그래서 그는 우리 사회에 보기 드문 예언자의 그림자를 남깁니다. 나는 그가 전통적 목회의 길을 걷지 않은 것을 도리어 기뻐합니다. 목회의 길은 웬만하면 신학교 졸업하고 흉내를 낼 수 있지만 그가 걸었던 독특한 부르심과 사명은 광야에서도 숨겨진 길이어서 또 다른 창조성을 지닌 후배들만 도전할 수 있는 참으로 외롭고도 험난한 좁은 길입니다.

최일도 목사가 신학생 시절에 명동성당 뒤에 있는 S.P 수도회의 수도자 김연수 시인과 사랑에 빠져있을 때 나는 서울침례교회의 담임 목사로 목회를 하고 있었습니다. 그는 수요일 저녁이면 명동성당과 그 뒤의 수녀원 주변을 거닐다가 내가 목회하던 교회까지 자주 걸어와 성서 강해에 참여했는데 그를 눈여겨보던 내 아내는 한 눈에 재목임을 알아보고 한 자매를 소개하려고 했었는데 정말 큰일 날 뻔 했습니다. 그때까지 이 친구가 그토록 사랑하는 여인이 수녀 시인 김연수란 걸 몰랐고 그 수녀가 다름아닌 아내의 대학교 동기 동창이란 사실도 나중에야 알게 되었습니다. 부디, 한국 교회는 그의 삶과 영성과 사상을 기독교의 아름다운 영적 유산으로 오고 올 다음 세대에도 전하여 이어나가기를 바랍니다.

"세월이 지나간 어느 먼 훗날 이런 기인이 한국 교회를 깨웠노라고 …."

"나눔이 있는 그곳에서 주께서 함께 하심을 보았노라고 말하게 되기를…."

## 06

# 읽는 사람마다 새로운
# 러브 스토리

**- 정영택 목사**(전 예장 통합 총회장, 경주제일교회 은퇴 목사) -

최일도 자체가 스토리입니다.

밥 짓는 시인은 예수 사랑으로 40년 전 수도자인 한 여인과 러브 스토리를 시작하고 33년 전 가난한 이웃들과 러브 스토리를 시작했으며, 그 스토리는 당시 신학생들에겐 거의 신화가 되어버렸습니다. 현재도 진행 중이고 천국가서도 계속 될 것 같습니다.

밥이 한 숟가락 입으로 들어오려면 88 계단을 거친다고 하는데 최일도의 사랑 이야기는 88 계단, 88 골짜기를 지나며 기쁨도 감사도 컸지만 아픔과 슬픔은 그 누구보다도 컸던 것을 곁에서 지켜 보았습니다.

험한 계단을 오르고 또 꽃을 피우고, 열매를 맺게 한 최일도의 사랑 이야기는 눈물 없이는 들을 수 없는 감동이요 하도 삶이 드라마 같은 인생이라서 그저 곁에서 감탄하고 함께 아파할 때가 더 많았습니다.

한 계단 한 계단 오르는 중에 눈물, 고통, 비난, 모욕, 매맞음, 오해, 배신… 그래도 그럼에도 불구하고 최일도의 사랑 이야기는 사랑으로 시작해 사랑으로 완성하였고 현재도 사랑으로 몸부림을 치고 있습니다.

최일도 러브 스토리는 아주 작은 인간의 미미한 사건에서부터 예수님의 십자가의 사랑으로 이어지게 하는 눈물겨운 사랑 이야기입니다.

1980년대 초에 신학과 학생으로서 기독교 교육학과 학생들이 듣는 과목을 수강하는 최일도는, 무더운 여름 수업 중에 제가 학생들에게 사준 아이스케키 이야기를 아직까지 기억하며 부족한 저를 멘토요, 스승이요, 형님이라고 부릅니다.

작은 사랑의 기억으로 매우 큰 사랑을 일구어내는 그는 역시나 사랑꾼입니다.

작은 듯 크고, 없는 듯 있게 하며, 슬프지만 위로를 주고, 거친 것 같으나 치유가 있게 하고, 결국에는 "사랑만 남게 하소서!" 눈물로 기도하고 다짐하는 최일도는 사랑으로 사랑하다 사랑의 화신으로 남을 자랑스런 아우요 후배요 어떤 면에선 그가 나의 스승이기도 합니다.

목회 현역 시절에 그가 인도하는 영성수련을 경험하지 못한 것이 정말 후회가 될 만큼 다일영성수련을 1, 2, 3단계 모두 경험하고 나니 현역 목회자들과 신학생들에게 강추하고 싶은 마음이 절절합니다. 십자가의 사랑 아래서 다시 사랑으로 사랑하는 소명으로 무릎 꿇고 기도하며 다짐하는 사랑의 실천자인 최일도의 러브 스토리!

이 사랑 이야기를 읽는 사람마다 또다시 새로운 러브 스토리를 만들어 낼 수 있기를 간절히 소망합니다.

## 07

# 자신의 대책 없음이
# 곧 하나님의 대책

### - 김동호 목사(날기새 유튜버, 에스겔선교회 대표) -

'소자에게 냉수 한 그릇이라도 주는 사람이 되라!' 예수님의 간절한 당부시다.

목말라 하는 소자들에 대한 예수님의 마음과 관심을 읽을 수 있는 대목이다. 예수님은 그렇게 하는 자에게 결단코 상을 잊지 않으시겠다 약속하셨다.

소자를 예수님 섬기는 마음으로 대접하고 섬기는 자들에게 주시는 하나님의 상은 무엇일까? 나는 그 가장 큰 상이 '평화'라고 생각한다.

평화(平和)라는 한문은 평평할 平에 화할 和자를 쓰는데 화할 和자는 벼 禾변에 입 口자를 쓴다. 모든 사람의 입에 공평하게 곡식이 들어갈 때 평화가 이루어진다는 의미가 담겨 있다.

다일의 최일도 목사는 평생을 밥퍼 인생을 살아왔다. 그는 소자들을 위해 매일 밥을 퍼드리면서 '밥이 평화다'라는 말을 우리에게 던진다. 그렇지만 사람들은 그 말의 깊은 뜻까지 잘 알지 못하는 것 같다.

和平케 하는 자는 하나님의 아들이라 일컬음을 받으리라고 예수님이 말씀하셨다. 하나님의 아들이 해야 할 가장 크고 중요한은 세상을 화평케 하는 일인데 그러려면 무엇보다 먼저 모든 사람의 입에 곡식을 공평하게 넣어주는 일부터 시작해야 한다.

최일도 목사가 오랜만에 '밥이 평화다. 밥이 답이다'라는 평소 일관되게 주장하는 메시지를 『밥퍼목사 최일도의 러브 스토리』에 담아 책으로 출판하였다. 이 책이 밀리언 셀러가 된 '밥퍼(밥 짓는 시인 퍼주는 사랑)' 이상으로 사람들의 마음에 다시 불을 지펴 최일도 목사와 같은 평화의 사도들이 이 땅에 더욱 많아지며 사랑을 온몸으로 실천하는 목사, 자신의 대책 없음이 곧 하나님의 대책이라고 말하는 다소 돈키호테 같은 후배 목사가 계속 나타나길 간절히 소망한다.

## 08

# 젊은이들이 주례 목사로
# 모시고 싶은 사람

- **박종근 박사**(전 예장 대신 총회장, 모자이크교회 담임 목사) -

　30여 년 전 내가 대학원장으로 몸을 담았던 신학대학원의 새 학기 영성훈련 강사로 최 목사님을 모시게 된 것이 첫 만남이 되었고 여태까지 친구로 지냈으니 그 기쁨은 이루 말로 다할 수 없이 크다. 그때 내가 최 목사님을 형제로 만나고 인격적인 교통을 하게 된 것은 하나님이 내리신 큰 축복이었다. 그렇지만 친구로서 형으로써 최 목사님의 그 엄청난 사역에 크게 도움을 드리지 못해 늘 아쉬운 마음을 갖고 살아간다.

　최 목사님께로부터 받은 사랑과 응원을 생각하면 늘 빚진 자의 심정이다. 나는 가끔 마음 여행을 한다. 청량리 쌍굴다리, 밥퍼, 천사병원, 행려 병자, 노숙자, 무의탁 어르신, 묵안리, 설곡산 특히 리어카에 밥과 국과 반찬을 싣고 줄지어 서 있는 가난하고 헐벗은 형제들에게 길바닥에서 밥을 퍼주던 초창기의 모습은 내게는 그 어떤 소설이나 영화보다 감동있는 장면으로 떠오른다. 그 바닥의 나눔 현장은 내가 사는 날 동안 내 마음의 성소이다. 나는 지금도 이 단어들만 생각하면 안 뛰던 가슴이 다시 뛰고 마음은 그 곳 청량리 쌍굴다리 아래 나눔 현장을 향해 언제나 한걸음에 달려가곤 한다.

개인적으로 참 미안하지만 최 목사님은 내가 어렵고 힘들 때 주저하지 않고 달려와서 간절한 중보 기도와 힘과 위로를 아낌없이 나누어 준 동역자다. 특히 최 목사님께 평생 감사하며 살아야 할 이야기가 있다. 사실 내 아내가 24년째 신장 투석을 하고 있다. 아내가 힘들고 어려울 때마다 최 목사님은 그 바쁜 일정을 뒤로하고 김연수 사모님과 함께 병원을 찾아와 아내를 위해 간절히 기도해 주고 아내에게 큰 용기를 주며 우리 가족을 시편으로 위로해 준 부부 시인이다.

집회 인도차 미국에 가시면 그 바쁜 일정 중에도 우리 두 아이들이 있는 곳까지 달려가 만나주셔서 격려해 주셨고 후에는 그 두 아이의 결혼 주례까지 하셨으니 참으로 고맙고 감사할 따름이다.

결혼 주례 할 당시에 기독교 신자 중 젊은이들에게 주례 선생으로 모시고 싶은 사람이 누구인가? 설문 조사에 1위가 한경직 목사님이었고 이어서 2위가 최일도 목사님이었다. 한 목사님께서 하늘나라 가셨으니 지금 물어보면 틀림없이 1위가 최 목사님이라고 할텐데 그 이유는 최 목사님만 훌륭해서가 아니다.

내조하는 사모님과 그 힘들고 어려운 결혼을 선택하고 모진 반대와 비난도 참아내며 시련과 역경을 다 이겨낸 부부이기에, 또한 참 사랑의 본질을 젊은이들에게 말이 아닌 삶으로 보여주었기 때문이리라. 독자들은 이 책 『밥퍼목사 최일도의 러브 스토리』를 통해 힘들고 고단한 세상살이를 이겨내는 참된 사랑과 에너지와 지혜를 얻게 될 것으로 확신하기에 기쁜 마음으로 적극 추천한다.

# 09

## 죽을 때까지
## 이 걸음으로…

**- 김석년 목사**(한섬공동체 대표, 서초교회 원로 목사) -

최·일·도, 그를 처음 만난 날을 난 평생 잊을 수가 없다.

그때 그는 이미 베스트셀러 '밥퍼'의 저자로, 다일공동체 대표로 꽤 알려진 유명 목사였다. 나는 막 교회를 개척한 무명 목사였다. 나는 그를 강사로 초대하고 싶어 초면 부지의 그에게 편지를 썼다. 그는 편지에서 진정성과 성실함이 보인다며 한걸음에 달려왔다. 만나는 순간 우린 첫눈에 서로에게 반했다.

아니, 그의 해맑은 미소와 묵직한 한 마디가 첫날부터 지금까지 나를 그와 함께하게 했다. "한국 교회의 희망은 그 누구도 아닌 바로 우리 자신입니다. 우리가 함께 한국 교회의 희망의 씨앗이 되어봅시다." 그 날 이후 우린 의기투합하여 호기롭게 한국 교회의 갱신과 연합이라는 깃발을 흔들며 함께 달려왔다. 올해로 꼭 26년이 되었다.

내가 만난 최일도, 그는 원칙주의자이나 진정한 자유인이다.

그는 원리와 원칙을 정해놓으면 무서울 만큼 엄격하게 자신에게 적용하여 지킨다. 세상에서 제일 무서운 사람이 매일 일기 쓰는 사람이라는 말이 있듯이 매일 일기를 쓴다는 것은 날마다 자신을 성찰하고 무언가 배우며 내일을 준비한다는 것이다. 그는 '최일도의 마음 나누기'를 날마다 쓴다. SNS에 20년이 넘었고 노트에 쓴 것은 40년이 넘었으니 그가 얼마나 자신에게 엄격한 원칙주의자인지 알 수 있다.

나는 가끔 그와 여행을 하거나 밤새 우정 어린 환담을 할 때가 있다. 그러면 그는 잠시 양해를 구하고 늦은 밤 또는 새벽까지 일기나 일지를 쓰고 날마다 편지를 부치는 수고와 고생하는 것을 곁에서 지켜보았다. "하루쯤 쉬고 안 보내도 괜찮지 않나!" 핀잔을 줘도 빙그레 웃으며 하는 말 "나 자신과의 약속도 약속이니까요" 하며 글을 마감하는 그를 보면 절로 존경이 간다.

그러나 다른 사람의 허물과 잘못에는 한없이 너그럽다. 종종 그를 시기하거나 오해하여 그의 신앙과 사상에 대해 공격하는 이들이 있다. 한번은 터무니없는 일로 그를 오랫동안 욕하고 비난하는 목사가 있었다. 너무 심하다 싶어 대책을 세우려고 하니 그는 빙그레 웃으며 말한다. "제가 허물이 크고 부족하니 대패질이 필요한 모양이죠. 이 일도 하나님의 섭리 가운데 있는 것이니 기다려보지요. 합력해서 선을 이루겠지요." 이렇듯 그는 감정이나 탐욕이나 고난과 역경에도 매이지 않고 굴하지 않는 참된 자유를 만끽하는 건강하고 멋진 그리스도인이다.

최일도, 그는 인색하나 넉넉히 베푸는 자이다.

그는 자기 자신과 가족, 특히 사모님에게 심하다 싶을 만큼 인색하다. 그는 베스트셀러 작가로 그의 책 『밥 짓는 시인 퍼 주는 사랑』은 백만 부 이상이 팔렸다. 첫 인세로 3억을 받았다. 그러면 절반이나 최소한 십 분의 일이라도 사모에게 주어야 하지 않겠는가? 그런데 1억 5천만 원은 북한에 결핵 퇴치를 위해서 보내고 1억 5천만 원은 다일공동체의 영성수련원 건립을 위해 전액 기증했으니, 사모의 섭섭함은 이루 말할 수가 없었다. 그때 그가 쫓겨나거나 이혼당하지 않는 것은 나의 화해 역할도 한몫했다고 여겨진다. 이 후 교회를 은퇴하면서 그 버릇이 도져서 퇴직금 전액을 장학금으로 기증했다. 아마도 사모도 이때쯤 되어서는 더는 섭섭하지 않은 듯하다. 생각지 않게 들어도 거액만 선뜻 그렇게 기증하는 것이 아니다.

나는 지난 20년 넘는 세월 동안 작은 교회를 섬기는 패스브레이킹 사역을 해왔다. 그는 이사장으로 동역했다. 종종 그를 강사로 초청하여 작은 사례라도 하면 반드시 다시 되돌려주곤 했다. 그러면서 하는 말이 "우리, 서로 무보수로 품앗이합시다." 한다. 하지만 다일공동체에 내가 강사로 초청되면 넉넉한 사례비와 넘치는 선물로 답례한다. 그러면 서로 품앗이 하자면서라고 하면 작은 교회 섬기는 일에 나도 동참하고 싶어 그래요 하며 극구 손에 쥐여주니, 난 못이기는 척 받아 온다. 아아, 그는 가진 것은 없으나 모든 것을 가진 자이다.

최일도, 그는 냉정하나 진실로 사랑하는 자이다.

오늘의 다일이 있기까지 그와 함께 한 많은 동역자가 있었다. 좋은 인재와 동지들이 사랑의 수고를 감당하다가 이런저런 일로 안타깝게도 떠나기도 했다. 그때 그는 읍참마속의 심정으로 냉정히 처신했다. 그로 인해 숱한 오해와 비판도 견뎌야만 했다. 한 번은 실무 책임자 본인의 어떤 실수로 그가 사임할 수밖에 없었다. 사랑하는 이들을 어쩔 수 없이 떠나 보낼 때마다 그가 얼마나 고뇌하고 눈물을 흘렸는지를 모를텐데 난 그 모습을 곁에서 보았다. 하지만 세월이 지나 먼저 그들에게 이해를 구하고 다시 좋은 관계를 회복한다. 어떤 이에게는 그의 해임 이 후 수 년 동안 은밀히 그를 격려하고 지원하고 있음을 보았다.

언젠가 최 목사와 함께 승용차로 어딘가를 가고 있었다. 갑자기 그가 급히 차를 세워 달라고 한다. 무슨 일인가 했더니, 지나쳐 온 저 뒤에 한 꼬부랑 할머니가 손수레에 폐지를 잔뜩 싣고 언덕길을 끌고 올라오는 것이다. 그는 한걸음에 달려가 할머니에게 손수레를 달라고 하여 대신 끌고 고갯길에 올라서는 것이다. 할머니는 뒤따라오며 연상 "아이고 미안해서 어쩌나, 이런 고마운 일이 어디 있나!" 하며 어쩔 줄을 모른다. 아, 그는 진실로 사랑할 줄 알고, 지칠줄 모르는 사랑으로 한없이 행복해한다.

최일도, 그는 주님의 뜻이면 물불을 가리지 않는 무대뽀다!

밥퍼 사역은 청량리에서 시작된 밥 한 그릇 나눔의 기적이다. 2021년 현재 한국 이외에도 10나라 21개 분원에서도 밥퍼와 꿈퍼 사역을 하고 있으니, 과연 '21세기 오병이어의 기적'이라 할 수 있다. 이 위대한 사역이 이루어지기까지 그는 한 번도 '할 수 있느냐 없느냐' '실력과 능력이 되느냐 안 되느냐'를 묻지 않았다. 그는 먼저 '하나님의 뜻이냐'를 물었다. 하나님의 뜻이라는 확신이 들면 그는 곧바로 순복했다. 주의 뜻이면 '작은 것부터', '할 수 있는 것부터', '나부터'를 외치며 순명했다.

26년의 세월 동안 그는 나에게 단 한 번도 무엇을 해야 하니 도와달라고 하질 않았다. 무엇을 자꾸 도와달라고 했다면 난 부담스러워서 친구가 되지 못하고 도망갔을지도 모른다. 나뿐만 아니라 친한 선후배 누구에게도 직접 찾아가 손벌리는 모습을 본 일이 없다. 오로지 하나님께 기도할 뿐이고 그 기도를 들으신 하나님께서 주위 사람들의 마음에 감동을 주셨다. 언제나 그는 주의 뜻이면 조용히 자신부터 순복하기에 우린 서로 미안해하고 고마워했다. 앞서 하나님께서 행하시는 일을 보고 놀라면서 함께 기뻐하고 즐거워할 수 있었다.

얼마 전에 우리는 오랜만에 만났다. 밤새 서로의 인간의 나약함과 고민을 나누다가 그는 불현듯 이런 고백을 한다. "사실 이런 인간적인 연약함과 고뇌와 고민보다는, 가장 큰 고통은 하나님에 대한 회의이지요. 하나님 당신의 계획은 무엇입니까? 어떻게 계속 침묵하실 수 있나요?" 그리고는 언제 나약함이 있었느냐는 듯이 새벽에 벌떡 일어나 청량리로 달려가는 그의 뒷모습을 보고 나는 혼자 말로 말했다.

"최일도, 당신은 이 세상 가장 행복한 사람이오. 우리가 처음 만나던 날 당신이 했던 말을 기억하시오. 이제, 우리가 얼마간 한국 교회의 희망이 된 것 같소이다. 고맙소, 다 당신 덕분이오. 부디, 평안하시고 강건하시오. 죽을 때까지 이 걸음으로 가시오. 죽을 때까지 이 걸음으로…."

# 10

# 골방에서 열방으로, 열방에서 골방으로

- **정성진 목사**(일산거룩한빛광성교회 은퇴 목사, 해마루수도원 원장) -

최 목사는 신학교 일 년 선배다. 하지만 나이는 나보다 한 살 어리다. 그는 나의 선배님이지만 나는 그를 아우님이라고 부를 수도 있었다. 하지만 가장 좋은 친구라는 단어를 서로가 서로에게 선물로 주고받은 후 신학생 시절부터 지금까지 삼십오 년 넘는 세월이 흐르도록 아름다운 우정을 쌓아가고 있다.

신학교 다니던 시절 친구인 최일도는 '광나루 시인'으로 통했다. 걸핏하면 모교 신문 신학춘추나 교지에 그의 시가 등장했다. 서정주 시인과 함동선 시인의 추천으로 이미 문단에 데뷔한 시인인 친구가 돈이 없어 시집을 내지 못하는 것을 알고는 나는 그때 신대원 학우회장을 맡고 있었기에 시집 출간에 필요한 일부의 비용과 학교 채플에서 시집 출간 기념 예배를 주관했다. 그 친구는 내가 한 일 중에서 바로 그 일과 신학교 사경회 강사님으로 엄두섭 목사님을 모시고 온 덕분에 그분을 인격적으로 만나며 수도자적인 영성을 경험할 수 있게 한 일을 가장 고마워하며 오늘까지도 감사하다고 말하고 있다.

신학교 졸업하고 독일 유학을 가는 줄 알았는데 청량리 빈민촌에 뛰어든 친구를 보며 "어, 거긴 내 구역인데?" 하는 생각이 들었었다. 난 친구가 청량리에서 빈민 선교를 시작하기 전에 고등학생 시절 청량공고를 다니면서 바로 그 골목과 거리를 휘젓고 다녔기에 내가 해야 할 일을 더 적합한 친구에게 하나님이 맡기셔서 날 대신 고생하는구나 싶었다.

친구가 초창기 시절 청량리에서 엄청나게 어려움을 당할 때 죄 많은 내가 치루어야 할 고난을 나보다는 죄가 경한 친구가 대신 겪는 것 같아 미안했다. 몇 번 따뜻한 밥을 사준 것밖에는 별로 도와준게 없는데도 심히 배고플 때 찾아주고 격려한 그 작은 일을 아직도 생생히 기억할 때마다 역시 참 좋은 친구라는 생각을 하게 된다. 보통은 자기가 베푼 것만 기억하고 받은 것은 끼마득히 잊고 사는데 이 친구는 아무리 작은 것도 받은 것은 오래 기억하고 자신이 베푼 것은 큰 것도 내가 그런 일을 했단 말야 하면서 잊고 사는 강점이 있다.

내가 그에게 참으로 고마운 것은 신학생 시절부터 오늘까지 계속 시를 쓰며 재가수도회에 관심을 갖고 몸소 실천하고 있다는 것이다. 신학생 시절부터 지금까지 그는 좌로도 우로도 치우치지 않는 중심을 잃지 않으려 몸부림치고 있다. 빈민 선교에 쏟는 열정만큼 영성생활과 영성수련에 자신의 모든 것을 쏟아부었다. 추락하는 한국 교회를 살릴 길이 나 자신부터 수도자적인 청빈과 청결과 순명의 삶이요, 오로지 수도원 운동이라고 온 몸으로 외치며 꾸준히 실천하는 모습을 볼 때면 감탄이 절로 나온다.

오늘의 다일영성수련센터가 국제적인 규모를 갖기 전에 동아일보사에서 펴낸 '밥퍼'라는 책이 밀리언 셀러가 되어 그 인세 절반을 고통받는 북한 사람들을 위해 보내고 나머지 절반으로 다일영성수련을 처음 시작한 묵안리 다일공동체를 맨 처음 방문하여 기도한 날을 잊을 수가 없다. 아무 것도 없는 농가 주택 한 채에 텃밭을 구하고 그의 꿈을 현장에서 들은 첫 번째 친구가 바로 나였기에 나는 최일도의 꿈을 처음 듣는 사람들이 얼마나 황당해하는지 이해가 간다. 기독교 최초의 무료 병원인 다일천사병원을 짓겠다고 할 때처럼 그의 이야기는 정말 꿈 없는 사람에겐 그저 꿈 같은 이야기인데 그의 꿈은 오늘날 이처럼 현실로 이루어져 있다.

그 덕분에 나도 목회를 은퇴하면서 늦깎이로 시문단에 데뷔하여 시인이 되었고 시집도 출간하게 되었다. 그리고 민통선 안에 수도원을 세워 남북의 화해와 일치를 위해 날마다 기도하며 1인 수도원 생활을 하고 있다.

광나루 시인 최일도가 밥 짓는 시인이 되어 대한민국 무상 급식의 대명사가 되더니만 이제는 열나라 스물한 곳의 분원에도 흩어져 평소에 늘 기도하던대로 '골방에서 열방으로, 열방에서 골방으로'를 실천하고 있으니 하나님께 감사가 넘친다.

금번에 펴낸 『밥퍼목사 최일도의 러브 스토리』는 시인 수녀 김연수를 사랑하더니만 그 사랑으로 소외된 이웃들을 가족처럼 끌어안고 사랑하더니만, 이제는 해외 빈민촌에 사는 아이들에게도 꿈을 주고 그 꿈을 실현시키고자 열방으로 나가서 흩어져 복음과 빵을 함께 전하고 있다.

모쪼록 해외 분원마다 진지 기도가 각 나라 말로 번역되어 하나님께 날마다 식사 때마다 올려지는 것처럼 이 책도 각 나라 언어로 번역이 되기를 바란다. 코로나19로 상심하고 좌절한 백성들마다 최일도의 러브 스토리가 사랑의 백신이 되어서 다시 한 번 일어서기에 성공하기를 축원한다.

## 11

# 친구의 사랑 이야기가
# 예수님 닮기 원하며

- **고명진 목사** (중앙침례교회 담임 목사, 예닮학원 이사장) -

예수님은 이 땅에서 늘 도움이 필요한 사람들과 함께 하셨습니다. 현재를 살고 있는 이 세상 사람들은 예수님을 구주와 주인으로 영접하지 않았어도, 예수님이 사셨던 삶을 동경하고 기독교 성도들이 그 삶을 닮아야 한다고 이야기합니다.

나의 벗, 최일도 목사는 예수님을 가장 많이 닮은 목사이기에 참으로 소중하고 기독교의 자존심 같은 친구로 여겨 집니다. 독일 유학을 준비하던 1988년 11월 11일 배고픔에 쓰러진 함경도 할아버지에게 밥 한 그릇을 대접하는 것을 시작으로 평생을 자신의 안위를 모두 포기하고 도움이 필요한 사람들을 위해 헌신해 왔습니다.

어느덧 33년이 흘렀습니다. 우리는 알 수 없는 친구의 수많은 고독과 고통과 눈물의 시간들, 그러나 묵묵하게 인내하며 지금 여기까지 걸어 왔습니다. 변함없이 밥 한 끼에 복음을 담아 수많은 사람들의 육신과 영혼을 살렸습니다.

한 영혼이 천하보다 귀하다는 주님의 말씀을 붙잡고 수많은 인고의 시간을 견디며 살아온 친구 목사의 삶이 이 책 곳곳에 있으며 가슴 깊이 절절하게 다가오고 사무치기에 이 책 『밥퍼목사 최일도의 러브스토리』를 읽어보길 강추합니다.

부디, 바라기는 친구의 사랑 이야기가 예수님을 닮기 원하며 예수님이 원하는대로 살려고 몸부림 친 아픈 흔적들이 오고 오는 다음 세대까지 특히 많은 젊은이들의 가슴을 적시고 우리 세상에 흐르고 흘러서 더욱 살 맛이 나고 밥 맛이 나는 따뜻한 세상이 되길 소망합니다.

아울러 이름 없이 빛도 없이 친구와 함께 나눔과 섬김의 사역에 헌신하신 아름다운 사모님과 1남 2녀 자녀들과 가족들과 스텝들과 자원봉사자들, 그리고 모든 후원 회원들에게도 하늘의 신령한 복이 함께하시길 두 손 모아 기원합니다.

# 12

## 최목을 보면
## 항상 마음이 짠하다

- **송길원 목사**(하이패밀리 대표, 청란교회 담임 목사) -

"여보게, 내일 모레 점심할 수 있남?"

아, 이거는 최 목사 스타일이 아니었다. 우리는 피차 예약하는 거하고는 거리가 멀다. 주로 번개다! 그런데 이 친구가 미리 시간을 잡는다?

"그러지. 그런데 점심 시간은 그렇고… 이른 저녁이 어떨까?"

"그래, 그럼 내가 조금 일찍 가서 산책도 하고 기다리지. 알았어. 그때 봐."

선약으로 잡힌 점심 스케줄이 어긋나며 다시 전화를 걸었다.

"친구야, 점심 어때? 약속이 취소되어… 점심이 낫겠네."

"그래, 내가 부리나케 가볼게."

바쁜 일로는 대한민국에서 두 번째가 서러운 친구가 내게 달려오겠다니… 이보다 더 반가운 일이 어디 있나? 그런데도 걱정이 앞섰다. 옆 좌석의 아내에게 말했다.

"어, 최목 스타일이 아닌데…" 나는 언제나 그를 최목이라 부르고 그는 나를 송목이라 부른다.

"뭐가요?"

"뭐, 어려운 일이 있지 않나 해서…."

난, 최목을 보면 항상 마음이 짠하다. 거지들을 돕기 위해 항상 왕거지가 되어야 하는… 그는 그 날도 네 명의 식솔을 거느리고 들어서는 데 영락없는 앵벌이 꼴이었다. 입고 있는 옷매무새와 일행이 모두 다 햇볕에 그을려 거무튀튀한데다 늘 배고프니 다일 문 밖에 나오면 반찬 그릇까지 다 비우는 게 완존 걸식이 수준이다.

어느 기업이 다일에 후원을 했다는 뉴스를 접할 때면 내가 은근히 들떴다. 그러면서도 돌아서면 '아이고 저 일을 언제 끝내나' 하는 걱정부터 앞섰다. 최 목사만이 아니다. 둘 다 장군멍군이고 피장파장이다. 우린 서로 낮무대고 밤무대고를 가리지 않는 누비는 쎄시봉(?)이었다. 어느 날 홍정길 목사님이 나를 향해 그러셨다. "요새 밤무대 잘 뛰냐?" 다일이나 하이패밀리나 저녁 집회에 불려가서 책도 팔고 후원자도 모으고 강사비니 인세니 그거 다 쏟아 부어 챙겨 꾸려온 NGO 아닌가?

그런데 그 몹쓸 놈의 코로나는 우리의 밤무대를 앗아갔다. 사람 접촉도 사라졌다. 살림살이가 한 순간에 쪼그라들었다. 한 두 달도 아니고 1년을 훨씬 넘어 섰으니….

식당에 앉자마자 최목은 눈치부터 살폈다. 얼굴이 까칠하다. 마음이 아프다. 우리 둘은 삼십 년 세월 항상 그랬다. 그가 아프면 나도 아프고 내가 아프면 그도 아팠다. 몸살로 동행하지 못한 사모님 안부, 별이와 가람이와 산이 이야기를 거쳐 정인이 사건을 훑고 나서도 용건이 없다. 그렇다고 '할 말은 없냐'고 물을 수는 더더욱 없었다. 밥값을 계산하는 시간이 다가왔다. 최목은 번개처럼 값을 치루어 버렸다. '번개 대왕' 다웠다. '이보게 이건 반칙이잖나? 여긴 내 나와바리'라 해도 아무 소용이 없었다.

자리를 툴툴 털고 돌아오는 차 안. 아내와 온갖 이야기를 나누었다.
"여보, 표정에 근심이 어리지 않았어?" "그러게요. 평소 같지는 않네요. 활기가 없었어요." "그렇지. 뭔가 필요한 듯 했는데 입을 다물었어. 왜. 나도 그랬잖아. 돈 몇 푼이 없어 서러울 때 친구 찾아 갔다가 끝내 입도 못 열고 돌아섰던…." "여보, 뭘 좀 보태야 되지 않아요?" "갑자기 돈 몇 푼 보내면 그도 또 어색하지 않나?" "그렇겠네요." "여보, 나 이런 생각이 있어. 최목하고 말이야. 들어오는 후원금 있으면 아무 말 않고 서로 십일조 떼서 보태 주는 일을 해 보면 어떨까?" "당신하고 최 목사님은 참 각별하네요. 그렇게 한다면 한국 교회사에 '큰 이야기'가 되겠네요."

친구를 보내 놓고 며칠이 지나도록 마음이 아렸다. 그렇다고 직원들에게 염탐을 해 볼 수도 없고. 그러다가 '아차!' 했다. 그제야 떠올랐다. 지난 정인이 사건 때였다. 누구보다 먼저 달려와 무릎을 꿇은 이가 최목이었다. 그때 친구가 쓴 편지글이다.

"어린 천사들이 묻히는 국립 묘원의 청지기가 된 자네가 오늘 정말 고맙고 자랑스러웠네. 그런데 이 친구야! 자네 몸도 생각하며 돌보며 하시게나. 내가 도착했을 때 자넨 두꺼운 파카 옷 그대로 입고 양지바른 곳에서 꾸벅꾸벅 졸고 있었네. 처연한 자네 뒷모습 보고는 잠시 울컥 했었다네.

지난 밤 한숨도 못자고 그때까지도 식사도 못 했단 자네 말을 듣고 마음 많이 아팠네. 오늘은 선약이 있어 내 일찍 그곳을 내려 왔네만 곧 다시 찾아가서 추운 날 계속 서서 주차 안내하고 섬겨주는 스텝들 따뜻한 국밥 한 그릇 사주러 올라갈게!

뭐니뭐니해도 송목 건강부터 잘 지키시게나. 코로나와 감기도 조심하고 말야. 그럼 짧은 시간이라도 눈 좀 부치고 푹 쉬시게. 여보게, 송목! 다시 볼 때까지 어린 천사들의 국립 공원 잘 돌보아 주시게나!! 샬롬!!^^"

그랬다. 그게 최목이였다. 그 작은 국밥 약속을 지키려고 기어이 달려왔던 것이다. 그런데 하필이면 그 날이 또 문제였다. 매월 초 하루 친구 최목은 평소처럼 금식을 해야 한다. 오다가 생각이 났단다. 그 날 최목은 공동체 가족들과 맺은 규칙을 깼다. 늘 상식에 똥침을 놓고 규칙에 반항하는 이단아! 역시 최목 다웠다.

평화가 뭔가? 평화(平和)란 말의 한자를 파자(破字)해 보라. '화'자는 '벼 화(禾)' 변에 '입 구(口)'다. 그러니까 '입에 벼가 있으면 평화'라는 뜻이다. 거꾸로 암(癌)은 한 사람이 세 입(品)으로 산(山)더미처럼 음식을 먹을 때 발생하는 불평등의 병(疾)이다.

이번에 출간하는 책 『밥퍼목사 최일도의 러브 스토리』는 '밥이 평화다. 밥이 답이다.' 이 말을 하고 싶어 썼으리라고 생각한다. 무슨 말을 더 보태랴. 최 목사의 삶이 밥을 나누며 진정한 평화를 만들어가는 사도인 것을.

나는 최 목사의 편지에 이렇게 답신을 했었다.

"그리운 친구가 다가왔는지도 모르고 창가에 앉아 꾸벅꾸벅 졸고 있었다. 내가 생각해도 많이 피곤했나 보다. 친구가 내 이름을 불렀다. 얼마나 기다렸던 목소리인가? 피차 코로나 상황에 문자나 전화 목소리로만 주고받던 반가운 친구가 나타나다니… 덥석 안았다.
그것만으로 충분했다. 한걸음에 달려와 준 친구가 있으니 외롭지 않았다. 힘들지도 않았다. 그냥 좋아 손을 잡고 수목장으로 내려섰다.
정인이에게 이 또한 고마웠다. 이제 따끈한 국밥 먹을 일만 기다리게 생겼다.
이보게 최 목사, 자네 까칠한 얼굴 보니 마음이 그래. 다음번에 올 땐 내가 동동구리무 한 상자 준비해 놓음세. 힘내게나. 내 사랑하는 친구."

그래. 이제는 내 차례다. 친구 얼굴에 동동구리무 발라주러 달려가야 한다. 나는 이렇듯 최목의 뒷꽁무니만 따라다니는 덜 떨어진 친구다. 그래도 행복한 걸 어쩌나?
추천사를 써놓고 아내한테 보여주었다.
"추천사가 왜 이리 길어요?"

그러고 보니 추천사 몇 줄 써 달라 했는데… 까짓거 짤리면 짤리는 거고. 최목이 누구 눈치 보는 것 봤나? 이 또한 최목 스타일이 아닌 감? 우정의 세월이 길다보니 이래저래 닮아 사는 거지 뭐. 그가 그토록 닮고 싶어 하고 너무도 좋아하는 성프란치스코라는 아씨스의 수도자요 그 '거지' 몰골만 말고….

## 13

# 옛끼 이 사람,
# 나눔도 좋지만 너무하네 그랴!

### - 손해일 시인(국제PEN한국본부 이사장) -

『밥퍼목사 최일도의 러브 스토리』 출간을 진심으로 경하드립니다. 내가 최 목사 부부의 사연을 처음 접한 것은 베스트셀러로 유명세를 타던 『밥 짓는 시인, 퍼주는 사랑』을 사서 읽고 난 이후입니다.

가난한 신학생과 김 아네스 로즈 수녀와의 무모할 만큼 목숨을 건 용감한 러브 스토리에다 청량리 굴다리에서 시작된 '밥퍼' 나눔 사역의 눈물겹고 굴곡진 사연들은 참으로 감동이었고 너무도 존경스러웠습니다.

그러나 그 뒤에 나온 김연수 시인의 수필집을 통해서 김 시인의 시집살이와 육아와 대책 없는 밥퍼목사의 퍼주기로 인한 진솔하지만 처연한 자서전을 다 읽고는 나는 전적으로 국퍼사모 편이 되었습니다.

"옛끼 이 사람, 나눔도 좋지만 너무하네 그랴! 우리 예쁜 수녀님 모셔놓고 왜 이다지 모진 고생을 시켜!" 참 야속한 생각도 들었습니다. 그도 그럴 것이 김연수 시인과는 월간 『시문학』 출신 동료 시인으로 친누이 같은 존재이기 때문입니다.

대책 없는 밥퍼목사님을 국퍼사모로 내조하시느라 오랜 세월 문단 활동을 안 하시고 잠적 끝에 수유리 아카데미하우스 행사에 나타난 김연수 시인을 내가 설득하고 적극 추천해 동인 활동도 함께하며 시문학회, 현대시협, 문협, 국제PEN한국본부 등 문단 활동도 쭈욱 같이 해왔기 때문입니다.

최 목사님은 시인입니다. 그동안 한국 사회의 대표적인 사회봉사 활동가로, 시민 단체 운동으로, 우리 시대 사회 참여의 모범적인 성직자 이미지로 국민들에게 각인되어 있지만 신학교를 다니던 시절부터 광나루 시인으로 불리우던 수필가요 문학가이기도 했습니다. 그는 목사 안수를 받기 전 이미 서정주, 한동선 시인의 추천을 받아 월산 한국시로 문단에 등단하였고 40년 전부터 글쓰기를 시작했고 요즘은 매일 SNS로 쓰고 부치는 최일도의 마음 나누기는 20년 이상을 거의 하루도 거르지 않고 글을 쓰면서 행동하는 문인입니다.

무엇보다 우리 시대 최 목사 부부를 교단은 물론 교파가 다르고 종교가 있고 없음을 뛰어넘어 많은 국민들이 사랑하고 존경하고 있음이 참으로 감사합니다.

"밥은 먹고 다니냐?"를 평생 화두로 지금은 교회와 교단과 한국을 넘어서 국제적인 나눔 사역뿐만 아닌 영성훈련 사역이나 문필 활동 등 모든 것이 다 합력하여 선을 이루었습니다.

이 책 『밥퍼목사 최일도의 러브 스토리』 역시 베스트셀러가 될 게 틀림이 없습니다. 그런데 우리 시대 국민 목사님으로 불리우는 최 목사님에게 제가 감히 할 말이 있습니다.

"최 목사님, 전에처럼 그 많은 인세 다 퍼주시고 또 김연수 시인께 돌리는 거 한 푼도 없으면, 내 하나님께 다 일러바칠 테니까요, 국민 목사님, 제발 명심하슈!"

## 14

# 우리 시대 눈 앞에서
# 생생하게 펼쳐진 기적

**- 곽수광 목사** (국제푸른나무 이사장, 21세기푸른나무교회 담임 목사) -

　예수님이 행하신 많은 기적들 가운데 제가 가장 좋아하는 기적 이야기는 보리떡 다섯 개와 물고기 두 마리로 오천 명을 먹이시고도 열두 광주리가 남았다는 오병이어 기적입니다.

　가진 것이 아무리 작아도 그것을 주님의 손에 올려드리면 주께서 그것을 통해 일하시고, 내가 상상할 수 없는 일들이 이루어지고 이웃과 세상을 축복하며 열매를 맺게 된다는 동화 같은 이야기는 실제로 기독교 2천 년의 역사였고 오늘날에도 예수님의 제자들과 교회에 가장 큰 용기와 희망을 주는 주옥같은 이야기며 감동 사건입니다.

　그런데 바로 그 성경 속의 이야기가 우리 시대 눈 앞에서 생생하게 펼쳐진 기적으로 나타났으니 바로 밥퍼목사 최일도 형님의 삶과 빈민 선교의 나눔 현장입니다.

신학생 시절 만났던 일도 형님은 대부분의 다른 신학생들처럼 넉넉지 못한 상황 속에서 신학 공부를 했습니다. 그런데 그 어려움 속에서도 항상 넉넉한 웃음으로 늘 배고픈 신학생들을 불러다 밥이면 밥, 라면이면 라면 등 있는거 없는거 다 털어서 먹이던 모습을 옆에서 생생하게 지켜본 동생입니다.

밀리언 셀러 "밥퍼"에서 저는 그 가난한 신학생집에 수시로 쳐 들어가 라면만 먹고 간 눈치 없는 동생으로 등장하지만 저는 청량리 588의 152번지에서 개척한 다일공동체 창립 예배부터 오늘날까지 크고 작은 다일의 모든 행사를 곁에서 지켜본 사람으로 오병이어의 기적을 가장 가까이서 생생하게 지켜볼 수 있었던 것이 제 인생의 가장 큰 축복 중의 하나라고 주저없이 말할 수 있습니다.

청량리역 광장에 쓰러져 있던 노인 한 분에게 대접했던 한 끼의 식사는 이제 대한민국 이외에도 열 나라 21개 분원에서 매일 5000명~7000명의 가난하고 배고픈 아이들과 주민들에게 생명의 양식을 나누어 주는 잔치로 불어났고 스물한 곳의 분원마다 기쁨과 평화의 소식이 넘쳐나고 있습니다. 그리고 이제는 남과 북으로 갈라져 으르렁대던 이 민족을 밥으로 화해시키며 이 땅에 평화를 가져오는 또 다른 기적 밥 피스메이커 운동으로써 밑바닥에서부터 점점 확산되고 있습니다.

남과 북이 함께 한 밥상에 둘러앉아 한 솥밥을 같이 먹는 것부터 평화와 통일이 시작된다는 밥퍼목사의 믿음과 산 소망으로 오늘도 그날을 꿈꾸며 여전히 밥을 짓고 있는 시인 형님의 삶 자체가 주님의 손에 드려진 물고기 두 마리요 보리떡 다섯 개인데 이제 또다시 '밥이 평화다 밥이 답이다'라는 희망의 메시지를 최일도의 러브 스토리에 담아 은혜롭게 전달할 것을 믿어 의심치 않습니다.

이 책을 읽으시는 모든 분들이 밥으로 화해와 일치를 앞당기시며 형님이 항상 외치는 지여작할나로 지금부터 여기부터 작은 것부터 할 수 있는 것부터 나부터 사랑을 실천하는 그 놀라운 하늘나라의 복된 소식과 천국 잔치의 의미를 생생히 경험하실 수 있기를 바랍니다. 우리 시대 나눔의 기적을 여전히 증거 하고 있는 밥퍼 앞 마당에서 밥 짓는 시인과 함께 사랑을 찾으시고 실천하며 누리시기를 간절히 소망합니다.

# 15

## 인간을 인간답게 존중하는
## 영성과 품격이 있는 곳

### - 이철환 작가(소설가, '연탄길' 저자) -

    최일도 목사님과 다일공동체를 생각할 때마다 떠오르는 모습이 있다. 내 의식 속에서 혹은 무의식 속에서 삶의 좌표가 된 것이 아니라면 그렇게 자주 떠오를 리 없다. 오래 전 일이다. 가랑비가 부슬부슬 내리던 날 아침, 지하철을 타고 그 당시에 다일공동체가 있는 청량리 굴다리로 향했다. 정오가 채 되기도 전에 점심을 먹기 위해 많은 사람들이 줄지어 서 있었다. 낮 12시가 조금 넘어 배식이 시작되었다. 정신없이 밥을 퍼주고 있을 때 할머니 한 분이 다가왔다. 할머니는 수줍은 목소리로 밥을 조금만 더 달라고 말씀하셨다.

    할머니 식판 위에 밥을 듬뿍 담아드렸다. 할머니가 조금 더 달라고 말씀하셔서 더 듬뿍 담아드렸다. 식사를 마친 사람들은 하나 둘 굴다리를 떠났다. 식사한 자리를 청소하려고 할 때 밥을 더 달라고 말씀하셨던 할머니가 굴다리 한쪽에 서 있었다. 할머니는 내게 말씀하셨다.

"나도 청소하고 싶어요! 가난한 사람들을 위해 이렇게 정성스러운 밥을 주는 곳이 있으니 얼마나 고마운지 몰라요. 저는 한 평생 청소 일을 했거든요. 청소 하나는 정말 잘해요. 그 빗자루 저 주세요!"

선뜻 빗자루를 건네 드릴 수 없어 할머니와 잠시 실랑이를 벌이는 순간 할머니가 들고 있던 비닐 봉지에서 밥그릇 두 개가 길바닥 위로 나동그라졌다. 눈처럼 하얀 쌀밥이 질척한 땅 위에서 누워 모락모락 김을 피워냈다. 할머니는 난감한 표정으로 손녀 먹일 밥이라고 말씀하셨다. 밥에 묻은 흙을 떼어내는 할머니의 야윈 뺨 위로 눈물이 흘러내렸다. 배식이 모두 끝난 터라 다시 담아드릴 밥도 없었다. 할머니께 잠시만 기다려달라고 말씀드린 후 시장 쪽으로 달려가 김밥을 사왔다. 다일공동체 구성원이라면 누구라도 그렇게 했을 것이다.

"할머니, 내일 오실 때는 밥그릇을 저한테 먼저 주세요."라고 눈물을 꾸욱 참으며 말했다. 이슬비가 바람에 날리며 환하게 웃고 있는 할머니의 백발 위로 부서져 내렸다. 그 날 이후로 '품격'이라는 단어가 생각날 때마다 나도 모르게 다일공동체의 밥퍼가 생각났다. 최일도 목사님과 다일공동체는 평생 나눔과 섬김을 실천하고 있는데 인간을 인간답게 존중하는 영성과 품격이 있는 곳이다. 이제와 영원히 내게는 그런 곳이다.

# 밥은 우리에게 샬롬이요 진정한 코이노니아

- **주승중 목사** (전 장신대 실천신학 교수, 현 주안장로교회 위임 목사) -

사랑하는 나의 친구 최일도 목사가 이번에 『밥퍼목사 최일도의 러브 스토리』라는 귀한 책을 출판하였다. 사실 최 목사와 나는 '한 지붕 세 가족'이었다.

우리는(최 목사와 나, 그리고 김호권 목사) 덕소에 있는 한 아파트 단지 내에 같은 동의 위 아래서 살았고, 그래서 한 지붕 세 가족으로 서로 돌아가면서 자주 모여 아침 밥을 먹으며 많은 날 함께 마음 나누기를 했다. 우리만의 '밥퍼' 모임이었던 셈이다. 지금은 각자의 사역 때문에 흩어져 지내고 있지만, 여전히 그때 '한 지붕 세 가족'으로 지내며 밥을 나누어 먹던 때가 그립다.

개인적인 생각이지만, 이번에 최일도의 러브 스토리가 책으로 출간된다고 하는 말을 듣는 순간 그래 맞다. 진정한 사랑 이야기만이 이

어려운 난국을 풀어가겠구나 싶었고 "밥이 평화이고, 밥이 답이다"라는 그의 외침이 다시 떠올랐다. 그때 우리는 밥을 먹으면서 대화를 하였지만, 그 밥은 우리에게는 "샬롬"이었고, 진정한 "코이노니아"였다.

서로의 문제와 가정과 교회의 문제, 그리고 나라와 민족의 아픔을 나누면서 삶을 고백하며 기도하면서 답을 구하던 자리였기 때문이다. 문득 그때의 그 밥상과 식탁 공동체 삶의 자리가 많이 그리워진다. 이번에 출간된 『밥퍼목사 최일도의 러브 스토리』를 통해서 "밥이 평화다. 밥이 답이다"를 깨닫고 실천하는 나눔 운동이 이 민족 위에 새롭게 뜨겁게 이어지길 바란다. 많은 독자들이 진정 그 어떤 것에도 부족함이 없이 풍성하게 채워지는 진정한 "샬롬"과 아름다운 "코이노니아"가 무엇인가를 깨닫게 되는데 이 책만큼 더 좋은 책이 있을까 싶다.

참된 샬롬과 진정한 코이노니아는 돈이나 물질이나 세상의 그 어떤 것으로 채워지는 것이 아니다. 진정한 "샬롬"과 모든 문제에 대한 해답은 있는 그대로의 진솔한 나눔과 사랑을 통한 섬김에 있다. 그리고 그 나눔과 사랑을 통한 섬김은 밥을 통해 이루어진다. 그러기에 밥이 평화이고, 답이 되는 것이다. 바라기는 친구의 사랑 이야기를 통하여 삶의 여러 가지 문제들로 인하여 고통과 갈등 가운데 있는 많은 사람들이 진정한 "샬롬"과 "답"을 얻게 되기를 간절히 소원한다.

# 그를 생각하면 천사 같은 할아버지가 생각난다

- 홍인종 박사(현 장신대 실천신학 교수) -

처음 최일도 목사님을 만난 것은 『밥 짓는 시인, 퍼주는 사랑』 책을 통해서였다. 청량리 588에서 빈민, 노숙자들에게 라면을 먹이며 시작된 다일 밥퍼 사역과 사랑의 이야기는 큰 감동이었다. 그런데 우연한 기회에 그를 직접 만나게 되었고 어느 새 20여 년이 훌쩍 흘렀다. 최일도 목사님과 첫 만남은 목욕탕에서 알몸으로 인사를 나눴으니 처음부터 우리는 볼 것, 못 볼 것 다 본 막역한 사이로 숨길 것이 없는 벗이 되었다.

최일도 목사님을 생각하면 천사 같은 할아버지가 떠오른다. 젊은 신학생 시절 그는 청량리역 광장을 지나다 한 할아버지가 쓰러져 있는 것을 보았다. 그는 스쳐 지나갔고 일정대로 춘천행 기차를 타고 갔다 돌아오면서 보니 여전히 그 할아버지가 그대로 길바닥에 누워있는 것을 보며 깜짝 놀랐다. 그리고 최일도 목사님은 "너는 언제까지 나를 이 차가운 길바닥에 눕혀 놓을 셈이냐?"는 주님의 음성을 듣는다. 청량리 사역의 시작이며 하나님의 부르심이었다. 그렇다고 그가 평탄한 길을 걸은 것은 결코 아니다.

사역 초기에 최일도 목사님은 너무 사역이 힘들어져서 절망 가운데 무작정 기차를 타고 서울을 떠났고, 가진 돈이 없어 검표원에게 강제로 끌어내려진 곳이 용문역이었다. 용문산 계곡을 올라 사흘 밤낮을 굶으며 통곡하던 때에 우연히 한 할아버지를 만났고, 그 할아버지가 해준 이야기, "젊은 사람이 이렇게 살면 쓰나? 여기서 내게 밥 달라고 청하지 말고, 청량리에 가봐, 거기 최일도가 자네 같이 절망한 사람에게 밥을 무상으로 나눠준대. 밥은 거기서 얻어먹고 다시 한 번 일어나야지…." 처음 보는 낯선 할아버지로부터 자신의 이름과 밥퍼 사역 이야기를 들으며 하나님의 음성으로 듣고 다시 청량리로 돌아가서 최일도 목사님은 꾸준히 묵묵히 30년 이상을 이 일을 해왔다. 최일도 목사님에게 그 할아버지는 천사였고, 그를 부르신 예수님이었고, 깨닫게 하시는 성령 하나님이었다. 그런데 그 청년 최일도의 머리에도 흰 서리가 내렸고, 우리는 어느새 둘 다 할아버지가 되었다.

몇 년 전 나의 아버님이 돌아가셨다. 돌아가시기 한두 해 전부터 아버님은 목사인 나를 보면 용돈을 주셨다. 아버님은 편찮으신 가운데 가끔 전화를 하셔서 "보고 싶구나 한번 들리라우" 하셨다. 급하게 찾아뵈면 첫 번째 말씀이 "밥은 먹고 다니네?"라고 하셨다. 그리고 오만 원, 십만 원 용돈을 주시며 "제 때 밥먹고, 배고픈 학생들 밥 많이 먹이고, 얻어먹지만 말고 밥을 사라우" 하셨다. 명절에는 음식을 차려

놓고 북한 동포와 두고 온 가족 생각에 눈물로 길게 기도하셨고, 밥을 조금이라도 남길 것 같으면 "한 톨도 남기지 말고 다 먹으라우, 니북에서는 굶어 죽어가고 있는데 뭐하는 거네"라고 하셨다. 옛날을 회상하실 때는 이북에서 내려와 아는 사람도 없고 거지 취급을 당하며 남산 근처 식당에서 밥도 못 얻어먹고 쫓겨났던 이야기를 몇 번이곤 하셨다. 우리 아이들의 할아버지, 나의 아버님을 생각하면 밥퍼가 떠오르고 최일도 목사님이 떠오르고 그 할아버지들이 생각난다.

아버님에게는 밥이 통일이고 평화이고 답이셨다. 따뜻한 사람, 사람 냄새나는 사람, 최일도 목사가 아버님이 돌아가셨을 때 문상을 왔다. 경황이 없어 개별 부고도 하질 못했는데 와서 함께 슬퍼해 주었다. 지금까지 만난 많은 사람들 중에서 최 목사님처럼 우는 자와 함께 울라는 말씀을 잘 실천하고 아파하는 사람들과 공감 잘하는 사람을 본 일이 없다.

이제 최일도 목사가 그 할아버지들처럼, 나의 아버지처럼, 주님의 음성이 되어 "밥은 먹고 다니니?" "밥이 평화다, 밥이 답이다"라고 지치지 않고 또다시 외친다. 절망했던 최일도 청년에게, 방황하며 포기하려던 최일도 청년에게 들려줬던 그 할아버지들의 애틋함과 따뜻함으로, 그 청년 최일도가 어느덧 할아버지가 되어 이 땅에 굶주리고 허기지고, 배고프고 꿈을 잃은 사람들을 다시 일으켜 세우는 주님의 음성을 들려준다. 하나님께서는 배고픈 자들을 밥퍼로 인도하시며 마음 상한 이들은 설곡산에서 치유하고 회복하여 그들을 다시 한 번 일어서게 만드신다.

"여호와는 배고픈 자들을 인도하여 그곳에 살게 하시며, 그들이 살 만한 마을을 만드셨습니다." (쉬운성경, 시편 107:36)

천사 같은 하나님의 심부름꾼 최일도 할아버지가 영육간에 강건하여 "밥이 평화다, 밥이 답이다" 외치면서 배고픈 자들을 인도하고 깨진 영혼 상한 마음들을 치유하며 살만한 마을을 만드는 일을 계속하는 모습을 보고 싶다. 최일도 할아버지를 통해 제2, 제3의 청년 최일도가 용기를 얻고 희망을 발견하고 하나님의 초청에 응답하는 아름다운 러브 스토리가 계속 계속 이어지기를 바란다. 이 책 속에 그 길이 있고 해답이 있다.

그래서 난 만년 청춘, 최일도가 좋다!
이젠 할아버지여서 더 좋다!

# 18

# 영성과 공동체를 향한 일편단심

**- 유장춘 박사**(현 한동대학교 사회복지학 교수, 사랑마을공동체 대표) **-**

하나님은 사회적이며 참여적이고 관계적이시다. 인간이 삼위일체 하나님의 형상을 닮았다는 진리는 사람이 공동체를 이루어 살아가야 하는 존재라는 것에 대한 다른 표현일 뿐이다. 그리스도인이 영성적일수록 공동체적일 수밖에 없다는 사실은 이제 모든 기독교인의 기본소양이다. 현대인은 거대한 네트워크를 구축하여 거리와 시간에 구애받지 않고 즉시 소통할 수 있는 매스커뮤니케이션의 시대를 살아가고 있지만 동시에 분열과 소외, 차별, 관계의 상실이 개인과 개인 사이에, 집단과 집단 사이에, 계층과 계층, 지역과 지역, 민족과 민족 사이에 전(全)방위적으로 전개되고 있다.

최일도 목사는 21세기 현대 사회 속에서 한국 교회가 갈 길이 분열과 상처를 치유하는 공동체성의 회복에 있다고 말한다. "오로지 초대교회처럼 한국 교회는 성경으로 돌아가서 원시 기독교의 공동체성을 깨닫고, 공동체를 배우고, 더불어 함께 공동체 삶을 살아야 한다"는 것이 그의 한결같은 신앙이요 신념이다.

'공동체로서 다일'은 그 신앙과 신념의 실현이다. 그는 깨달음과 실천을 일치시킬 수 있었던 것이 나사렛 예수의 영성을 향한 끊임없는 열정 때문이었다고 고백한다.

교회사에 이루어진 중요한 공동체들의 발자취를 살펴볼 때, 거의 예외 없이 한 사람이 하나님에 대한 깨달음을 얻어 영성생활을 시작하면, 곧 그 사람의 주위에 하나의 공동체가 형성되었고, 그의 깨달음은 그 공동체를 통해서 세상에서 결실을 거두게 되었다. 그래서 이세종, 이현필, 대천덕, 서서평, 여성숙 등과 같은 영적인 거성들의 삶을 추적하면 거기에는 동광원, 예수원, 디아코니아와 같은 영성적 생활공동체가 형성되곤 하였다.

최일도 목사가 신학생 시절이었던 1988년 11월, 청량리역 광장에서 쓰러진 한 노인을 만나 설렁탕 한 그릇을 대접하는 사건으로부터 다일공동체는 시작되었다는 사실은 이미 한국 교회에 널리 알려진 유명한 이야기다. 그러나 그 사건 이면에 그가 영성에 깊은 관심을 갖고 많은 준비를 하고 있었다는 사실을 간과해서는 안 된다. 최 목사는 신학생 시절 초기부터 영성훈련에 관심을 갖고 많은 모임을 찾아다니며 열심히 공부하고 훈련에 최선을 다했다. 이미 그때 그는 발화 지점을 향해 충분히 달구어져 있었던 것이다. 그 사건은 단지 그것에 불을 붙이는 촉매 역할을 했을 뿐이었다.

공동체는 그리스도인의 영적 훈련소이고 동시에 야전군 전투 부대와 같은 것이다. 공동체라는 환경은 현대 사회라는 거칠고 완강한 세속 사회 속에서 한 집단의 사람들이 자신을 하나님께 맡기고 진리에 따라 살아갈 수 있는 안전한 공간을 제공한다. 그런 의미에서 공동체는 영성의 견고한 요새와 같은 것이며 동시에 하나님께서 허락하신 은혜의 오아시스와 같은 존재다.

최 목사는 "초창기에 공동체가 3번 깨어지는 과정은 나의 모난 부분이 완전히 깨어지는 연단의 과정이었습니다. 세 번씩이나 공동체 형성의 시도가 깨어졌을 때에 나는 아무 것도 할 수 없음을 깨닫고 자기를 부인하며 하나님 앞에 엎드렸을 때, 그때부터 하나님께서 역사하시기 시작했습니다"라고 고백했다. 최 목사의 오랜 친구이며 공동체 운동의 동역자인 김현진 목사는 "588에서의 다일공동체는 기독교, 공동체, 사창가, 가난한 자, 나눔, 섬김 등 여러 가지 이미지들이 교차하는 살아있는 신앙의 역동적 현장이었다"고 술회한다. 극심한 빈곤, 척박한 환경, 과도한 노동과 긴장된 상황, 죽음, 배반, 폭력, 위협 등 인간의 삶의 비극적 사건들이 연속적으로 일어났던 유소년기와 청년기를 거치면서 다일은 혹독한 시련과 훈련의 기간을 넘어섰다. 다일의 지명도가 높아지고 사역의 규모가 커져 가는데 따라 구성원도 조직도 확대되어 갔다. 처음에는 규정과 규칙서 없이 불문율의 규칙을 오직 삶으로 전하며 입에서 입으로, 마음에서 마음으로 전달되는 교육과 훈련을 통해 공동체가 유지되었지만 점점 확실한 규정과 규칙을 만들게 되었는데 그 과정 가운데 공동체가 끊임없이 노력한 것은 다일영성수련이었다.

다일영성수련은 한동대학교 상담심리사회복지학부 학생들에게는 한때는 선택 과목으로 한때는 필수 과목으로도 거쳐야 하는 과정이기도 했다. 그 바쁜 일정 속에서 최 목사는 9년간 한동대의 겸임 교수로 섬겨주면서 매 학기 시작 때마다 학생들의 인성 교육을 위해서 최선을 다해주었다. 특강을 들은 학생들마다, 그리고 강의 후 설문 조사를 통해서 살펴보면 최 목사가 얼마나 젊은이들에게 특히 대학생들에게 파워풀한 영향을 끼치는지 잘 알 수가 있었다.

뿐만 아니라 최 목사는 공동체 회원들과 영적인 기반을 견고히 하기 위하여 "종말론적 영성과 육화론적 영성의 균형"을 추구했다. 종말론적 영성은 하나님과 개인의 관계를 친밀하게 이어가게 하고, 육화론적 영성은 이웃에 대한 사랑의 나눔을 추구하게 한다. 이러한 수직적 영성과 수평적 영성의 균형이 바로 다일이 추구하는 영성이었다. 그리고 그러한 의미를 예배를 통하여 말씀과 성찬, 회개와 찬양과 나눔, 그리고 파송의 뜻이 제대로 살아있는 예전의 회복으로 고백하고 되새김질 하고자 하였다.

최 목사는 이렇게 공동체의 균형 잡힌 영성생활을 위해서 "나눔의 집과 섬김의 집보다도 침묵과 대화의 집이 먼저 있어야 함"을 깨달았다고 한다. 그래서 그는 모은 모든 강사료와 원고료와 베스트셀러가 된 『밥 짓는 시인 퍼주는 사랑』의 인세와 옥합을 깨트려 마련된 공간이 '침묵의 집'이다. 다일공동체는 이렇게 마련된 자리에서, 공동체를 통해 깨닫고 훈련된 영성을 공유하는 영성훈련을 체계화 하면서 한국 개신교의 영성훈련을 선구적으로 이끌어 왔다.

영성 신학자 이강학 교수는 이러한 다일의 공로에 대하여 "한국 기독교 영성사에 길이 남을 큰 획을 그었다"고 평가한다. 동아일보의 기사를 보면, 강원용 목사가 생전에 회고록 출판 기념회에서 이렇게 말했다고 한다. "나는 밥 짓는 시인 최일도 목사처럼 살고 싶었다. 그러나 머리와 생각만으로 그랬다. 다일공동체에는 내가 본받고 싶었던 성 프란시스코와 일본이 낳은 거리의 성자 가가와 도요히코의 영성이 모두 함께 그대로 녹아 있다." 강 목사도 최일도 목사가 한국 교회를 맑고 밝게 살리는 '영성 운동가'로 인정한 것이다. 또한 강 목사는 자신이 일구어 놓은 수유리의 아카데미 하우스를 다일공동체가 인수하여 이어갈 것을 부탁도 하셨었다. 그만큼 사랑했고 신뢰했던 것이다.

몰트만은 산업 사회가 초래한 인간의 고통은 본질적으로 사회적 고립에 있다고 진단하고, 이러한 상호 관계의 상실 현상을 "사회적 사망"이라고 말한다. 그리고 이것은 구제나 사회 복지 사업을 통해서는 극복될 수 없고 새로운 공동체를 통해서만 극복될 수 있다고 선언한다. 공동체는 하나님의 본질에 관한 것이고 동시에 인간의 본질에 관한 것이며 하나님과 인간이 함께 살아가는 하나님 나라에 관한 것이다.

88년 11월 최 목사가 함경도 할아버지와 함께 시작한 밥상 공동체가 이제 33년이 되어 간다. 세월을 따지면 원만한 장년기에 이르렀다고 볼 수 있는 다일은 아직 갈 길이 험난하고 멀지만 이미 한국의 교회와 사회에 신선한 파문을 일으킨 것이 사실이다. 그 파문은 청량리에서 시작되어 한국의 울타리를 넘어섰고 이제 거침없이 아시아의 지경을 넘어서서 아프리카와 중남미까지 퍼져가고 있다. 하지만 오늘도 최일도 목사는 수도적 공동체 운동을 통하여 하나님과 은밀히 소통하는 영성의 힘으로 교회의 공동체적 본질을 회복하려는 뜨거운 열정으로 살고 있다. 오늘도 그는 영성과 공동체성 회복을 위하여 그 일편단심으로 죽을 힘을 다해 달려가는 하나님 나라 운동의 기수라는 생각이 든다.

# 삼위일체의 신비가 담겨 있는 다일영성수련

-조한상 박사(현 호남신학대학교 영성신학 교수) -

다일영성수련은 1999년 4월 5일, 경기도 가평군 설악면 묵안리의 한적한 시골 마을의 농가 주택 한 채에서 시작되었습니다. 최일도 목사와 김연수 사모는 사람들 마음 한 구석에 자리 잡은 깊은 상처와 아픔, 그리고 갈망이 있음을 깨닫고, 22년 전 미약하나마 첫 영성수련을 시작하였는데 이 사역은 청량리에서 가난하고 소외된 이웃들을 위한 육신의 배고픔도 해결해야 할 중요한 일이지만 영적인 기갈에 빠진 한 사람 한 사람의 내면을 치유하고 회복하는 일도 너무도 절박하다는 현장의 요청으로 시작되었습니다.

그 결과 22년이 지난 오늘, 다일영성수련 수료자는 1단계만도 무려 2만여 명이 넘었습니다. 참가자들은 다일영성수련을 통해 하나님과의 관계, 자신과의 관계, 그리고 이웃과의 관계의 회복과 치유뿐만 아니라 세계관의 변화, 가정의 회복, 그리고 회심과 헌신의 삶을 살게 되었기에 그러한 면에서 다일영성수련은 가난하고 소외된 이들을 섬기고, 사도적 활동을 행해 온 다일공동체의 핵심이라고 할 수 있습니다.

다일 영성은 크게 보아 두 축으로 구성되었는데 한 축은 수직적으로 나사렛 예수의 영성생활을 추구하여 깊은 고독과 침묵 속에서 관상하는 생활이며, 다른 한축은 육화적 영성생활을 추구하여 세상 한복판으로 들어가 사도적 활동을 하는 생활 신앙과 영성입니다. 이는 마치 십자가의 두 축이 만나 하나를 이루는 것처럼 통합되어서 균형을 이루게 됩니다. 이를 구체화한 것이 바로 다일영성수련인데 참여해본 사람마다 그 과정과 열매에 크게 감사하며 탄복을 합니다. 김연수 사모님과 함께 서강대학교 대학원에서 영성신학을 공부하다가 저도 참여하게 되었고 김 사모님과 함께 3단계 과정을 인도하고 있는데 지난 해에 본 교단의 전 총회장님과 사무총장님이 함께 참여하고 더 일찍 참여하지 못한 걸 아쉬워하는 걸 보았습니다.

다일영성수련을 세부적으로 살펴보면 1단계 '아름다운 세상 찾기', 2단계 '작은 예수 살아가기', 3단계 '하나님과 동행하기.' 그리고 이를 마친 사람들이 참가하는 다일제자훈련(DTS)로 구성되어 있는데 2019년 초까지 각각 1단계 192회, 2단계 51회, 3단계 27회가 진행되었습니다. 아울러 미주와 유럽에서도 각각 1단계 19회와 2단계 8회를 거치면서 국내외 기독교인뿐만 아니라 비신자들인 현대인들에게도 개방하여 참여할 수 있도록 만든 쉼과 회복, 그리고 치유가 있는 한국적 영성수련이 되었습니다.

창립자인 최일도 목사님과 김연수 사모님도 다일영성수련이 이렇게 오랫동안 진행되며, 많은 사람들이 참여할 줄은 꿈에도 몰랐다고 언급하면서 이 모든 것이 일체가 은혜요 하나님이 동행하신 열매임을 고백했습니다. 그동안 다일영성수련은 많은 이들의 삶을 회복시키고 치유하며 여러 가지 갈등 가운데 있는 한국 사회 속에서, 한국인들만이 갖고 있는 독특한 분노와 한이 치유되고 회복되는 사역을 감당하였습니다. 따라서 다일영성수련은 최근 코로나19 팬더믹으로 인해 많은 어려움에 처한 이들에게 참으로 더욱 유용하리라고 봅니다.

다일영성수련은 1단계 '아름다운 세상 찾기'는 종교에 상관없이 남녀노소 누구나 참가할 수 있는 영성수련이기에 너무도 놀랍습니다. 이는 마치 불신자를 위한 열린 예배와 흡사하다고 할 수 있습니다. 가능하면 기독교적인 요소를 배재하고 누구나 거부감이 없이 참가하여 참가자들이 받아들일 수 있는 일상의 이야기와 수련자와 눈높이를 맞추는 방법으로 접근합니다. 그래서 혹자는 이에 대하여 오해를 하며 비판하기도 합니다만 대부분 카데라 통신임이 참여해보면 알게 됩니다. 다일영성수련 그 근저에 깔려 있는 사상은 신학적 인간론과 신론입니다. 인도자는 참가자에게 도대체 나는 누구인가? 어디서 왔으며? 어디로 가는가? 존재에 대한 질문부터 하고, 나의 선입견과 고정관념을 무너뜨리고 새로운 관점으로 세상을 볼 수 있는 눈을 제시합니다. 그 결과 참가자들은 거짓된 자아를 벗어버리고, 참 자아를 발견하며 내면의 상처와 아픔이 치유되어, 새로운 관점으로 자신과 타인, 그리고 세상을 본 결과 "아름다운 세상입니다"를 고백하게 되는 것입니다.

2단계 '작은 예수 살아가기'는 1단계와는 달리 기독교인들만 참가할 수 있는데 1단계에서 치유되고 회복된 참가자는 그리스도 예수를 닮아가는 훈련을 합니다. 이 과정에서 참가자들은 기독교 전통의 그리스도론을 발견하게 됩니다. 2단계 훈련은 "예수님은 누구신가?"에 초점을 맞추어 예수님처럼 생각하고, 예수님처럼 느끼며, 예수님처럼 행동하며, 나 또한 작은 예수가 되어 예수 그리스도를 본받아 사는 삶을 목표로 하고 있습니다. 생각과 느낌의 변화에서 행동과 습관의 변화로 나아가는 것입니다. 이는 예수 안에서, 예수를 통해, 예수와 함께 추구하는 수련으로 습관의 변화를 통하여 예수 그리스도를 본받아 작은 예수로 살아가는 것입니다.

3단계 '하나님과 동행하기'에서 참가자들은 성령론과 더불어 일상의 영성을 발견하게 됩니다. 3단계 과정은 지난 2,000년 동안 진행되어 온 기독교 영성 전통을 소개하고 실천함으로써 수련자 개인이 침묵 가운데 성령 하나님의 임재를 경험하며 성령님과 친밀하게 동행하도록 설계되었습니다. 그래서 '하나님과 동행하기' 과정을 마친 후 각자가 세상에 나아가 성령님과 더불어 하나님 나라 건설에 이바지하도록 계획되었습니다. 한 주간 동안 수련자는 침묵과 묵상, 예수 기도 등 다양한 기도수련을 합니다. 또한 영성생활의 성숙 단계, 렉시오 디비나와 복음서(예수 그리스도의 생애) 묵상, 예수 호칭 기도, 영성 일기, 그리고 영성 식별 강의를 들으며 기독교 전통에 있어서 중요한 주제를 배우는 시간을 갖고 실습을 하는데 다양한 기독교 영성가들의 삶을 영상을 통해 배우고 도전받고 배우는 시간도 갖으며, 시편 기도를 통해서 신앙의 선배들이 오랫동안 해 왔던 기도 전통을 배우고, 일대일 영성 지도에 참여합니다. 이를 통해 수련자 각자를 세상으로 파송하는 성령의 현존을 경험하게 하기에 다일영성수련은 1단계, 2단계, 3단계를 거치면서 삼위일체 하나님을 머리만이 아닌 가슴과 온 몸으로 경험하도록 설계되었습니다.

하나가 셋이고, 셋이 하나인 삼위일체의 신비는 다양성 속에 일치를 추구하며, 하나이면서 다양성을 나타내는 '다일의 영성수련'에서 발견되는데 최 목사님에게 조직신학을 가르치신 이종성 박사님은 일찍이 이를 알아보고 다일 신학이야말로 삼위일체 신학을 한국적으로 풀어냈다고 칭찬을 아끼지 않았습니다. 이처럼 다일영성수련은 성부(아름다운 세상 찾기), 성자(작은 예수 살아가기), 성령(하나님과 동행하기) 삼위일체 하나님에 대한 신학적 근거 위에서 진행되어지며, 이를 일상의 삶 속에서 철저히 제자도로 살아갈 수 있도록 구현된 것이 바로 다일제자훈련(DTS)이라고 할 수 있습니다. 아무쪼록 과학과 기술문명이 준 풍요 속에서 파편화되어가고 자아를 잃어가고 있는 현대인들이 다일영성수련을 통하여 하나님의 형상으로 회복되고, 세상에 나아가 사도적 삶을 살아갈 수 있기를 간절히 소망합니다.

## 20

# 깊은 성찰과 새로운 통찰을
# 가져다준 영성수련

- 이준우 박사(현 강남대학교 사회복지학부 교수) -

내가 최일도 목사님을 처음 뵙게 된 것은 2016년 1월 4박 5일간 다일영성수련 프로그램인 '아름다운 세상 찾기' 프로그램에 참여하게 되면서였다. 그 당시 나는 8년 6개월 동안 수행했던 학교에서의 주요 보직을 내려놓아야 했을 만큼 탈진했었고, 신뢰하고 가깝게 지냈던 사람들로부터의 상처로 인해 서글픔과 분노로 고통스러웠던 때였다.

놀랍게도 이 프로그램은 내가 그토록 아파하고 고뇌하던 문제들을 모두 해소해주는 커다란 변화를 내면에 일으켰고, 그 변화로 인한 감격어린 기쁨과 행복을 생생하게 체험할 수 있었다. 말로 다할 수 없는 기쁨과 행복으로 채워진 내면의 힘으로 나는 다시 한 번 일어서기를 시도할 수 있었고, 활발한 연구와 교육 활동에 전념할 수 있게 했던 원동력이 되었다.

솔직히 말해서 그때 최일도 목사님의 강의가 무척이나 재미있었고, 동시에 의미가 있고 큰 울림이 있었기에 당황했다. 그것을 수용하기보다는 분석하고 어떻게 제대로 하는가 보자 심사하려는 마음과 좋은 예화나 내용은 나도 가져다 활용해야겠다는 얄팍한 생각이 있었기 때문이다. 무척이나 유명한 '밥퍼' 목사님의 무용담을 몇 일 듣겠거니 속단하기도 했다. 이미 오래 전부터 유명세를 톡톡히 치룬 최 목사님이기에 시기와 질투로 영성수련에 대한 좋은 이야기와 열매도 많다지만 카더라 통신들과 가짜 뉴스도 이미 들었던 터라 경계심 하나만큼은 끝까지 내려놓고 싶지 않았다.

그러나 강의를 계속 들으면서 나도 모르는 사이에 깊이 몰입하게 되었다. 그러다가 처음엔 생각없이 그냥 따라했던 '아하!'라는 탄성을 어느샌가 나도 모르게 자연스럽게 하게 되었다. '아하, 아하!' 하며 깨닫게 되는 순간마다 내 삶과 동행하시는 주님의 위로하심과 사랑을 체험하게 되었다.

최일도 목사님의 사역과 삶 속에 배여 있는 깊은 감동이 주님의 은혜로 풍성하게 전해져 왔다. 웃다가 울컥하기를 반복했다. 강의 중간 중간마다 최일도 목사님의 질문은 묵직한 화두로 다가왔다. 특히 생각과 느낌의 틈새 발견과 틈새가르기 주제가 너무도 인상적이었다. 생각과 느낌, 그리고 실제 사실을 구분하게 하는 새로운 인식의 발견을 향한 노력은 최일도 목사님의 강의와 부분~부분 이어진 그룹 지도자들의 인도에 따른 소그룹 집단 활동을 하면서 계속되었다. 정말 놀랍고 경이로운 영적인 체험이요 '아하!'의 연속이었다.

생존 경쟁에 매몰되어 성공하려고 아등바등 최선의 삶을 살아왔던 내가 실은 얼마나 이기적인 존재였던가를 깨닫게 되었다. 아름다운 세상을 창조하신 하나님께서 얼마나 나를 사랑해서 지금껏 나와 함께 하셨음을 머리가 아닌 가슴으로 깨달을 수 있었다. 내가 얼마나 소중한 존재인지, 매일 먹는 한 끼의 식사도 수많은 다른 생명들의 죽음을 통한 희생의 결과였음을 알게 되었다. 다시 말해 매일 먹던 밥과 반찬이 되기까지 많은 식물과 동물의 생명이 내 배를 채우기 위해 희생되어왔음을 이제야 분명하게 인식하였다. 밥상을 대하면서 숙연해졌다.

깊은 자기 성찰과 새로운 도전과 통찰을 가져다주는 최일도 목사님의 영성 강좌와 진지 알아차리기 등의 현장과 실천에서 오는 직관과 깨달음, 성령님의 놀라운 내면 치유와 여러 도우미들의 헌신적인 봉사, 나 자신을 정직하게 들여다보았던 침묵의 시간들과 매 시간 진지하고 경건한 식사와 식사 후 기도와 소감 나누기, 마지막 순서로 펼쳐졌던 경축 수련 등을 다 마친 후에 밀물처럼 몰려왔던 감사와 행복도 참으로 좋았고 심히 좋아서 지쳐 있었던 내 심령이 다시 힘을 낼 수 있었다. 진실로 온몸으로 감사했다. 그리고 다시 일상으로 돌아왔다. 세상은 여전히 어지러웠다. 하지만 이전과는 확연하게 다르게 보고 있는 나를 발견했다. 세상의 일들과 내가 생각하고 느끼는 것이 자연스럽게 구분되었다.

이렇게 나의 '아름다운 세상 찾기' 참여 경험은 '새로운 관점으로의 전환'의 의미로 설명될 수 있다. 내가 경험한 이야기 속에서 '어떠한 답'을 찾고자 고뇌하고 있는 나를 발견할 수 있었다. 내가 꿈꾸어왔던 이상과 현실의 괴리, 끊임없이 누군가를 돕고자 했던 마음의 피곤을 해결하고자 하는 갈증이 있었다. '아름다운 세상 찾기'를 통해 마침내 나는 하나님이라는 진리를 끊임없이 추구하는 영성적 정체성을 확인할 수 있었고, '아름다운 세상 찾기'를 통한 영적 우주 여행 가운데 내가 미처 몰랐던, 그러나 이미 존재해 있었던 하나님과 나 사이의 본질적인 상호 관계에 대한 분명한 재인식을 할 수 있었다.

나는 소중한 존재였고 여전히 그런 존재이다. 나는 하나님의 형상으로 지은바 된 존귀한 존재이다. 그러므로 진정한 나를 아는 것은 곧 창조주 되신 하나님을 아는 것이다. 이를 깨달을 때마다 '아하!' 하며 새로운 인식의 지평이 열리면서 하나님께서 만드신 아름다운 세상을 보게 된다. "반갑습니다. 감사합니다. 사랑합니다. 축복합니다. 아름다운 세상입니다."라는 고백을 할 수 있게 되는 것이다. 참된 자아를 발견한 후 나는 다시금 예수 그리스도를 본받는 삶을 살고자 결단하였다. 예수 그리스도와 함께 하는 삶은 거창하거나 대단한 것부터가 아닌 오히려 작은 것부터, 할 수 있는 것부터, 나부터 실천하는 것으로 시작됨을 그 누구나 깨달을 수 있도록 인도한다. 기독교 신자가 아니어도 남녀노소 빈부귀차 가릴 것 없이 누구나 함께 수련할 수 있는 프로그램이라는 것이 정말 신비롭기만 할 뿐이다. 아울러 나의 자아를 깨달은 후에 실천하는 그리스도인으로서의 삶은 관념적이거나 추상적인 것이 아니라 삶의 현장에서 접하는 일상의 영성을 살아내는 것이 참으로 귀하고 귀했다.

일상생활을 영성생활로, 영성생활을 일상생활로! 다일영성수련은 참으로 그랬다. 살아가고, 살아내고 또 그렇게 살아가고 살아내다 보니 주님의 은혜로 살아졌음을 보게 되는 것이었다. 최일도 목사님의 영적 지도는 그렇게 나를 주님 안에서 다시 살아내도록 해 주었다. 온전히 주님께로 다가가서 나를 비우고 성령으로 채우는 순전한 순종과 겸손을 가슴에 담게 해 주었다. 그런 면에서 나는 최일도 목사님의 책이 나와 같은 많은 사람들까지 주님을 닮아가도록 이끌어 주리라고 확신한다. 이미 그의 삶으로, 신앙으로, 섬김과 나눔으로 그래왔던 것처럼 이번 책을 통해서도 수많은 독자들이 힘들고 지친 인생을 행복하게 살아가고 살아내어 마침내 살아졌음을 고백하게 될 것이다. 또 한 권의 소중한 책을 받아들 생각에 벌써 가슴이 설렌다.

## 21

# 늘 꿈을 꾸고
# 꿈을 이루는 청년

**- 노치준 박사**(유클레시아교회 설교 목사) **-**

제가 최일도 목사님을 처음 만난 것은 1980년대 초 봄이었던 것으로 기억됩니다. 벌써 40년 가까운 세월이 흘렀습니다. 저는 그때 장로회신학대학교 강사로서 사회학 개론, 종교사회학 등을 5년 동안 강의했습니다. 최 목사님과 저는 비슷한 나이였지만, 그때 최 목사님은 학부를 다니는 늦깎이 신학생이었고 저는 가르치는 강사였습니다. 학생들은 저를 교수님이라고 불렀습니다. 수업을 마친 다음 나와 같은 또래인 50년대 중후반에 태어난 학생들과 한국 사회와 한국 교회와 관련하여 많은 이야기를 나누었는데 그때에 함께 한 학생이 바로 최일도 목사님이었습니다.

그때 최일도 목사님에 대한 첫인상은 꿈꾸는 사람입니다. 시를 쓴다고 하면서 꿈같은 말을 많이 했습니다. 동료들은 그가 얼마 전에 수녀 시인과 결혼했다는 꿈같은 이야기도 했습니다. 만나면 자주 세상을 바꾸는 교회를 세우는 꿈을 이야기했고 한국 교회와 목회의 현실을 걱정하면서 진실한 목사가 되겠다는 꿈을 여러 차례 말했습니다. 그리고 제게 제안하기를 "내가 꿈같은 교회의 목사가 될 터이니 교수님은 우리 교회 장로가 되어 나와 같이 그 꿈을 함께 이루어 갑시다!"라고 했습니다. 학생이 교수를 앉혀놓고 내가 시무할 교회의 장로가 되라는 부탁이었던 것입니다.

20대 후반이면 이제 어린 시절 소년의 꿈을 내려놓고 눈앞의 현실을 생각하는 나이입니다. 그러나 청년 시절 최 목사님의 이야기는 꿈꾸는 사춘기 소년 같다는 느낌이 들었습니다. 그럼에도 사춘기 소년의 꿈을 10년 이상 간직하는 사람도 때때로 있기는 합니다. 그래서 현실에 대한 감각이 늦게 나타나는 사람이거니 하면서 그냥 고개를 끄덕끄덕였습니다.

그러나 40년 가까운 세월을 함께 지내며 지난날을 돌이켜 보면 꿈꾸는 사람 최일도 목사는 늘 신비한 모습으로 기억됩니다. 60대 중반에 이른 지금까지도 꿈꾸는 사람의 모습이 그대로 남아 있기 때문입니다. 20대 후반까지 꿈꾸는 사람은 더러 발견할 수 있지만, 그 꿈을 환갑이 지나도록 간직하고 추구하는 사람은 거의 찾기 어렵습니다. 그 동안 세월이 많이 흘렀습니다. 최일도 목사님도 나이 들어 손자를 보았고, 신자들 만이 아닌 일반 국민들에게까지 널리 알려진 기독교의 자존심 같은 목사가 되었으며 밥퍼 사역은 세계로 뻗어 나갔습니다. 처음 만났을 때의 최 목사님과 현재의 최 목사님을 비교하면 지혜와 지식과 업적과 경험과 사회적인 평판 등은 비교할 수 없을 정도로 아니, 상상을 못할 만큼 높아지고 커졌습니다.

그런데 소년과 같은 꿈은 그때나 지금이나 하나도 변함이 없습니다. 그동안 현실의 벽 앞에서 수많은 고통을 당하고 많은 좌절도 경험했지만, 그 눈길은 이십대 청년 시절이나 육십 대인 현재나 여전히 순결하고 아름다운 높은 꿈을 향하고 있습니다. 최일도 목사님은 청년 시절이나 장년 시절이나 이제 노년기의 문턱에 이른 시절에 이르기까지 여전히 소년의 꿈을 가지고 있는 청년입니다. 이것이 최일도 목사님의 매력이고 힘이며 하나님이 주신 특별한 은사이기도 합니다.

창세기의 요셉은 꿈꾸는 사람이었습니다. 형제들의 곡식단이 자신의 곡식단에 절하는 꿈을 꾸었습니다. 그리고 그 꿈을 따라서 살았고 그 꿈이 이루어지는 것을 보았습니다. 일평생 꿈을 간직하는 것도 쉬운 일이 아니지만, 그 꿈을 따라 일평생 사는 것은 더욱 어려운 일입니다. 그런데 최 목사님은 그런 어려운 삶을 현실 속에 살아왔습니다. 청년 시절 캠퍼스에서 최 목사님을 만난 후 저는 광주의 한 대학 교수가 되어 서울을 떠나 살게 되었습니다. 그런 동안 최 목사님은 신학대학원을 마치는 신학교 졸업반 시절부터 청량리에서 밥퍼 사역을 시작했습니다. 소년 시절부터 간직한 그의 꿈이 밥퍼로 구체화 되었습니다. "이 땅 위에 밥 굶는 이 없을 때까지!"라는 단순하고 거룩한 밥퍼의 꿈과 재가수도회를 통한 거룩과 성결의 삶은 일평생 간직할 수 있는 꿈이었고 일평생 따라 살 수 있는 꿈이었습니다.

큰 부자가 되겠다는 꿈이나 높은 지위에 올라가는 꿈, 그리고 큰 명예를 얻는 꿈은 일평생 간직하기 어려운 꿈입니다. 그 꿈이 이루어지면 이제 그 꿈을 다른 사람에게 넘겨주고 내려와야 합니다. 그 꿈이 좌절되면 이제 더 이상 할 일이 없기 때문에 그 꿈을 내려 놓아야 합니다. 그러나 밥퍼의 꿈은 이루어질 수 없는 꿈입니다. 밥퍼의 꿈을 바라보며 달려온 지 30년 이상의 세월이 흐르고 한국 사회가 경제적으로 크게 발전했지만, 밥 굶는 사람은 여전히 우리 주위에 있습니다. 냄비 하나, 라면 한 봉지만 있으면 한 사람 한 끼의 굶주림이 면할 수 있습니다. 따라서 작은 냄비 하나 들고 있으면 밥퍼의 꿈은 계속될 수 있습니다. 최일도 목사님의 꿈이 밥퍼의 꿈이었기에, 주님은 '내가 다시 올 때까지 가난한 이가 항상 우리 곁에 있을 것이다' 말씀하신 것처럼 주님 다시 오실 때까지 이룰 수 없는 꿈이기에 지금도 계속되고 있습니다. 작은 냄비 하나만 들고 있으면 이어질 수 있는 꿈이기에 지금도 계속되고 있는 것입니다.

꽤 오래전 이야기입니다. 밥퍼 사역이 널리 알려지고 청량리에 천사병원이 세워질 무렵이었습니다. 최 목사님 사무실을 방문한 적이 있습니다. 그때 사무실 책상 위에 빛이 바랜 누런 양은 냄비 하나가 있었습니다. 웬 냄비냐고 물어보았습니다. 그러자 최 목사님이 대답하길 청량리에서 처음 라면을 끓일 때 사용하던 냄비라고 하였습니다. 그래서 제가 말했습니다. "그 냄비 속에 밥퍼의 꿈이 들어 있습니다. 그리고 밥퍼를 시작할 때의 순수한 마음, 초심(初心)이 그대로 들어 있군요! 사무실에서 최 목사님 혼자 간직하며 보지마시고 여러 사람이 그 꿈을 나눌 수 있도록 가장 잘 보이는 입구에 전시하는 것이 좋을 듯 합니다." 최 목사님은 이 말을 가볍게 듣지 않고 다일천사병원 입구 현관에 그 냄비를 지금도 전시해 두었습니다. 그 냄비는 많은 사람들에게 '청년 최일도'의 꿈을 증거하고 있습니다. 꿈많은 광나루 시인을 밥 짓는 시인으로 만들어 밥퍼의 꿈이 현실 속에 이루어지며 한국 이외에도 열나라 스물한 곳의 분원에서 날마다 계속 이어지고 있습니다.

청년 최일도의 꿈이 밥퍼의 꿈으로 형상화되고 그 꿈이 계속 이어지고 전 세계로 퍼져 나가는 것은 물론 주님의 은혜요 섭리의 손길입니다. 현대판 오병이어의 기적이라고도 할 수 있습니다. 여기까지 오도록 주님의 은혜와 섭리의 손길이 나타날 수 있도록 애쓰고 수고한 최 목사님의 땀과 눈물의 가치를 결코 작게 평가할 수 없습니다. 꿈을 꾼다는 것은 방바닥에 팔 베게 하고 누워서 이 생각, 저 생각 한다는 것이 아닙니다. 행동으로 옮기지 않고 방바닥에 누워서 하는 생각은 꿈이 아니라 헛된 망상에 불과합니다. 그러나 최 목사님은 밥퍼의 꿈을 삶 속에서 구현하기 위해서 온 몸이 부서지게 달리고 또 달렸습니다. 그는 수많은 시련과 역경 속에 울어야 했습니다. 밥퍼의 꿈이 계속되기 위해서는 매일 1,000그릇 정도의 밥을 퍼야 했는데 그 비용도 날마다 수백만 원에 이르고 여러 명의 자원봉사자가 매일같이 수고해야 합니다. 물론 자발적으로 물질로 후원하고 몸으로 섬겨 주는 분들이 많이 있습니다. 그러나 밥퍼의 꿈을 함께 나누며 헌신하는 사람들이 일할 수 있도록 뒷받침 해 주어야 합니다. 이 일은 참으로 힘들고 어려운 일입니다. 1~2년 하고 그치는 일이 아니라 30년 넘게 계속되고 전 세계적으로 확산되는 밥퍼의 꿈이 시들지 않고 살아있는 현실이 되기 위해서는 그야말로 쉼 없는 수고와 헌신이 있어야 합니다.

최 목사님은 이 일을 위해 불철주야 쉬지 않고 달려 왔습니다. 전국 곳곳의 여러 교회와 학교, 기관들을 찾아가 설교하고 강의하면서 밥퍼의 꿈을 나누었습니다. 방송에 출연하여 밥퍼의 꿈을 소개했습니다. 지구를 여러 바퀴 돌면서 해외에 있는 밥퍼 지부를 방문하고 해외 동포들에게도 밥퍼의 꿈을 선포했습니다. 속없는 사람들은 전국과 전 세계를 돌아 다니면서 설교하고 대접받고 또한 강사료까지 받으니 얼마나 재미있고 좋은 일이냐고 말하며 비난하기도 했으나 1년에 몇 번 그렇게 한다면 그 말이 맞을 수도 있습니다. 그러나 1년 52주 쉴틈 없이 일정이 짜여지고 비가 오나 눈이 오나, 몸 컨디션이 좋을 때나 좋지 않을 때나 상관없이 그 일정을 소화해 내는 일은 노동 중의 중노동이요, 감옥에 있는 것보다 더 부자유한 삶입니다. 이렇게 얻은 후원금과 강사료는 유명 인사의 짭짤한 부수입이 아닙니다. 다일 재단 스텝들의 급여를 지불하고 배고픈 사람들에게 밥을 나눠주기 위해서 없어서는 안 되는 생명줄입니다. 불규칙하고 때로는 변덕스럽기까지 한 후원금과 강사료만으로는 살 수가 없어 그는 거의 모든 강사료를 헌금했으며 책 인세도 대부분 헌금하여 상상을 초월하는 헌신을 보여주었습니다. 전국과 전 세계를 돌아 다니는 일은 온몸을 깎아 먹는 피곤하고 힘든 고난의 길입니다.

또 가까이서 보니 최 목사님은 시차 적응이 잘 안되는 체질입니다. 2006년 안식년을 맞아 미국 애틀랜타 밥퍼에 가서 한 달 정도 머문 적이 있었습니다. 그때 최 목사님이 업무차 애틀랜타에 와서 얼마 동안 같이 지냈습니다. 그런데 시차 적응이 잘 안 되서 밤에는 잠을 못 자고 낮에는 졸음과 피곤증에 힘을 쓰지 못하는 일이 계속되었습니다. 세계 곳곳을 다니며 일해야 하는 최 목사님 같은 분에게 시차 적응이 안 되는 것은 바울 사도의 가시와 같은 것입니다. 숨 쉴틈 없이 빡빡한 일정과 시차 적응의 어려움 등은 밥퍼의 꿈을 이루는 길에 놓여진 고난이요 장애물입니다. 이러한 길을 최 목사님은 33년을 쉬지 않고 달려 왔습니다. 제가 이 일에 대한 증인입니다.

최 목사님은 광주에도 와서 대학뿐만 아닌 일반 단체의 초청으로 강연을 하거나 특강을 많이 했습니다. 그러면 마중을 나가서 함께 시간을 보내기도 했습니다. 그럴 때면 한참 동안 아무 이야기도 나누지 않고 차 뒷좌석에 앉아 쉬시도록 했습니다. 이름있는 인사가 되면 자기를 초대해 준 사람과 끊임없이 이야기를 나누어야 합니다. 식사 대접도 받아야 합니다. 말없이 앉아 있거나, 식사 대접을 거절하면 오해를 살 수 있고 더 나가 초대한 사람의 마음에 상처를 줄 수 있습니다. 그래서 쉬는 시간 없이 말을 해야 하고 긴 시간 함께 식사를 나누어야 합니다. 이 모든 일이 고마운 일이요 정이 담긴 배려이지만, 대접받는 사람에게는 힘든 노동이 되는 경우가 많습니다. 그래서 저는 최 목사님이 광주에 와서 저와 시간을 보낼 때는 할 수 있는 한 간소하게 식사를 나누고 아무 말도 하지 않고 가만히 옆에 있는 적이 많았습니다. 어떨 때는 차 뒷좌석에서 잠시 동안의 시간이지만 정신없이 깊은 잠에 빠지는 모습을 보면서 친구로서 싸하게 밀려오는 아픈 마음을 쓰다듬기도 했습니다.

몇 년 전에 광주의 어느 대학에 특강을 하기 위해서 오신 적이 있습니다. 송정리역에 마중을 나갔더니 저를 보고 다짜고짜 말했습니다.

"노 목사님 이 근처에 어디 병원 없습니까? 링거 주사를 한 대 맞아야 하겠습니다." 몸이 불편한 가운데 약속을 지키기 위해서 억지로 광주엘 왔습니다. 영양제 주사를 맞으면 쓰러질 때 쓰러지더라도 약 기운으로 강의는 할 수 있을 겁니다. 그때 제가 친구로서 '몸 관리 잘 하시라'고 따끔하게 잔소리도 하고 핀잔을 주었습니다. 그러자 "약속은 지켜야지요. 이렇게 뛰지 않으면 밥퍼가 돌아가지를 못합니다" 하고 말하면서 강연장으로 들어갔습니다. 강연장으로 들어가는 뒷모습을 보니 허옇게 센 머리와 긴 세월 밥퍼의 꿈이라는 거룩하고 무거운 짐에 억눌려 휘어진 어깨가 보였습니다.

꿈이란 혼자 꾸어서는 이룰 수 없습니다. 여러 사람이 함께 꾸어야 꿈이 이루어질 수 있습니다. 최 목사님은 이 세상 곳곳에서 꿈꾸는 사람을 만나고 그 꿈이 이루어지도록 돕는 일에 모든 힘과 진액까지도 다 쏟았습니다. 다일공동체와 복지 재단에서 일하는 직원들을 꿈의 동반자가 되도록 하기 위해서 많은 수고를 했습니다. 동남아 출신의 노동자들을 도와주고 그들에게 꿈을 심어 주었고 또한 본국에 돌아가서 그 꿈을 이루도록 이끌어 주는 일을 최선을 다해 했습니다. 이런 일을 하면서 사랑과 존경을 받는 경우도 많이 있지만 때로 당하지 않아도 될 수모와 고통을 당하는 모습도 보아야 했습니다. 청량리 588 여성의 가슴 깊은 곳에 숨겨져 있는 슬프고 고통스러운 마지막 꿈을 이루도록 돕기 위해 애쓰다가 포주와 조폭들에게 폭행을 당한 이야기를 밥퍼 책을 통해서 읽을 수 있습니다. 아무 꿈이 없는 것 같은 노숙인들을 붙잡고 꺼져 가는 마지막 꿈의 불씨를 살리려다가 좌절과 아픔을 경험하기도 했습니다. 병든 목사 사모님을 치료하기 위해서 가톨릭 성가병원에 갔다가 그 곳 간호사 수녀에게 모진 말을 들었고, 이 일이 계기가 되어 기독교 최초의 무료 병원인 다일천사병원이 세워진 일은 널리 알려진 이야기입니다.

저와 관련해서도 이와 비슷한 경험이 있습니다. 광주에서 교수 생활을 잘 하고 있었지만 마음속에 주님 나라와 복음에 대한 꿈을 내려놓을 수가 없었습니다. 그래서 신학대학원 공부를 시작했습니다. 신학대학원 과정의 공부와 교수 일을 함께 하는 일이 참 힘들고 어려운 일이었습니다. 그때에도 최 목사님께서 많이 격려해 주시고 꿈을 심어 주셨습니다. 신학대학원을 졸업한 후 교회를 개척하고 교회 이름을 광주 다일교회라고 지었습니다. 얼마되지 않아 성도들이 꽤 모이게 되었습니다. 성도들에게 축도를 하고 성례전을 집행하기 위해서는 목사 안수를 받아야 했습니다. 그러나 제가 속한 노회에서는 교수직을 가진 이중직 목회자라는 이유로 목사 안수를 주지 않았습니다. 그래서 최 목사님에게 부탁해서 목사님이 소속된 서울동노회에 가서 다일복지재단 명의로 목사 안수를 받았습니다. 그런데 이것이 문제가 되었습니다. 편법이요 불법이라고 했습니다. 이 일을 수습하기 위해서 저도 고생을 많이 했고 최일도 목사님도 노회에 불려가서 많은 수모를 당했습니다. 그때에 이런 말을 했습니다. "이런 수모쯤은 얼마든지 더 기쁘게 받을 수 있지요, 허허허!" 최 목사님이 학교 다닐 때는 제가 선생이었지만 이제 목사 안수받을 때는 최 목사님이 저의 선배가 되어 제 꿈을 격려해 주시고 이끌어 주셨습니다.

최 목사님은 늘 청년의 꿈, 시인의 꿈, 밥퍼의 꿈을 가지고 초심을 잃지 않고 일평생 달려왔습니다. 나이는 들어가도 그 꿈은 시들지 않았습니다. 그 꿈이 세계 곳곳으로 퍼져 나가고 있습니다. 최근에는 밥상 공동체를 통해서 이 땅 위에 평화를 이루고자 하는 밥 피스메이커 운동을 시작했습니다. "밥이 평화다, 밥이 답이다!"를 외치면서 밥상 공동체의 정신으로 분단된 남북과 동서를 연결하고, 계층과 계급의 벽을 넘고, 문화와 젠더의 차이를 극복하는 운동을 벌이고 있습니다. 밥퍼의 꿈은 단순히 밥 굶는 이들을 위한 구제 활동의 영역을 넘어서 평화와 공동체를 향한 크고 높은 꿈으로 성장하고 있습니다.

최 목사님이 일평생 꿈을 붙들고 그 꿈을 이루기 위해서 시종일관 달려올 수 있었던 힘은 도대체 어디서 나오는 것일까요? 설곡산다일공동체 영성수련원에서 그 힘의 근원을 발견할 수 있습니다. 저는 다일영성수련 1단계와 2단계 훈련을 받았습니다. 그 훈련 과정에서 최일도 목사님의 꿈과 간절한 소원을 깨달을 수 있었습니다. 훈련생들을 향해서 쏟아붓는 많은 말이 사실은 목사님 자신을 향한 선포요 약속임을 느낄 수 있었습니다. 최 목사님은 아무리 바쁜 일정 가운데서도 영성수련 과정과 그 시간만은 철저히 비워두고 그 일에 최선을 다했습니다. 이것은 수련생들의 영적 성장을 위한 섬김이지만, 또한 최 목사님 자신의 꿈과 주님께 받은 사명을 확인하는 시간이었습니다. 이 시간을 통해서 주님의 음성을 듣고, 들은 음성을 고백하고, 그 음성 따라서 밥퍼의 꿈과 수도 생활의 꿈을 40년 가까이 실현해 나갈 수 있었습니다. 그렇습니다. 모든 위대하고 가치있는 일의 뿌리는 영성입니다.

영성이 깊지 못한 일이나 사업은 꽃꽂이 꽃과 같습니다. 처음 볼 때는 화려하고 아름답지만 곧 시들게 됩니다. 그러나 영성의 뿌리가 깊은 삶과 꿈은 환난과 고난의 비바람 속에서도 오래오래 견디고 끝내 꽃을 피우고 열매를 거둡니다. 최 목사님과 다일의 사역을 보면 청량리 뒤에 설곡산이 있습니다. 밥퍼 활동은 깊은 공동체의 영성에 뿌리 내리고 있습니다. 그래서 "이 땅에 밥 굶는 이 없을 때까지", "이 땅에 온전한 평화가 이루어질 때까지" 계속되는 밥퍼목사의 꿈은 우리 주님 오실 때까지 끊어지지 않고 또 누군가를 통해서 계속계속 이어지게 될 것입니다.

# 얼마나 감사한지,
# 얼마나 뿌듯한지!

- 조영진 감독(미국 연합감리교회 은퇴 감독) -

최 목사님의 책, '밥 짓는 시인, 퍼주는 사랑'이 베스트셀러가 되면서 최 목사님의 러브 스토리와 밥퍼 나눔 사역은 미국 워싱턴 교민 사회를 뜨겁게 했었다. 나 역시 그 책을 붙들고 놓지를 못하고 밤을 새워 끝까지 읽었던 기억을 잊을 수가 없다. '정오의 샘터'라는 워싱턴에 있는 초교파적 직장 선교 단체에서 최 목사님을 모시고 사흘간 집회를 갖게 되었는데 그 기간 중 토요일 저녁 집회는 내가 담임으로 섬겼던 워싱턴한인교회에서 모이게 되어 그때 처음 만나게 되었다.

토요일 오전에는 최 목사님의 세미나 인도가 있는데 어서 만나보고 싶은 희망에 부푼 나는 오전부터 세미나에 참석했다. 감동적인 강의를 듣고 인사를 나누자 최 목사님이 대뜸 나에게 물었다.
"몇 학년이세요?" 눈치를 챈 나는 몇 학년 몇 반이라고 내 나이를 말해주었더니 "형님으로 모시며 많이 배우겠습니다. 저를 친 아우처럼 생각해주시면 영광이겠습니다."라고 했다. 이것이 최 목사님과 나와 만남의 시작이었다.

나중에 들은 이야기는 최 목사님께서 세미나 집회 장소로 오는 도중 차 안에서 한국어 방송을 들으셨는데, 그때 마침 방송되던 내 설교를 듣고는 운전해주는 장로님께 이분이 누구냐고 물으셨다고 한다. 장로님께서 나에 대한 간략한 소개를 하자 꼭 만나보고 싶다는 이야기를 했기에 서로 만나자나자 서로에게 반한 나머지 오늘까지도 형님 먼저 아우먼저 하고 살아가고 있다. 최 목사님과의 형제우애는 시간의 흐름과 공간의 거리를 뛰어 넘어서서 오늘까지도 참으로 아름답게 이어지고 있어 진심으로 감사할 뿐이다.

30년이 넘는 세월 속에서 우리는 많은 추억거리를 함께 쌓아왔다. 워싱턴한인교회 설립 40주년이 되는 해에 최 목사님은 사모님과 막내딸 별이와 함께 오셔서 영성수련회와 부흥회를 인도해 주신 적이 있는데, 그때 받은 은혜는 많은 교우들의 가슴 속에 아직도 깊은 감동으로 남아 있다. 또 다일공동체교회 설립 10주년 집회에 나와 집사람을 초청해 주셨는데, 공항에 내리면서부터 돌아올 때까지 받은 사랑은 감당하기가 힘들었다. 집회 기간 중 다일공동체를 방문했을 때, 참으로 놀라운 선물을 받았다. 그때 선물은 솥에서 통째로 떼어낸 누룽지였다. 지금까지 받은 선물 가운데 가장 기억에 남는 선물로 기억되고 있다.

사실 그동안 나는 형님 노릇은 못하고, 오히려 아우님에게 많은 사랑의 빚을 졌다. 무엇보다도 큰 빚은 내가 2012년 연합감리교회의 감독으로 선출되어 버지니아 연회를 섬길 때였다. 목회자의 변화 없이는 교회의 변화가 있을 수 없기에, 우리 연회 목회자들에게 도전을 안겨주기 위해 부평 감리교회의 도움을 받아 "영적 갱신을 위한 순례"라는 목회자 연수 프로그램을 시작했다.

나는 이 프로그램을 통하여 130여 년 전에 한국에 복음을 전해준 미국 교회가 뿌린 씨앗이 오늘 한국 땅에서 어떤 열매를 맺고 있는 지를 보면서 지금 미국 교회가 하는 선교의 중요성을 깨닫고, 미국 교회의 울타리는 넘어서는 글로벌 퍼스펙티브를 배우고, 기도에 역점을 두는 한국 교회의 모습을 보고 체험하기를 소원했다.

이 프로그램의 하이라이트는 교회 성장을 이룬 대형 교회가 아니었다. 밥퍼 나눔 현장과 다일천사병원을 방문하고 직접 밥을 나누고 섬김의 현장을 경험하는 일이었다. 최 목사님은 그 바쁜 중에도 언제나 시간을 내어서 밥퍼 사역과 다일천사병원을 소개해주었고 어려운 상황에서도 황송할 정도로 늘 점심 식사를 제공해주며 미국인 목사님들에게 다일의 영성과 정신을 매우 감동있게 소개해 주었다.

감독으로 섬기는 동안 이 프로그램을 매년 한 번씩 네 번을 가졌는데, 참석한 100여 명이 넘는 미국인 목사님들은 한결같이 자신의 인생과 사역에 큰 영향을 주었다고 썼다. 특별히 밥퍼 나눔 사역의 참여는 정말 감동 그 자체라는 고백을 들려주었다. 한 해는 참가한 목회자의 교인이 주한 미국 대사관에 근무하는 것이 인연이 되어 우리가 밥퍼현장을 방문할 때, 당시 주한 미국 대사였던 리퍼트 대사도 함께 밥을 나누며 도와드린 일이 있다. 또 필자가 2017년 연세대 글로벌 신학대학원의 초청으로 한 달간 강의할 때 9개 나라에서 온 12명의 학생들과 함께 실습 교육으로 밥퍼 사역 현장을 방문했는데, 그때 학생들이 받은 도전과 감격은 대형 교회에서 경험하는 것과는 차원이 다른 은혜 위에 은혜가 넘쳤다.

최 목사님의 빈민 선교와 나눔 운동은 이렇게 한국의 변두리에서 아주 작게 시작하여 열나라 스물한 곳에 흩어져 세계의 많은 교회 지도자들과 믿지않는 분들에게도 깊은 감격과 도전을 안겨 주고 있다. 33년을 끈질기게 이어온 밥퍼 사역은 이제 세계 여러 곳으로 퍼져 나가고 있다. 그리고 이렇게 오랜 세월 이 험난한 섬김의 길을 걸어 올 수 있게 된 동력이 있다면, 나는 주저하지 않고 깊은 다일영성훈련에 답이 있다고 확신한다.

이 같은 섬김의 실천과 나눔 운동과 영성훈련의 균형은 김연수 사모님과의 사랑이 가져다 준 귀한 너무도 귀한 선물이기도 하다. 이는 필자의 생각만이 아닌 많은 분들이 동의하시리라고 믿는다.

지난 2018년 11월 최 목사님 부부와 우리 부부는 함께 워싱턴 D.C에 있는 세이비어 교회와 펜실베니아주 랭카스터에 있는 아미쉬 공동체를 방문한 일이 있다. 많은 것을 배우고 깨달았지만 특별히 가슴에 다가온 것은 세이비어 교회에서 들은 부르심의 중요성이었다. 그 교회가 규모는 작지만 놀라운 사역을 감당하고 있는 것은 부르심에 기초한 사역에의 헌신 때문이었다. 이 부르심은 목회자뿐 아니라 모든 하나님의 백성들에게도 해당되는 이야기다.

이 이야기는 바로 최 목사님 내외분에게도 그대로 적용되는 것이다. 그 중심이 예수님이 이들 부부를 미리 알고 정하시고 부르셨고 예수 안에 있는 사랑으로써 서로 진심으로 사랑했기에 맺게 된 아름다운 열매라는 것이다. 최 목사님 내외분은 바로 주님의 부르심 때문에 이 사역을 시작했고 부르신 주님의 은혜로 여기까지 오셨다.

그 사이 칭찬과 인정도 쏟아졌지만 유명세만큼 시기와 질투와 비난과 중상모략도 많았다. 힘들고 외롭고 어려운 시간들이 수도 없이 이어졌지만, 인정과 칭찬에 우쭐거리지 않고 비난과 중상모략에 기죽지 않은 채 오직 주님의 부르심과 십자가만을 붙들고 끈질기게 참사랑과 나눔의 길을 걸어오셨다. 감사한 일이다. 참으로 감사한 일이다.

최 목사님 같은 아우님이 한국 교회에 있다는 사실이 얼마나 감사한지 얼마나 가슴 뿌듯한지 모르겠다. 모든이에게 모든 것이 되길 바라는 마음으로 다양성 안에서 일치를 추구하는 삶을 지금까지 살아온 러브 스토리도 크고 많은 감동을 주고 있지만 주님 부르심이 있을 때까지 밥퍼목사의 러브 스토리는 계속계속 써지고 퍼져서 감동 없는 이 세상에 진정한 감동을 주는 은혜의 통로가 되길 간절히 소망하며 기도한다.

# 23

# 성문 밖에서
# 하나님의 얼굴을 본 사람

- 이홍정 목사(KNCC 총무) -

　최일도 목사님은 우리가 살아가는 세상 변두리에 삶의 자리를 틀었습니다. 처음 시작한 서울에서도 가장 낮은 삶의 자리 청량리역 광장과 사창가에서, 전 세계 흩어진 삶의 자리마다 가장 취약층이 모여 사는 빈민촌입니다. 인류 역사상 가장 많은 생산량을 기록하는 세계화 시대에 역설적으로 가장 큰 빈부 격차를 경험하는 시대, 빈곤이 세계화 되고 절대 빈곤이 구조화 된 세상의 주변에 목사님의 발길은 항상 멈춰 있습니다.

　출발선상의 불평등으로 인해 개천에서 용이 나기 어려운 시대에 미래에 대한 희망 대신 좌절을 퍼먹는 흙수저의 절망의 자리에 목사님의 손길은 뻗쳐 있습니다. 이윤 추구를 위해서는 생명마저 상품화 하는 세상, 돈과 권력과 명예가 인간이 추구하는 가장 귀중한 가치가 되어버린 세상에서 목사님은 여전히 사람이 희망임을 노래하고 있습니다. 상호 의존성과 자기 비움의 영성은 사라지고 인간의 탐욕에 깊게 뿌리내린 독점과 사유화의 이데올로기가 판을 치는 세상, 절망과 소외의 짙은 그림자가 사회적 아노미 현상으로 확대되며 생명의 안전마저 위협하는 위험 사회에서 목사님은 생명의 그물 망을 넓게 펼치고 계십니다.

최일도 목사님은 언제나 성문 밖을 향해 나가는 동행과 환대의 순례의 길 위에 서 있습니다. 작은 이들과 함께 하는 목사님의 동행과 환대, 지속적인 나눔과 돌봄의 실천은 세상의 부유한 자들처럼 안방의 안전과 안락의 자리에 머문 채 행하는 값싼 전시용 자선이나 바리새인적 위선이 아닙니다. 목사님은 값싼 은총의 나눔이 성문 밖에서 당하신 그리스도의 수난에 대한 배신이며 작은 이들의 삶 가운데 현존하시는 하나님에 대한 무지에서 기인된 불신앙의 행위인 것을 고백하고 있습니다.

최일도 목사님은 작은 자들의 얼굴 속에서 그들과 함께 하는 예수님의 얼굴을 볼 줄 아는 하나님의 사람입니다. 세상의 구원을 위해 고난 당하신 예수 그리스도의 실천처럼 지극히 작은 이들을 향한 목사님의 사랑의 실천이야말로 이 세상에서 치유와 화해를 위해 일하시는 하나님의 영성이며 전략입니다. 목사님은 힘을 사랑하는 사람들에 의해 파괴된 생명의 안전이 작지만 사랑하는 힘을 가진 사람들의 사랑의 실천 가운데 함께 계신 하나님의 은총으로 회복되는 것을 날마다 경험하며 살고 있습니다. 지극히 작은 이들에 대한 사랑의 실천이 빈곤의 세계화라는 악순환의 고리를 자르고 생명의 안전과 풍성함을 회복하는 복음화의 본질적 영성이며 전략인 것을 목사님은 잘 알고 있습니다. 지극히 작은 이들의 벗이 된다는 것은 자선이 아니라 사랑을 통해 정의를 실현하는 것이라는 것을 목사님은 삶과 사역을 통해 증언하고 있습니다. 목사님의 나눔과 돌봄 사역의 전 과정을 이끄는 근본은 진리입니다. 그것은 값싼 자선의 프로파간다, 선전 선동이 아니라 소금처럼, 빛처럼, 바람처럼, 꽃의 향기처럼 진리의 존재 양식, 그 자체로 섬기고 나누는 삶입니다.

최일도 목사님은 오늘 이웃과 자연이 경험하는 가난과 질병과 억압과 절망과 죽음에 상관되지 않은, 나의 부와 건강과 자유와 소망과 생명이 없다는 것을 체험적으로 알고 있습니다. 목사님은 이들 사이에 존재하는 사회적 생태적 상관성을 보지 못하는 것 자체가 영적 무지요 불의이며 죄악임을 고백합니다. 예수님의 자발적 가난과 고통과 절망과 죽음이 왜, 어떻게, 나의 풍요와 기쁨과 소망과 생명으로 전환되는지, 오늘 20대 80, 1대 99의 불평등한 세상에서 내가 지닌 부와 건강과 자유와 소망과 생명에 대한 신학적 실천적 진정성이 무엇인지를 잘 알고 있습니다.

'밥퍼'는 만물의 생명의 풍성함을 위하여 이 땅에 오신 예수 그리스도의 복음과, 생명과 소망의 원천이신 하나님의 역사적 현존이 오늘 가난한 사람, 병든 사람, 억압당하는 사람, 절망하는 사람, 죽임을 당하는 사람들의 삶과 본질적 상관성을 가지고 우리를 찾아오는 길입니다. 오늘 코비드19로 온 세상이 고통받고 있는 이때에 '밥퍼'는 나와 우리 교회가 그들과 무슨 상관성을 지니고 있는지를 묻고 있습니다. 우리는 이웃과 자연을 통해 전달되는 하나님의 자비와 은총으로 살아

갑니다. 이 고백은 우리로 하여금 이웃과 자연을 섬기므로 하나님을 섬기게 합니다. 이웃과 자연의 얼굴을 통해 하나님의 얼굴을 뵈옵고, 이웃과 자연을 하나님처럼 섬기는 것이 '내가 너희를 사랑한 것 같이 너희도 서로 사랑하라'는 바로 그 사랑의 실천 행위입니다. 성문 밖에서 그리스도의 사랑으로 행하는 나눔과 돌봄이 이 세상을 끝없이 변혁시키며 아름다운 세상으로 바꿉니다. 우리는 모두 오늘 이 같은 변혁적 "밥퍼"를 실천하도록 부름 받고 있습니다.

# 24

# 한국에도 있구나, 성경에 나오는 초대 교회가!

- 이강학 박사 (횃불트리니티신학대학원대학교, 실천신학/기독교 영성학 교수) -

'어떤 교회에 몸을 담을까?'

대학 시절에 기독교인이 된 나는 대학을 졸업하면서 줄곧 이 고민을 하고 있었다. 대학을 졸업한 후에 후배들과 성경을 공부하는 것이 너무 좋았다. 그래서 언론사나 방송사 입사 시험 준비하던 것을 포기하고 1991년 봄에 한 대학생 선교 단체의 간사로 헌신했다. 후배들을 전도하고 예수님의 제자로 올바로 키워내려면 내가 먼저 바른 교회관을 지녀야 된다는 생각이 들어 성경에 나오는 오순절 초대 교회를 가장 닮은 교회를 찾기 시작했다. '이왕이면 작은 교회면 좋겠다, 가난한 사람들을 사랑하는 교회면 더욱 좋겠다. 공동체성을 배울 수 있는 교회면 참으로 좋겠다'는 생각을 했다.

"간사님, 제가 최근에 인터뷰한 목사님이 있는데 너무 감동적이에요. 저는 그 교회에 나가기 시작했어요."

1991년 가을, 나에게 창세기를 배우던 한 자매가 말하는 소리에 귀가 솔깃해졌다. 그 자매는 당시 대학 졸업을 앞두고 극동방송 리포터로 일하고 있었다. "좀 더 자세히 말해보세요." 그 자매의 경험을 듣는 중에 내 마음에 호기심이 동하는 것을 느꼈다. '그럼, 일단 가 보자!'

와우, 가보니 과연 '한국에도 있구나! 성경에 나오는 초대 교회가!' 이것이 1991년 11월 다일교회 주일 예배를 처음 방문한 나의 탄성이었다. 청량리 역전에 있는 한 상가 건물 계단을 올라가면서 '아 이거 마가의 다락방 올라가는 것 같은데…' 하는 생각이 머리를 스쳤다. 청량리 로타리에 있는 낡은 건물 4층 옥상에 있는 가건물이었다. 강대상 뒤로 멀리 청량리의 하늘이 보였다. 서른 명 남짓 되는 성도들이 일어서서 찬송을 부르고 있었다. 가지런히 정리된 신발들 곁에 나란히 신발을 벗어놓고 들어갔는데, 노숙인 형제들에게서 나는 발 냄새가 코를 찔렀다. 한 쪽 벽에 나무판에 새겨진 문구들이 살아서 눈에 들어왔다. '나눔', '섬김', '화해', '일치', '예전의 갱신' 낱말들이 예사롭지 않았다.

키가 훤칠한 최일도 목사님이 깊은 목소리로 군더더기가 없이 예배를 인도했다. 예배 시간은 길었지만 순식간에 지나갔다. 예전도 독특했다. 성경을 세 번 읽었고 여러 번 앉았다 일어섰다를 반복했다. 성만찬도 있는데, 목사님이 성찬을 들고 직접 한 분 한 분 성도들에게 다가가시는 것이 매우 인상적이었다. 나중에 목사님으로부터 이 예배의 예전이 얼마나 귀한 종교 개혁의 산물인가에 대한 설명을 듣고 예전이 참 귀하고 소중하구나 하는 것을 깨달았다. 매 주일 예배에 감동과 감격에 빠져서 순간순간마다 울컥울컥하여 눈물을 닦느라 혼났다. 예배가 끝날 때면 떼제 공동체 찬양인 "사랑의 나눔"을 부르며 모두 동그랗게 큰 원을 그리고 서더니 최 목사님이 돌아가며 "사랑합니다!" 하고 큰소리로 반갑게 안아주기 시작했다. 그러자 곁에 서 있던 분들도 따라서 한 바퀴를 돌았다. 처음 듣는 떼제 노래가 마음 깊이 다가올 뿐만 아니라 어렸을 때 어머니 품에 안겼던 이후로 오랫만에 안겨보는 느낌이 처음에는 어색하더니 이내 좋아졌다. 점심 식사 후에는 다시 큰 원을 그리고 앉아서 지난 한 주간의 삶을 나누었다. 말이 어눌한 분도 있었고 대학가 주변에서는 만나기 힘든 분들도 있었지만, 그 진실함에 감동이 되었다. 사도행전에 묘사된 오순절 성령 공동체가 한국에 세워진다면 바로 이런 모습이 아니었을까?

"오빠, 놀다가!"

청량리 588 '언니들'이 처음 보는 나의 팔을 잡아끌었다. 다일이 준 충격은 주일 예배만이 아니었다. 삶의 나눔이 끝나고, 서로를 위해 뜨겁게 중보 기도 한 후에 우리는 리어카에 빈 그릇들과 밥솥 국통을 싣고 '나눔의 집'이라는 공동체로 갔다. 난생 처음으로 말로만 듣던 청량리 588 골목길을 들어설 때의 그 난감함은 지금도 생생하게 떠오른다. 상품처럼 진열장 안에 서 있던 언니들을 제대로 쳐다볼 수가 없었다. 그 중 하나가 내 안경을 빼앗아 달아났다. 사정한 끝에 겨우 안경을 찾아 끼고 공동체에 들어섰다. 공동체는 막다른 골목에 있는 허름한 방 세 칸짜리 집이었다. 최 목사님은 어떻게 이런 곳에 들어올 용기를 품게 되셨을까? 궁금하기 그지없었다.

"성자되기 첫걸음은 설거지부터!"

청량리 다일공동체에 들어서자마자 기둥에 붙어 있던 이 문구가 눈을 잡아 끌었다. '설거지가 이렇게 중요한 실천이었다니….' 설거지를 하면서 감동을 느낀 것은 이때가 처음이었다. 설거지를 마치고 공동체 형제들이 다른 청년들과 함께 방으로 초대했다. 차를 마시는데, 천장에서 쥐들이 마라톤을 릴레이로 하는 소리에 깜짝 놀랐다.

'사람이 몇 시간 며칠 사이에도 이렇게 많은 충격과 감동과 도전을 받을 수가 있구나!' 이것이 다일공동체교회에서 첫 주일 예배를 드린 나의 소감이다. 그 날 '신실하신 하나님은 내가 찾던 교회로 나를 인도하셨구나!' 하는 확신이 들었다. 그 후로도 다일의 경험들은 대부분 '처음'이라는 말로 형용할 수밖에 없는 경험의 연속이었다. 중학교 때부터 '서울대 정복!'을 벽에 써 붙이고 책과 씨름만 했던 나에게, 서울대학교에 들어간 후로 '지성인'을 화두로 삼고 머리를 달구던 나에게, 다일공동체교회와 최일도 목사님은 '책'과 '머리'의 정반대편에 있는 미개척지의 삶으로 나를 계속 초청하고 견인해가고 있었다.

"청년부 회장"

최 목사님이 우리 교회가 청년이 절반이 넘는데 청년부를 조직해 보자고 제안해서서 열댓 명 남짓한 청년들이 첫 모임을 가졌다. 회장이 되었지만, 나누고 섬기는 일에 있어서 나는 가장 서툴렀다. 청년들이 나와는 너무도 다른 생각과 태도를 지니고 있어서 '다양성 속의 일치' 훈련이 저절로 되었다. 다행히 공동체 형제자매들이 도와주어서 청년부 활동이 어느 정도 궤도에 올랐다. 청년부 활동 중 가장 기억에 남는 일은 청량리 쌍굴다리에서 열린 오병이어의 거리 성탄 예배와 성탄 예배 전 날 밤 야채 시장을 돌며 노숙인들에게 라면을 끓여준 일이다. 그러면서, 다일의 청년들은 참 아름답다는 생각이 들었다. 물론 잠시 방문해서 구경하고 가는 사람도 있었다. 그러나 남아서 궂은 일을 하는 다일의 청년들은 언제나 상대적으로 소수였다. 다일의 청년들은 최 목사님이 한국에서 가장 예수님을 닮았다고 믿고 존경하며 순종하려고 애썼다. 그들이 예수의 마음을 품고 청년 교회인 다일을 통해 예수의 제자로 영글어가는 모습을 보는 것처럼 기분 좋은 일은 없었다.

"청년부 전도사"

다일교회 청년부에 대학생 선교 단체, 그리고 시민 단체 간사로 일하는 형제자매들이 늘어났다. 최 목사님은 이들의 사역과 헌신을 귀하게 생각하고 아낌없이 지원했다. 이 간사들의 소개로 다일교회를 찾는 청년들도 더욱 많아졌다. 나는 최 목사님의 추천을 받아 장로회 신학대학교 신학대학원에 입학하고 교회에서 최초로 청년부 교육 전도사로 사역을 시작했다. 교회도 예배 처소를 청량리 역전에서 신설동 대광고등학교 시청각실로 옮기게 되었고 다른 전도사들과 함께 청년들 양육을 맡게 되었다. 전도사 시절에도 내가 '처음'으로 경험하는 일들은 계속되었다. 교역자들은 하나의 작은 공동체였다. 최 목사님은 부교역자들에게 언제나 어디에서나 솔직하게 흉금을 털어 놓았다. 최 목사님은 형편이 어려운 부교역자들을 위해 자신의 사례비를 나누어주기도 했다. 최 목사님과 부교역자들이 함께 태백 탄광 막장에 들어가 보고 진폐증 환자들이 있던 병원을 방문해 위로하며 눈물로 기도했던 경험은 평생 잊을 수 없을 것이다. 목욕탕에서 서로 등을 밀어주면서 교역자들은 친형제들처럼 친해졌다.

"하나님 나라의 한 비유"

떼제의 로제 수사님이 말씀하셨던 것처럼 기독교 공동체는 '하나님 나라의 한 비유'로서 이 세상에 존재한다. 많은 사역 때문만이 아니라 그 존재 자체로 이미 가까이 있는 이들을 정화시키는 기능을 한다. 그 말씀이 사실이라는 것을 나는 최 목사님과 함께 했던 다일의 청년들을 보며 확인할 수 있었다.

"아름다운 세상 찾기"

1999년 4월 5일 최일도 목사님은 경기도 가평 묵안리에 작고 예쁜 영성수련원을 짓고 다일영성수련 프로그램을 시작하셨다. 나는 영성수련 1단계 '아름다운 세상 찾기'를 5기로 참여하였는데, 그때의 경험으로 말미암아 전공을 성서 신학에서 기독교 영성학으로 수정하게 되었다. 영성수련을 통해 성경 공부에서 경험한 것보다 더 근본적으로 존재를 흔드는 변화를 경험했기 때문이었다. 그 당시 나를 비롯해서 내 주변에 있는 기독교인들의 경험을 미루어 볼 때 성경 공부와 묵상이 머리에서만 맴도는 영성훈련이 될 때가 많은데 비해, 다일영성수련은 머리에서 가슴으로의 여행을 통해 삶이 변화되는 결과를 가져왔다. 물론 그 과정에서 성경 공부와 묵상을 통해 얻은 지식과 경험은 개인의 영적 성장에 기여하며 더욱 확장되고 통합되었다.

나의 경우에 성경 공부는 렉시오 디비나와 복음서 묵상으로, 소감

쓰기는 영성 일기 쓰기로, 일대일 성경 공부는 일대일 영성 지도로, 통성 기도는 관상 기도로, 그리고 성경 학교는 영성수련으로 심화되고 확장되었다. 그렇게 다일영성수련은 나에게 변화를 경험하는 중요한 계기가 되었을 뿐만 아니라, 그 연장선상에서 기독교 영성을 공부하고 영성 지도자(spiritual director)로 사역할 수 있는 발판을 마련해주었다. 최 목사님은 내가 기독교 영성학을 공부하도록 강력하게 권해주셨을 뿐만 아니라, 나의 미국 유학 생활을 물심양면으로 지원해주셨다. 내가 유학 생활을 마치고 귀국한 후에도 영성수련 프로그램에 나를 강사로 초대해주셔서 내가 영성 지도자로 성장할 수 있도록 기회를 주셨다.

최일도 목사님은 나의 청년 시절에, 그리고 내가 목회자로 형성되던 시기에 가장 큰 영향을 준 형님이시고 선배님이시며 영적 멘토이시다. 최 목사님이 없었다면 나의 인생은 정말 틀에 갇힌 채 지루할 뻔했다. 최 목사님의 큰 사랑을 경험한 나로서는 『밥퍼목사 최일도의 러브 스토리』 출간 소식이 너무 기쁘고, 추천사를 쓰는 이 순간 최 목사님과 함께 했던 기억들이 다시 떠올라 감사한 마음뿐이다.

## 25

# 최 목사와 다일의 증인 된
# 우리 모두가

- **임성빈 박사**(전 장로회신학대학교 총장) -

최일도 목사와 다일공동체를 생각할 때 가장 먼저 떠오르는 것은 그의 시집 '실락원의 연인들'이다. 그의 시를 읽노라면 그가 얼마나 큰 사랑의 가슴앓이를 했었는지를 알게 된다.

가슴앓이를 통해 최 목사는 사람을 참 사람 답게 하는 사랑의 수업을 시작했다. 이렇게 시작된 사랑의 여정은 청량리역 광장에서 작은 이웃과의 만남을 통하여 세상으로 이어져갔다. 또 이 사랑의 여정이 오늘 열한 나라 스물한 곳의 다일공동체 분원마다 귀한 사역이 실천되고 아름다운 열매로 이어졌다.

이처럼 사랑이 우리의 삶에 어떤 의미를 갖는지 너무도 잘 아는 그인지라 언제나 넉넉한 웃음을 가진 다정한 친구로서 상처받고 소외된 이들에게 다가가고 있음이 참으로 자랑스럽고 감사하기만하다.

학위 과정을 마치고 모교의 선지동산에 돌아와 교수로 가르침을 시작한 첫 번째 그때에 부흥사경회에서 주 강사로 온 친구 최 목사에게 신선한 충격을 받았다.

최 목사의 설교가 참 실제적 도전을 주면서도 신학적 통찰이 놀라왔다. 몇 년 동안 어렵게 공부하여 겨우 깨달은 내용을 그는 실천이 동반되는 일상의 언어로 의미있는 내용을 재미있게 풀어내고 있었다.

미국 프린스톤에서 학위를 갓 마치고 돌아와 목회를 가르치는 신학 교수에게 필요한 큰 깨우침을 준 강사가 바로 친구인 최일도 목사였던 것이다. 그 이후 인격적 만남 가운데 다일공동체의 사역 현장을 더욱 잘 알게 되었고, 오늘에 이르기까지 다일 사역의 성숙과 성장의 증인이 될 수 있었다.

주안에서 한국 교회를 사랑하고 더욱 건강한 교회로 세우고 싶은 동역자의 관점에서 본다면 무엇보다 다일공동체의 밥퍼 사역은 한국 교회 사회봉사의 모델이자 상징이기에 교단과 종파를 떠나서 마음을 모아주고 같이 하는 것이 또한 감사하다.

도시 빈민 사역을 통해서 교회가 감당해야 할 중요한 한 축, 특별히 지극히 작은 자와 이웃 사랑을 집중적으로 담당함으로써 한국 교회의 교회 됨에 큰 도움을 주었음을 우리는 기억하여야 한다.

어느덧 다일은 한국의 도시 빈민 사역을 뛰어넘어 중국과 베트남,

캄보디아와 필리핀, 네팔과 아프리카와 북미주와 중남미 등에 다일공동체 분원을 설립하기에 이르도록 발전하였다.

1999년에는 다일영성수련원을 개원하고 2002년도에는 다일천사병원이라는 개신교 최초의 무료 병원을 설립함으로써 명실공히 다일공동체는 한국의 개신교가 자랑할 수 있는 도시 빈민을 위한 통전적 사역 기구가 되었다. 우리가 주목할 만한 것은 어떤 한 특정 개인이나 기관 혹은 기업체나 교단에 의해 이루어진 것이 아니라 십시일반 다일의 정신에 공감하는 수많은 사람들과 개미군단으로 진행되어 온 놀라운 역사는 현대판 기적이 아닐 수 없다.

물론 이 배후에는 하루 일과를 노동으로, 아니 노동 전에 무릎 꿇는 정시 기도와 철저한 영적 독서 등 다일의 영성과 그들을 지원하는 수많은 한국 교회의 기도와 기대가 함께 하였다고 생각한다.

최일도 목사와 다일공동체 사역은 위기의 한국 교회가 그래도 세상 앞에 내어 놓을 수 있는 구제와 긍휼 사역의 모델이며 또한 다일은 긍휼 사역을 매개로 사회와의 소통과 그 영향력을 확대하는 열매가 있기에 밥으로 평화 통일을 이루기 위한 밥 피스메이커운동 역시 더욱 귀한 열매가 있으리라 생각한다.

특별히 인간의 품위를 유지함에 가장 기본적 조건인 밥부터 시작하여 온전한 육신 회복을 넘어 영성훈련에 이르기까지의 통전적인 영성을 추구하며 지금까지 최선을 다하여 살아온 다일공동체는 건강한

NGO요 다일공동체교회는 개혁된 21세기 교회의 모델로 손색이 없다.

그리고 무엇보다도 다일공동체가 한국 교회만 아닌 우리 사회에 기여한 점은 '긍휼 사역의 문화화'라고 말할 수 있을 것이다. 도시 빈민들을 구제하는 일은 좀 특별한 사람들이나 종교적인 배경이 있는 사람들이나 할 수 있을 것이라는 고정 관념을 다일공동체는 깨뜨렸다.

밥퍼는 이제 아주 특별한 신자들만의 커뮤니티가 아닌, 하나의 종교적 사역의 범위를 넘어서는 일종의 범사회적 나눔의 문화 코드로 자리 잡았다 해도 과언이 아니다.

더 나아가 매년 5월 2일을 5병 2어를 기념하는 날인 이른바 밥퍼의 날로 제정하고 또 10월 4일을 천사의 날(1004day)로 제정함으로써 기독교 공동체의 정체성만이 아닌 일반 시민들에게도 이웃을 위한 사랑과 섬김의 정신을 고취시키고, 그러한 삶을 살아갈 수 있는 계기를 문화적으로 정착시키고 있다는 점에서 매우 의의가 크다고 하겠다.

대중문화의 영향력을 사회적 공동선의 실현을 위하여 적극 활용함이 다일 사역의 또 다른 차별성이라 할 수 있을 것이다. 암울한 코로나 시대를 겪고 있는 한국 교회는 사회를 섬기고, 사회와 소통하고, 사회를 변혁하기를 원한다. 그러나 오늘의 현실은 오히려 사회가 교회의 변화를 먼저 요구하는 형편이다. 이러한 오늘의 현실에서 다일의 사역은 위로와 도전과 희망이 된다.

또한 이러한 사역을 이끌어 온 리더로서 최 목사의 리더십은 분석과 배움의 대상이 되어야 한다. 지금 한국 교회에는 그와 같이 작은 이웃들을 섬기는 사랑의 사도들이 그 어느 때보다 절실히 요청되기 때문이다. 새롭게 정리되어 발간되는 이 책 『밥퍼목사 최일도의 러브 스토리』가 이런 용도로 적극 활용되기를 원한다.

우리의 모교인 장로회신학대학교가 개교 100주년이 되었을 때 국내외 모든 동문, 학생, 교수 및 직원을 비롯한 장신 가족들에게 설문 조사가 있었다. 그때 가장 모교를 빛낼 자랑스러운 동문의 이름이 세 분이 결정되어 밝혀졌는데 그때 1위가 바로 내 친구 최일도 목사였다.

이제는 다일공동체 사역과 비전에 대해 공유되는 경험과 지식들이 특정 NGO와 교단을 넘어서서 하나님 나라 사역을 위한 지혜의 자원이 되길 바라는 마음이 간절하다. 또한 친구인 최일도 목사가 영육이 더욱 강건하고 다일의 다양한 사역 역시 더욱 건강하여 끝까지 바른 믿음, 바른 삶을 살아내기를 간절히 기도한다.

오늘 공유하는 이 책 최일도의 러브 스토리는 에릭 시걸의 러브 스토리 못지 않은 감동으로 사랑을 잃어버린 수많은 영혼들에게 참된 사랑이 무엇인지를 깨닫게 해줄 것이다. 우리 주위에는 잘나가다가 마지막 순간에 삐끗하여 교회와 사회를 실망시킨 선배들이 있어 안타까운 마음으로 가슴을 쳐야만 했다. 하지만 이 책이 증거하는 참된 사랑 이야기가 최 목사와 다일의 증인이 된 우리 모두가 더 이상 실망과 절망이 아닌 한국 교회와 사회에 참된 희망이 될 것을 다짐하고 결단하는 서언서라고 생각한다.

## 에필로그

> "
> 돌아보고 내다보니
> 일제가 은혜요 감사뿐입니다.
> "

돌아보고 내다보니 지나온 발자국마다 하나님의 은총이었다. 또 나라 안팎을 수없이 돌아다니며 강연하며 또는 보도 매체들을 통하여 수많은 사람들에게 했던 말과 행동을 다시 반추해 보자니 뿌듯함보다 부끄러움이 앞선다. 여러 면에서 함량 미달이고 많이 부족하여 자랑할 것이 없는 죄인이지만 바울 사도의 고백처럼 꼭 자랑을 한다면 나의 없음과 무지와 약점을 자랑하고 싶은데 벌써 머리카락은 반백이 되었고 면도를 안하면 어느덧 흰수염을 날리는 할아버지가 되었다.

"분명한 한 가지는 겉 사람은 후패해가더라도 속사람은 날로 새로워집니다. 지금 받는 일시적이고 가벼운 환난이 지극히 크고 영원히 중요한 영광을 우리에게 이루게 합니다. 우리가 바라보는 것은 보이는 것이 아니요 보이지 않는 것이니, 보이는 것은 잠깐뿐이나 보이지 않는 것은 영원하기 때문입니다."(고후 4:16~18)

그리스도를 위해서 모욕과 궁핍과 박해와 곤란을 겪은 일은 지금와 생각해도 진실로 감사뿐이다. 내가 약할 그때 오히려 그리스도 안에서 강하고 담대할 수 있었기에 역경도 은총이다. 감사하게도 다양성 속에서의 일치, 일치 안에서의 다양성을 추구하는 다일의 영성과 다시 한 번 일어서기의 바닥정신은 교리와 교파의 벽을 넘어서게 되었고 피부색과 문화, 언어와 종교를 뛰어넘어 자유와 기쁨의 문을 열어 주었고 그동안 참으로 아름다운 열매들을 많이 맺게 해주었다.

종교 개혁 500주년이 되는 2017년 10월 31일 발기인 대회를 갖고 11월 11일 다일의 날에 창립된 사단법인 '데일리 다일'은 더 많은 해외 빈민촌 아이들에게 밥과 꿈과 복음과 희망을 나누며 전하기 위해 기존의 사회복지법인 다일복지재단 국내 사역과 분리해 더욱 전문적이고 국제적인 NGO로 거듭나고자 한다.

실패와 실수는 내 탓이지만 모든 열매는 주님 은혜가 아니면 감히 이룰 수 없었고, 시도조차 불가능했다. 그렇기에 앞으로의 모든 사역도 주께 온전히 맡겨 드리며 다일공동체가 가장 먼저, 그리고 생명 다하기까지 추구해야 할 나사렛 예수의 영성생활을 더욱 온 맘 다해 더욱 치열하게 추구해 나가고 싶다. 우선순위를 명확히 하려 한다. 먼저가 영성생활이고 그 다음이 성사생활과 공동생활과 나눔과 섬김의 봉사생활이 될 것이다. 많은 분들이 다일공동체를 봉사 단체라고 말하지만 실은 시작부터 영성공동체로 살아왔고 앞으로도 나사렛 예수의 영성생활을 추구하는 것이 항상 우선이고 앞으로도 우선이 되어야 할 것이며 영성생활과 성사생활과 공동생활의 열매가 나눔과 섬김의 봉사생활이 될 것이다.

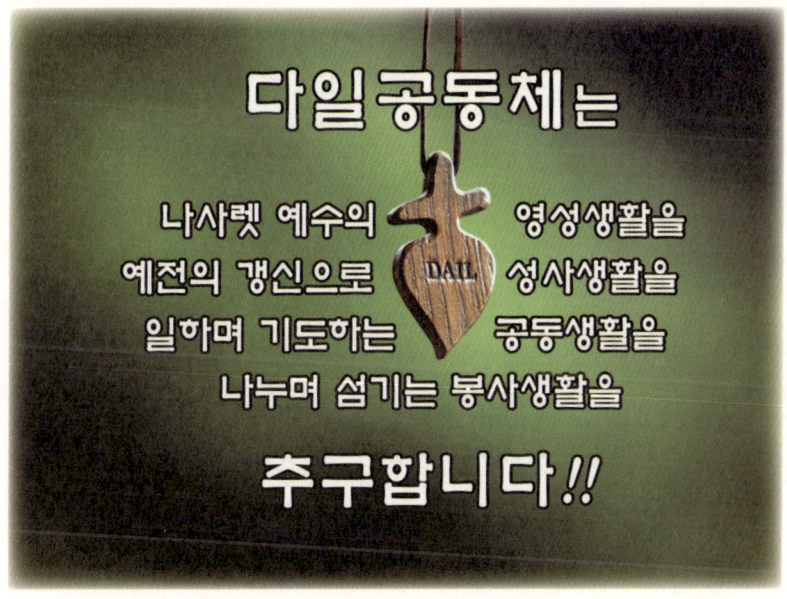

다일영성생활수련원과 자연치유센터와 다일수도원스테이(다.수.스)가 있는 경기도 가평 설악면에 있는 설곡산다일공동체에 처음 오를 때가 생각난다. 아무도 다니지 않았던 산이기에 잡풀들이 무성하여 어디로 가야 능선이 나오며 봉우리로 올라가는 길인지 도무지 알 수가 없었다. 여러 날 낫을 들고 잡풀을 잘라가며 엉금엉금 기어가다시피 올라가는 수밖에 없었다. 올라가다가 무성한 잡풀에 종아리와 팔목이 베이기가 일쑤였다. 그러다 보면 얼마 가지도 않은 것 같은데 날은 금방 어두워져서 되돌아 내려와야 했고 다음 날 또 올라가서 똑같은 일을 되풀이 했다.

그렇게 몇 달, 몇 년을 했을까? 틈만 나면 손으로 치우고 낫으로 베고 삽과 연장을 들고 다니며 길을 닦다보니 십오 년 세월이 훨씬 지난 지금은 오솔길마다 맨 발로 걸어 다녀도 될 만큼 참 아름다워라라는 감탄이 절로 나온다. 그런 수고 끝에 만난 우리 뒷산이다. 전국과 전 세계 많은 유명한 산들을 다녀 보았지만 역시 우리 뒷산이 최고다. 노약자도 편안하게 산에 오를 수 있도록 '맨발로' 산책길을 땀 흘리며 만들었는데 육체 노동이야말로 내겐 휴식이고 기쁨이다.

이 오솔길을 만들다가 2007년 4월 8일 부활 주일에 처음으로 해외에 있는 벗님들과 소통하기 위하여 SNS로 마음의 길을 내기 시작했다. 하루도 빠짐없이 내 마음의 생각과 느낌을 나누고 전하며 지내 왔더니 다일의 해외 가족들과 후원 회원들과 기독교인들뿐만 아니라 종교가 다르고 언어와 피부색이 다른 벗들과도 소통하면서 마음의 길이 활짝 열렸다. SNS로 실시간 전달하고 공감하면서 어느 새 날마다 페이스북으로 7만 5천여 명의 독자들과 진솔하게 마음 나누기를 하며 살아가게 되었고 얼마전 시작한 유튜브 최일도TV도 구독자가 꾸준히 늘면서 아주 적지만 광고료가 붙었다. 모든 광고 수익뿐만 아니라 이 책의 인세 전액을 포함하여 강연료, 원고료, 방송 출연료 등 사는 날까지 내게 주어지는 모든 사례와 물질을 모든 것의 모든 것 되시는 주님을 위하여 다일공동체에 전액 헌금하기로 하였다.

사랑하는 가족들이 기쁘게 동의해주고 받아들여서 더욱 감사하다. 동아일보사에 처음 라이프 스토리가 나왔을 때 우리집 막내딸 최별은 이 세상에 아직 나오지 않은 때여서 왜 오빠와 언니 사진은 여기저기 나오는데 내 사진은 한장도 없냐고 훌쩍거리던 모습이 떠오른다. 아내가 45살 되던 해에 낳아 아직 미혼인 별이만 나와 아내와 함께 살고 있고 장남인 산이와 큰딸 가람이는 제 짝을 만나서 독립하여 아름다운 가정을 이루어 나름 바른 믿음과 바른 삶을 살아가고 있다.

밀리언 셀러가 된 『밥 짓는 시인 퍼주는 사랑』을 동아일보사를 통해 펴낸 이후 내일의 주인공이 될 우리 시대 젊은이들과 청소년들을 위해서 두 번째 새롭게 쓰는 라이프 스토리를 『밥퍼목사 최일도의 러브 스토리』란 제목으로 킹덤북스(Kingdom Books)를 통해 펴낼 수 있어서 더욱더 감사가 넘친다. 국민일보에서 역경의 열매를 연재한 덕분에 내게 다가온 시련과 역경을 깊이 묵상하는 시간이 있어 참으로 감사했다. 내가 존재하든 않든 항상 있고 생명으로 내가 살아 숨 쉬기에 따라오는 시련과 역경은 고통스럽다. 하지만 이 시련과 역경이야말로 아름다운 열매의 씨앗이요 귀한 선물이라는 것을 깨닫게 하시는 분이 내 안에 계시기에 더욱더 감사가 넘친다.

길 없는 설곡산의 풀들을 헤치며 처음 길을 만들어갔을 때처럼, 벗님들과 마음의 길을 내기 위해 다일공동체와 함께 해온 33여 년의 세월은 감사와 기쁨과 환희와 감격과 함께 처절한 눈물과 한숨과 상처와 탄식의 시간도 많았다. 그럼에도 불구하고 뒤돌아보니 말로 다 할 수 없는 하나님의 크신 사랑과 은혜로 발자국마다 눈물겨운 은총이며 일체가 은혜요 감사뿐이다.

막내딸, 최별

큰딸 최가람과 사위 백선기와 손주 믿음이

외아들 최산과 며느리 최하은과 사돈 내외분과 함께

청량리역 광장에서 시작하여 야채 시장 쓰레기더미에서 1년을, 그리고 이곳 굴다리 아래에서 14년을, 15년 만에야 동대문구청과 서울시의회가 마련해준 가건물에서 8년, 그리고 23년 되었을 때 전국을 돌아다니며 모금을 했고 해외 교인들에게도 부탁하여 현재의 건물을 지어서 들어왔다.

30년 전부터 청량리(답십리) 쌍굴다리는 오병이어의 거리로 불려졌다. 현대판 오병이어의 기적이 하루도 아닌 날마다 재현된다는 의미로 뜻있는 사람들과 젊은 화가들에 의해 벽화가 그려졌었다.
세월이 흐르고 흘러 벽화는 다 지워지고 그 자리에 '이웃을 행복하게' '세상을 아름답게'라는 다일공동체의 정신만이 우뚝 세워져 있다.

도시 빈민이란 이름으로 살아가는 가난한 이웃들은 점점 생명을 잃어가며 인간관계는 더욱 삭막해져만 갔다. 지켜만 볼 수가 없어 한 생명이라도 더 살리고 싶은 희망을 쌍굴다리 분리대에 사과나무를 심었고 밥퍼 앞마당엔 밥 숲을 만들었다. 죽으면 또다시 심고를 반복했다.

쪽방에 사는 무의탁 어르신들과 노숙인 형제들을 위해 작은 주머니에 흙을 채워 씨앗을 심고 싹을내어 나누는 운동을 벌여왔다. 주머니 텃밭을 받은 어르신들은 흙을 매만지며 얼굴에 대면서 눈물을 흘리는 분들이 많았다.

도시 빈민을 위한 나눔 운동은 소리없이 환경 운동으로, 인권 운동으로 번져서 다일평화인권연구소는 지금도 어떤 목소리를 크게 내지 않고 입이 아닌 몸으로 평화를, 그리고 푸른 숲을 만들어 가고 있다. 이 뜻을 알았는지 쌍굴다리 콘크리트 위에 떨어진 씨앗 하나가 나무가 되어 오늘도 자라나고 있다.

"사랑의 나눔 있는 곳에 하나님께서 계시도다!!
Ubi caritas et amor Ubi cartas Deus ibi est!!"

# 어느 목자의 기도

아버지,
저는 오늘 하루 종일
마을에서 마을로
거리에서 거리로 다니며
목자 잃은 양들을 만나보았습니다
병들고 허약한 채 목마르게
참 목자를 기다리는 사람들
사람들뿐이었습니다

아버지, 인자하신 아버지!
저들의 상처입은 자리마다
저들의 아픈 마음이
제 것이 되도록 도와주십시오
때가 되면,
아주 적합한 시기가 이르면
알려 주시던 하늘 나라의 비밀을
이제는 가만히 열어 주십시오

아버지,
우리의 위대한 선조 다윗이
목동 시절에 부르던 아름다운 시가
절로 귓가에 맴도는 밤이 되었습니다
아버지를 위해서
저도 풀피리를 불겠습니다

아버지, 인애하신 아버지!
저들은 아직도
저의 고민을 모르고 있습니다
저들의 순진한 눈에 깃든
평화를 흔들고 싶지가 않아요
아버지, 오늘의 이 불안을
자비하신 아버지 품 안에 맡깁니다
쓸어안아 주십시오! 아버지…

"내가 진실로 진실로 너희에게 이르노니 한 알의 밀이 땅에 떨어져 죽지 아니하면 한 알 그대로 있고 죽으면 많은 열매를 맺느니라" (요 12:24)